Jules CLARAZ

Le But de la Vie

PARIS
LIBRAIRIE BLOUD & BARRAL
4, rue Madame et rue de Rennes, 59

8°R
16078

Le But de la Vie

Jules CLARAZ

Le But de la Vie

PARIS
LIBRAIRIE BLOUD & BARRAL
4, rue Madame et rue de Rennes, 59

Archevêché de Paris.
Permis d'imprimer
P. FAGES, V. g.

PROPRIÉTÉ RÉSERVÉE

AVANT-PROPOS

La question de tous les temps ;
La question de tous les pays ;
La question de tous les hommes ;
La question de tous les âges ;
La question *unique nécessaire* ;
La question inévitable ;
La question, reine de toutes les questions, est celle du *but présent et à venir* de notre vie.

En toute chose il faut considérer la fin ;

Mais la première de toutes les choses c'est : *nous-mêmes*.

« J'ose le dire, il n'est pas un homme, si pauvre que sa naissance l'ait fait, si peu éclairé que la société l'ait laissé, si maltraité en un mot qu'il puisse être par la nature, la fortune et ses semblables, à qui *un jour au moins* dans le courant de sa vie, sous l'influence d'une circonstance grave, il ne soit arrivé de se poser cette terrible question qui pèse sur nos têtes à tous comme un sombre nuage, cette question décisive :

» Pourquoi l'homme est-il ici-bas et quel est le sens du rôle qu'il y joue ? Pour quoi faire y est-il ?..

» Le pâtre sur le sommet de la montagne est aussi

en face de la nature ; il songe aussi dans ses longs loisirs à ce qu'il est, et à ce que sont ces êtres qui habitent à ses pieds ; il a aussi des parents descendus au tombeau les uns après les autres, et il se demande aussi pourquoi ils sont nés et pourquoi, après avoir traîné leur vie sur cette terre pendant quelques années, ils sont morts pour laisser la place à d'autres et toujours ainsi, sans fin ni raison.

» Le pâtre rêve comme nous à cette infinie création dont il n'est qu'un fragment ; entre lui et les animaux qu'il garde, il lui arrive aussi de chercher le rapport ; il lui arrive de se demander si, de même qu'il est supérieur à eux, il n'y aurait pas d'autres êtres supérieurs à lui ; et quand il sent sa misère, il conçoit facilement des créatures plus parfaites, plus capables de bonheur, entourées d'une nature plus apte à le donner ; et, de son propre droit, de l'autorité de son intelligence qu'on qualifie d'infirme et de bornée, il a l'audace de poser au Créateur cette haute et mélancolique question : « Pourquoi m'as-tu fait et que signifie le rôle que je joue ici-bas ? » (JOUFFROY)

Malgré tout, on ne peut *extraire* cette idée de soi-même ; on peut s'en *distraire*, mais s'en *défaire* ! jamais ! jamais !

La vie et la mort, la misère et la grandeur des

ambitions de l'homme sont là pour le forcer à se demander : *quel est le but de la vie ?*

Pas de repos, sans réponse à cette question ! Comment vivre en paix, quand la raison, chargée de conduire le char de la vie, tombe dans l'incertitude sur la vie elle-même, et ne sait rien de ce qu'il faut qu'elle sache pour remplir sa mission ! Comment vivre en paix, quand on ne sait ni d'où l'on vient, ni où l'on va, ni ce qu'on a à faire ici-bas !

L'indifférence est impossible.

Il s'agit de « *notre tout* ». Ignorer la vie, c'est tout ignorer. Vivre en paix dans cette ignorance est chose contradictoire et, par le fait, impossible. Si quelques hommes, à force de distractions et d'insouciance, peuvent s'endormir dans un tel état, c'est une exception qui n'atteint pas les masses.

Savoir qu'on ne peut savoir, connaître qu'on ne peut connaître : quelles angoisses pour des âmes faites pour connaître, pour savoir !

Dès que le doute nous envahit, nous sommes agités et nous ne retrouvons la paix que quand il est disparu ; nous ne pouvons nous faire aux ténèbres de la nuit ; il nous faut la lumière du jour. A tout prix, nous voulons *nous connaître nous-mêmes*.

Connais-toi toi-même : c'était la règle fondamentale de la sagesse antique.

Y a-t-il, en effet, une chose qui nous intéresse plus que nous-mêmes ?

Qui suis-je ? D'où viens-je ? Où vais-je ? Pourquoi la vie ? Pourquoi la douleur ? Pourquoi la mort ? Dois-je un jour rendre compte de ma vie ?

On ne peut ôter de son esprit ces questions premières. Chacun se dit : Ma grande affaire, c'est *Moi* ; c'est ce qui m'attend. *Etre ou n'être pas :* cela est de la dernière gravité. Je me passerai de toute autre science, arithmétique, géométrie, chimie, etc., plutôt que de la réponse à cette question et aux espérances qui s'y rattachent.

« L'immortalité de l'âme est une chose qui nous importe si fort, dit Pascal, qui nous touche si profondément, qu'il faut avoir perdu tout sentiment, pour être dans l'indifférence de savoir ce qui en est. Toutes nos pensées et toutes nos actions doivent prendre des routes si différentes, selon qu'il y aura des biens éternels à espérer ou non, qu'il est impossible de faire une démarche avec sens et jugement qu'en la réglant par la vue de ce plan qui doit être notre premier objet... »

En effet, si l'homme tout entier doit mourir, si la vie terrestre est toute sa vie, si elle est le seul bien qu'il espère, si elle est un don qui n'implique aucun devoir en retour, dans ce cas, l'homme a le droit de s'occuper uniquement d'en jouir le plus possible ; dans ce cas, son intérêt matériel passe avant tout ; dans ce cas, le bonheur de la terre et tout ce qui le produit, fortune, honneurs, domination, luxe, satisfactions de tous les sens, de toutes les passions : voilà le but unique de la vie.

Au contraire, si, quand on est mort, tout n'est pas mort ; si la vie n'a été donnée à l'homme qu'avec des conditions et des lois dont il lui sera demandé compte ; s'il doit trouver au delà du tombeau un Juge, un Dieu, alors, son intérêt se change du tout au tout, et le *but à viser* est totalement opposé. Dans ce cas, ce n'est plus la vie qui importe, c'est la mort ; ce n'est plus le plaisir qui passe le premier, c'est le devoir ; ce n'est plus le corps qui domine, c'est l'âme ; ce n'est plus l'homme qui est le maître, c'est Dieu.

Un abîme sépare ces deux aperçus de la vie : dans le premier cas, tout est perdu pour l'âme immortelle ; dans le second, tout est sauvé.

De ces deux aperçus de la vie, quel est le vrai ?

Ne pas vouloir s'en inquiéter est une *chose monstrueuse*.

Voici, en effet, comment raisonne celui qui veut rester dans cette ignorance :

« Je ne sais qui m'a mis au monde, ni ce que c'est que le monde, ni que moi-même...

» Je me vois attaché à un coin de ce vaste univers, sans savoir pourquoi je suis plutôt placé en ce lieu qu'en un autre, ni pourquoi ce peu de temps qui m'est donné à vivre, m'est assigné à ce point, plutôt qu'à un autre, de toute l'éternité qui m'a précédé, et de toute celle qui me suit.

» Comme je ne sais d'où je viens, aussi ne sais-je où je vais ; et je sais seulement qu'en sortant de ce monde, je tombe pour jamais, ou dans le néant, ou dans les mains d'un Dieu irrité...

» Peut-être que je pourrais trouver quelque éclaircissement dans mes doutes ; mais je n'en veux pas prendre la peine, ni faire un pas pour le chercher. »

Celui qui raisonne ainsi est un « *monstre* », dit encore Pascal, que nous venons de citer.

« Que la brute privée de réflexion, dit encore un autre génie, vive et meure sans s'inquiéter de l'avenir, cette insouciance est sa condition naturelle. Mais quand l'homme, doué de facultés incomparablement plus nobles, **seul**, *capable de s'élever à l'idée de Dieu*, et d'embrasser l'infini par sa pensée, ses désirs et ses espérances, se précipite de sa hauteur dans la vile condition des bêtes, ne veut plus connaître, à leur exemple, que des penchants et des besoins, et, dégoûté du sort glorieux que lui assigne le Créateur, leur envie jusqu'au néant : cela confond, cela épouvante, et l'on n'a point de paroles pour exprimer l'horreur qu'inspire une si profonde dégradation. »

C'est ce que la sagesse païenne elle-même a compris :

« Si la recherche des mystères de la vie m'était interdite, écrit Sénèque, ce n'aurait pas été la peine de naître ; car pourquoi me réjouirais-je d'être au nombre des vivants ?... Serait-ce pour soigner ce corps faible et débile qui périt dès qu'on cesse de le remplir, et pour faire, toute ma vie, les fonctions de *garde-malade* ?... Vous m'interdisez l'*espérance* ? Mais c'est m'ordonner de vivre la tête baissée ! Non, je suis trop grand, et ma mission trop relevée pour que je me résigne à n'être que l'esclave de mon corps. »

En effet, l'homme est homme ; bon gré, mal gré, il ne peut se mettre au rang des animaux.

Voilà pourquoi un genre humain sans nul souci de lui-même ou de sa destinée est aussi impossible qu'un genre humain *sans idée et sans amour*. La recherche de la fin ou du bonheur parfait est entrée au monde avec le premier homme et n'en sortira qu'avec le dernier.

?

Quelle est la fin de tout : la vie, ou bien la tombe ?
Est-ce l'onde où l'on flotte? Est-ce l'onde où l'on tombe?
De tant de pas croisés quel est le but lointain ?
Le berceau contient-il l'homme ou bien le destin ?
Sommes-nous ici-bas, dans nos maux, dans nos joies,
Des rois prédestinés, ou de fatales proies?

O Seigneur ! dites-nous, dites-nous, ô Dieu fort,
Si vous n'avez créé l'homme que pour le sort?
Si déjà le calvaire est caché dans la crèche?
Et si les nids soyeux dorés par l'aube fraîche,
Où la plume naissante éclôt parmi les fleurs,
Sont faits pour les oiseaux ou pour les oiseleurs ?

. . . .

L'effet pleure et sans cesse interroge la cause,
La création semble attendre quelque chose,
      L'homme à l'homme est obscur.
Où donc commence l'âme? Où donc finit la vie ?
Nous voudrions, c'est là notre incurable envie,
      Voir par-dessus le mur.

V. Hugo.

Le But de la Vie

DIVISION

Chap. PREMIER. — Toute chose a-t-elle un but ?
   »   II.   — Quel est le but de toute chose ? — Le bien.
   »   III.   — Quel est le bien des choses ?
   »   IV.   — Quel est le bien de l'homme ?
   »   V.   — Quel est le but de la vie présente ?

CHAPITRE PREMIER

Toute chose a un BUT

Notre raison nous dit que rien de ce que nous voyons, n'existe *par soi-même*.

Il n'y a pas d'effet sans cause.

Rien ne se produit au hasard.

Rien ne vient de rien.

Mais, en plus, toute chose a rapport non seulement avec le *passé*, c'est-à-dire avec la cause qui l'a produite, mais encore avec *l'avenir*, à savoir avec la cause ou le but pour lequel elle a été faite. Sans doute, l'oiseau vole parce qu'il a des ailes, mais il a reçu des ailes *pour* voler.

Il est évident que tout homme se propose toujours un but dans toutes ses œuvres ; une maison est faite pour l'habitation ; un vêtement, pour se couvrir ; un vaisseau, pour marcher et se diriger sur l'eau ; une montre, pour marquer l'heure.

Il est évident aussi que l'homme manifeste

ses intentions par des *moyens* proportionnés au *but* qu'il se propose.

Prenons pour exemple une machine, soit une *locomotive*.

En premier lieu, elle est déterminée par la solidité du fer, par sa malléabilité, en un mot par toutes les qualités de ce fer qui ont rendu possible sa construction : rien ne peut se produire que conformément aux propriétés de la matière.

En second lieu, cette machine est déterminée par le *but* auquel elle est destinée ; car, suivant qu'elle doit mettre en mouvement un train de voitures de chemin de fer, soulever des pierres, tisser, fouler, creuser, etc., elle doit avoir des formes infiniment variées. Le constructeur, ayant en vue *l'usage* auquel elle est destinée, lui donne en conséquence telle ou telle forme. C'est la fin, le *but*, qui dirige l'ouvrier dans son travail, dans le choix des *moyens* à prendre pour l'atteindre ou le réaliser.

Or c'est précisément ce rapport de *moyen* à *but* que nous trouvons dans toutes les *œuvres* de la nature.

Tout être agit pour une fin.

Rien n'existe pour rien.

Toute chose a un but.

Cette vérité n'est pas toujours évidente ; elle est une *loi* de la nature qui doit être *démontrée*.

Il faut constater ce fait que, dans toute créature, on doit distinguer l'**être**, le **but**, et les **moyens** pour atteindre ce but.

Nous appelons *ordre* la proportion entre ces trois choses. Nous pouvons l'admirer dans tout l'univers.

Cet *ordre* y est si merveilleux qu'il arrache notre admiration, malgré nous. Quel spectacle infiniment ravissant s'offre aux regards de celui qui étudie attentivement cette perfection des créatures, c'est-à-dire cette absolue adaptation *des moyens aux buts* à atteindre !

Tout d'abord, il suffit de considérer l'ensemble des créatures pour découvrir qu'elles se rapportent toutes les unes aux autres.

Chacune d'elle est le but d'une autre.

Qui ne voit que les trésors que la terre renferme dans son sein : houille, métaux, pierres, huiles, etc., y sont pour les êtres qui apparaissent à sa surface ?

Qui ne voit que l'eau, l'air, la terre, la lumière du soleil, toutes les créatures inorganisées et sans vie, servent à la formation et au développement des créatures organisées et vivantes : les plantes et les animaux ?

Qui ne voit que la fleur existe pour nous donner le spectacle de sa beauté et nous prodiguer le charme de ses parfums ? que l'arbre croît, fleurit et produit, pour nous faire goûter la saveur de ses fruits ? Qui ne voit aussi que l'animal ne vit pas non plus pour lui mais pour l'usage de l'homme ; la brebis, pour lui donner sa toison ; le cheval, son agilité ; le bœuf, sa force ; la vache, son lait ?

N'est-il pas évident que tous les êtres de la création, dans le plan du Créateur, sont destinés uniquement à l'usage de l'homme et à la satisfaction de ses besoins légitimes ?

Il est clair en effet que Dieu n'a pas créé ce grand univers pour son usage personnel, puisqu'il n'a besoin que de Lui-même pour être parfaitement heureux.

Il ne l'a pas fait non plus pour les anges : ce sont de purs esprits indépendants de tout ce qui est corporel et tirant immédiatement de Lui seul toute leur félicité.

Enfin, Il ne l'a pas créé pour Lui-même ; car les choses qu'il contient sont périssables et ne savent même pas si elles existent.

Reste donc que Dieu a tout créé *pour l'homme*. C'est pour lui qu'Il conserve toutes les créatures ; c'est pour lui uniquement que le soleil remplit l'univers de sa vive lumière, que les vents soufflent, que l'atmosphère s'épaissit de nuages, que la pluie tombe, que les rivières coulent, que le sol produit toutes sortes de plantes, que les animaux vivent et se reproduisent; en un mot, c'est pour l'homme que toute la nature travaille.

En mangeant un morceau de pain, il jouit de la nature tout entière.

Pour le produire et le porter à sa bouche, il faut le concours du ciel, de la terre, de l'eau, du feu, des hommes, et de Dieu lui-même.

Mais non seulement, en considérant l'ensemble des créatures, on découvre le rapport des unes aux autres, mais on découvre aussi le but même de leur organisation, c'est-à-dire la fonction qu'elles ont à remplir.

Chaque être est organisé en vue de cette destination.

Il faudrait nier la nature entière et dans son ensemble et dans tous ses détails, pour ne pas y lire partout cette constante loi. Elle est tellement exacte, disons-nous, que par *l'organisation* des êtres on peut découvrir leur *destination*.

En considérant par exemple les différentes espèces d'animaux : ceux qui volent dans les airs, et ceux qui marchent ou rampent sur la terre, et ceux qui nagent dans les eaux, ainsi que toutes les productions du sol, on découvre le *pourquoi* de leur organisation.

Nous reconnaissons, par exemple, aux plumes qui couvrent les oiseaux, à leurs ailes, à la forme entière de leur corps, qu'ils sont faits pour voler dans les airs, pour se pencher sur les arbres, aller et courir sur terre.

Les écailles, les nageoires, la structure des poissons, tous privés des moyens de marcher, nous apprennent que l'eau est leur élément, qu'ils sont faits pour y vivre, s'y mouvoir et y prendre leurs ébats.

Si on considère maintenant l'homme, ne faudrait-il pas avoir perdu la raison pour nier que l'œil ne soit fait pour voir, l'oreille pour ouïr, le nez pour respirer, odorer, la langue pour parler, les mains pour travailler, les pieds pour marcher ?

Ne faudrait-il pas pareillement être insensé pour nier que notre *esprit* ne soit fait pour connaître, aimer la **Vérité** ?

Aussi bien nierait-on que le trou de l'aiguille ne soit fait pour y passer le fil.

Mais ce n'est pas tout.

Non seulement nous découvrons le but ou la destination des êtres par leur organisation, mais nous constatons aussi que ces êtres sont doués des **moyens les plus aptes** *à l'atteindre.*

Ne pouvant considérer cette loi des fins, ce rapport parfait de *moyen à but,* dans toutes les différentes variétés des créatures, bornons-nous à une vue d'ensemble.

La Terre (*)

Si elle était plus dure, l'homme ne pourrait en ouvrir le sein pour la cultiver; si elle était moins dure, elle ne pourrait le porter: il enfoncerait partout comme il enfonce dans le sable ou dans un bourbier.

L'inégalité des terrains qui paraît d'abord un défaut, se tourne en ornement et en utilité. Ces diverses terres suivant les divers aspects du soleil ont leurs avantages. Dans les profondes vallées, on voit croître l'herbe fraîche pour nourrir les troupeaux; auprès d'elles, s'ouvrent de vastes campagnes revêtues de riches moissons; ici, des coteaux s'élèvent en amphithéâtre et sont couronnés de vignobles et d'arbres fruitiers; là, de hautes montagnes vont porter leur front glacé jusque dans les nues, et les torrents qui en tombent, sont les sources des rivières. Des rochers, qui montrent leur cône escarpé, soutien-

(*) Fénelon

nent la terre des montagnes, comme les os du corps humain en soutiennent les chairs. Cette variété fait le charme des paysages, et en même temps elle satisfait aux divers besoins des peuples. En effet :

Il n'y a point de terrain si ingrat qui n'ait quelque utilité. Non seulement les terres noires et fertiles, mais encore les argileuses et les graveleuses récompensent l'homme de ses peines ; les marais desséchés deviennent fertiles ; les sables ne couvrent d'ordinaire que la surface de la terre, et, quand le laboureur a la patience d'enfoncer, il trouve un terroir neuf qui se fertilise, à mesure qu'il le remue et qu'il l'expose aux rayons du soleil. Les côtes mêmes qui paraissent les plus stériles et les plus sauvages, offrent souvent des fruits délicieux ou des remèdes très salutaires, qui manquent dans les plus fertiles pays.

D'ailleurs, c'est par un effet de la Providence divine, que nulle terre ne porte tout ce qui sert à la vie humaine : car le besoin invite les hommes au commerce pour se donner mutuellement ce qui leur manque, et ce besoin est le lien naturel de la société entre les nations ; autrement, tous ces peuples du monde seraient réduits à ne se servir que d'une seule sorte d'habit et d'aliment : rien ne les inviterait à se connaître et à *s'entrevoir*.

L'Eau

Elle coule, elle s'échappe, elle s'enfuit et en même temps elle prend toutes les formes du corps qui l'environne, n'en ayant pas elle-même. Si elle était un peu plus liquide, elle deviendrait une espèce d'air ; toute la face de la terre serait sèche et stérile ; nulle espèce d'animal ne pourrait vivre ; il n'y aurait aucun commerce par la navigation, car elle ne pourrait plus soutenir les vaisseaux ; les corps les moins pesants s'enfonceraient en elle.

Au contraire, si *l'eau* était moins liquide, elle ne pourrait plus couler, elle ne pourrait plus s'infiltrer dans la terre qu'elle doit arroser ; elle ne pourrait plus se boire ; les fleuves ne pourraient plus être des *chemins qui marchent*.

L'Air

Il est un corps si subtil, si pur et si transparent que les rayons des astres, situés dans une distance presque indéfinie de nous, le percent tout entier sans peine et en un seul instant, pour venir éclairer nos yeux. Un peu moins de subtilité dans ce corps fluide nous aurait dérobé le jour, ou nous aurait laissé tout au plus une lumière sombre et confuse, comme quand l'air est plein de brouillards épais.

Nous vivons plongés dans des abîmes d'air, comme les poissons dans des abîmes d'eau.

Or, de même que l'eau, si elle se subtilisait, deviendrait une espèce d'air qui ferait périr les poissons ; ainsi l'air, de son côté, nous ôterait la respiration, s'il devenait plus épais et plus humide ; s'il était plus épais, il nous suffoquerait ; s'il était plus subtil, comme celui des plus hautes montagnes, il ne fournirait rien d'assez humide et d'assez nourrissant pour les poumons.

Le Feu

Quant au *feu*, dont la force est une des plus grandes de la nature, l'homme l'utilise dans la mesure qu'il désire : il sert à l'éclairer, à le chauffer, à cuire ses aliments.

Le Soleil

Levons les yeux au ciel, et considérons le *Soleil*, le roi des astres. S'il était plus grand, dans la même distance, il embraserait tout le monde : la terre s'en irait en poudre. Si, dans la même distance, il était moins grand, la terre serait toute glacée et inhabitable. Dans le premier cas, nous péririons de chaleur ; dans le second cas, nous péririons de froid. Cet astre ne fait pas moins de bien à la partie dont il s'éloigne pour la laisser se refroidir, qu'à celle dont il s'approche pour la favoriser davantage de sa chaleur. Ce changement fait celui des saisons dont chacune a son utilité.

Le printemps montre les fleurs et promet les fruits.

L'été donne les riches moissons.

L'automne répand les fruits promis par le printemps.

Enfin, l'hiver, qui est une espèce de nuit où l'homme se délasse, concentre tous les trésors de la terre, afin que le printemps suivant les déploie avec toutes les grâces de la nouveauté.

La Lune

Parmi les autres astres des cieux, considérons la *Lune* qui partage, avec le soleil, le soin de nous éclairer.

Elle se montre à point nommé avec toutes les étoiles, quand le soleil est obligé d'aller ramener le jour dans l'autre partie de la terre. Sa lumière est empruntée du soleil qui est absent. Ainsi, tout est ménagé avec un si bel art que la lune, aussi ténébreuse par elle-même que la terre, sert néanmoins à renvoyer, par réflexion, à celle-ci les rayons qu'elle reçoit du soleil. Par la lune, le soleil éclaire les peuples qui ne peuvent le voir, pendant qu'il doit en éclairer d'autres.

Les Étoiles

Au-dessus de nos têtes, brille le soleil à 38.000.000 lieues avec ses sept planètes et des myriades *d'étoiles*, dont la lumière, 500.000 fois plus rapide qu'un boulet (75.000 lieues à la seconde), nous arrive après plusieurs années. Celles-ci sont séparées de nous et entre elles par des millions de lieues (la plus près de nous est à huit mille milliards); et là où on croyait le ciel vide, le télescope perfectionné a découvert une nouvelle *poussière* d'étoiles à des distances incalculables et vertigineuses.

Or, si de la terre nous pouvions facilement pénétrer dans ces abîmes de l'espace des cieux, nous y verrions, dans une pleine lumière, comment chaque astre du firmament a son *but* prédestiné dans cet immense mécanisme des mondes qu'un savant a si bien nommé : *la Mécanique céleste*.

L'ordre dans le mouvement des astres et des

planètes est si bien réglé qu'on peut exactement annoncer une éclipse *100 ans d'avance.*

Les Plantes

Qui pourrait découvrir toute la perfection des plantes, ne serait-ce que d'une simple feuille de l'une d'entre elles ?

Son tissu se compose d'un assemblage innombrable de petites cellules imperceptibles à l'œil, communiquant entre elles par des pores, soudées les unes aux autres, à peu près comme les alvéoles d'un gâteau de cire, les unes remplissant les écartements des nervures de la feuille, les autres formant les nervures elles-mêmes par un allongement et un enroulement particulier de leurs merveilleuses cloisons.

Cette feuille est un véritable laboratoire où s'accomplissent les opérations les plus surprenantes. Deux appareils y fonctionnent sans cesse : l'appareil de la circulation de la sève, et celui de la circulation de l'air.

La sève, étant montée de la racine dans la tige et de la tige dans la feuille, subit l'action de la lumière ; il se produit alors un dégagement et une absorption de gaz, et la sève se transforme ; elle ne se met à descendre vers la tige que lorsqu'elle a acquis les propriétés nécessaires à la nutrition de la plante, à la production des fleurs et des fruits.

Telle est la plus *simple* feuille de n'importe quelle plante. Qui pourrait trop admirer la fleur, le fruit? Comment dire toute la beauté, toute l'élégance, tout le parfum et tout l'éclat qui brillent sur l'immense parterre de la nature?

Qui pourra montrer cette mystérieuse fécondité de ce grain de blé qui devient épi, ou de ce gland qui devient chêne?

Qui ne serait ravi d'admiration, à la vue de tant de perfection dans une si grande variété?

Il n'y a pas deux feuilles, deux brins d'herbe qui se ressemblent absolument.

Parmi les plantes, celles qui servent à la nourriture de l'homme et des animaux domestiques, sont d'une végétation plus rapide et ont été mises à la portée de la main ; celles qui ont pour but l'agrément et qui ne donnent que des fleurs, ne dépassent guère la hauteur de notre vue. Enfin, il en est qui offrent une grandeur et une dureté considérables : ce sont celles qui fournissent des matériaux à notre industrie et aux usages les plus divers.

Le blé et autres plantes céréales, de taille élancée, occupent peu de place et aussi se multiplient davantage pour suffire à nos besoins.

Leurs tiges sont frêles, de sorte que les oiseaux ne peuvent s'y percher pour les dépouiller de leurs grains; cependant, elles sont fortifiées par des nœuds, et elles peuvent résister à la tempête en pliant.

Les plantes ont des *qualités* appropriées aux *climats* qui les produisent. Ainsi, le sapin, et d'autres arbres du même genre, sont enveloppés d'une écorce résineuse et ont reçu une vie dure, pour résister au climat rigoureux du Nord, tandis que les plantes délicates des pays chauds sont pourvues de feuilles larges et humides, pour mieux supporter les ardeurs du soleil.

Ces différences dans la nature des végétaux, selon les climats, sont en harmonie parfaite avec les besoins des hommes et des animaux. Le blé et les autres plantes céréales, qui sont les plus utiles à l'homme, croissent par toute la terre.

Au Midi, des arbres toujours verts donnent un large feuillage pour abriter de la chaleur les animaux; la terre qu'ils habitent, est tapissée de fougères et de lianes vertes qui les tiennent fraîchement. Ceux qui sont au Nord sont également favorisés; ils ont pour toits : les sapins toujours verts, dont les pyramides, hautes et touffues, écartent les neiges de leurs pieds;

pour litière : les mousses mêmes de la terre, épaisses d'un pied au moins, en plusieurs endroits.

Les oiseaux de neige, les lièvres, les écureuils trouvent souvent à l'abri du même sapin de quoi se loger, se nourrir et se vêtir chaudement.

Les Animaux

Quelle organisation parfaite dans chacune de leurs espèces innombrables !

Les oiseaux et les poissons ont pour ainsi dire des *rames* qui fendent la vague de l'air et de l'eau, et qui conduisent le corps flottant de l'oiseau et du poisson, dont la structure est semblable à celle d'un navire. Les ailes des oiseaux ont des plumes avec un duvet qui s'enfle à l'air et qui s'appesantirait dans les eaux; au contraire, les nageoires des poissons ont des pointes dures et sèches, qui fendent l'eau sans en être imbibées, et qui ne s'appesantissent point, étant mouillées.

Les *poissons* sont couverts de mucus et d'huile pour n'être pas détrempés par l'eau; ce qu'il y a de plus admirable, c'est que le petit réservoir de cette huile est placé sur leur tête, de manière qu'en nageant, leur mouvement entraîne et étend l'huile sur toute la surface de leur corps.

Les *oiseaux*, destinés à se mouvoir et à s'élever dans l'air, sont constitués de manière à peser le moins possible; la puissance et la promptitude de leur mouvement sont proportionnées à leur poids.

Tout dans les oiseaux est disposé pour le *vol*.

Les plumes dont se composent les ailes, sont creuses et remplies d'une moelle spongieuse que recouvre une enveloppe fibreuse, mince et cependant fort résistante; leurs ailes, convexes en dessus et creusées en-dessous, sont des rames parfaitement taillées pour fendre l'air. La résistance de l'air dans la direction du transport se réduit presque à rien, par le peu de surface qu'offre le corps dans le sens horizontal.

Pour que les oiseaux puissent se tenir ferme sans efforts, sur les branches d'arbre et autres surfaces étroites, où ils se posent habituellement, leur pied est construit de telle sorte que, lorsqu'il vient à être pressé vers le centre, les doigts se referment naturellement sur le corps qui les presse, et plus le balancement d'une branche est considérable, plus les doigts se contractent et s'y attachent fortement.

Le sens de la *vue* est aussi dans l'oiseau parfaitement en rapport avec ses besoins.

Il faut qu'il puisse voir de loin pour découvrir

sa nourriture : il faut également qu'il puisse la distinguer de près pour la saisir immédiatement avec le bec. Or, l'œil de l'oiseau peut se mouvoir à l'intérieur d'une manière très variée, ce qui lui permet de voir distinctement aux distances les plus diverses.

Certains oiseaux qui nagent comme les cygnes, élèvent en haut leurs ailes et tout leur plumage, de peur de le mouiller ; et afin qu'il leur serve comme de voile, ils ont l'art de tourner ce plumage du côté du vent et d'aller comme les vaisseaux, à la bouline, quand le vent ne leur est pas favorable. Les oiseaux aquatiques, tels que les canards, ont aux pattes de grandes peaux qui s'étendent et qui font des raquettes à leurs pieds, pour les empêcher d'enfoncer dans les bords marécageux des rivières.

On ne remarque pas sans surprise que les oiseaux les plus utiles à l'homme tels que la poule, l'oie, le canard, le dindon, ont été organisés moins favorablement pour le vol, sûrement afin qu'ils fussent retenus dans nos basses-cours, tandis que l'aigle, le vautour, l'hirondelle, échappent par leur vitesse à la tyrannie de l'homme auquel ils eussent été moins utiles.

D'ailleurs, tous les animaux sont organisés d'une manière absolument parfaite, selon leur nature.

Ceux qui sont féroces ont les muscles les plus gros aux épaules, aux cuisses et aux jambes, afin d'être souples, agiles, nerveux et prompts à s'élancer. Les os de leur mâchoire sont prodigieux en proportion du reste de leur corps. Ils ont des dents et des griffes, qui leur servent d'armes terribles pour déchirer et manger les autres animaux.

Pour la même raison, les oiseaux de proie, comme les aigles, ont un bec et des ongles qui percent tout. Les muscles de leurs ailes sont d'une extrême grandeur et d'une chair très dure, afin que leurs ailes aient un mouvement plus fort et plus rapide. Aussi ces animaux, quoique très pesants, s'élèvent-ils sans peine jusque dans les nues, d'où ils s'élancent comme la foudre sur toute proie qui peut les nourrir.

D'autres animaux ont des cornes; leur plus grande force est dans les reins et le cou.

Rien n'est plus admirable que la perfection des *armes offensives et défensives* de chaque espèce.

L'instinct supplée dans les animaux privés de ces armes naturelles.

L'oiseau bâtit son nid sur les plus hautes branches des arbres, pour préserver ses petits de l'insulte des animaux qui ne sont point ailés.

Il le pose même dans les feuillages les plus épais pour le cacher à ses ennemis.

Un autre, comme le castor, va bâtir jusqu'au fond d'un étang l'asile qu'il se prépare, et sait élever des digues pour le préserver de l'inondation.

Un autre encore, comme la taupe, naît avec un museau si pointu et si aiguisé qu'il perce en un moment le terrain le plus dur, pour se faire une retraite souterraine.

Le renard sait creuser un terrain avec deux ouvertures, pour n'être point surpris et pour éluder les pièges du chasseur.

Les oiseaux qui ont les jambes longues, ont aussi un long cou à proportion, pour pouvoir abaisser leur bec jusqu'à terre, et y prendre leurs aliments.

Le chameau est de même. L'éléphant, dont le cou serait trop pesant par sa grosseur s'il était aussi long que celui du chameau, a été pourvu d'une longue trompe qui est un tissu de nerfs et de muscles qu'il allonge, qu'il retire, qu'il replie en tous sens, pour saisir les corps, pour les enlever et pour les repousser ; aussi les Latins ont-ils appelé cette trompe : *une main*.

L'insecte, si faible et si menacé dans son existence, est si parfaitement pourvu d'instruments pour les fonctions qu'il est destiné à remplir, qu'il ravit notre admiration plus que tous les autres animaux.

Ces instruments sont : des vrilles, des râpes, des brosses, des trompes, des tarières, des scies, etc.. Qu'il nous suffise d'en donner, pour exemple, une espèce des plus remarquables, celle des *abeilles*.

Leur tête, outre les antennes qui sont un organe du toucher, présente *deux mâchoires* écailleuses qui servent à travailler la cire ; au-dessous de cet appareil, se trouve la *trompe* destinée à recueillir la substance du miel. A la poitrine sont attachées *six pattes* dont les deux postérieures portent à leur milieu un enfoncement, où les abeilles ramassent peu à peu la matière de la cire. Elles ont aux pattes *quatre brosses* dont l'usage est de rassembler la poussière qu'elles enlèvent aux étamines des fleurs au moyen des poils de leur corps. Enfin, les extrémités des six pattes se terminent par des *crochets* avec lesquels elles se suspendent aux parois de la ruche ou les unes aux autres.

On le constate : tous les animaux grands et petits sont aussi bien munis les uns que les autre pour leur destination et aussi pour leur conservation.

L'insecte imperceptible et l'immense quadrupède sont également bien favorisés ; le rhinocéros n'est pas mieux armé que le cerf-volant avec ses cornes branchues. Les sèches, les calmars, et les poulpes qui répandent une liqueur noire et se dérobent dans l'obscurité, ne sont pas moins bien défendus que la *baleine* et le *requin*.

Le kanguroo, qui fait des bonds extraordinaires, n'échappe pas mieux que le faible *taupin* qui, au moyen d'un jeu mécanique très savant, s'élance dans l'eau et retombe sur ses pattes.

C'est ainsi qu'en distribuant des armes, en variant les ruses, la Providence conserve l'équilibre de l'univers.

Les *lamas*, n'étant pourvus d'aucune arme défensive, lancent sur leurs ennemis une salive dégoûtante et âcre ; les *moufettes* et les putois exhalent des vapeurs empestées qui font quitter prise à leurs agresseurs. Une espèce de cigales s'enveloppe d'une écume blanche ; le proscarabée et les salamandres suintent une liqueur empoisonnée.

Ailleurs, les hérissons et les porcs-épics se cachent sous leurs longs piquants ; tatous et pangolins s'enveloppent de leur cuirasse osseuse ;

les singes se défendent avec des bâtons et des pierres ; les blaireaux, les mangoustes, les sarigues et les belettes s'entourent des ombres de la nuit pour exercer leurs rapines, tandis que le bœuf, armé de cornes, broute avec sécurité l'herbe de la colline, et que l'éléphant se promène majestueusement dans les vastes solitudes de l'Asie.

Quelques petits animaux semblent délaissés et sans défense, mais le Créateur leur a donné un instinct qui leur fait fuir le danger. Le petit agneau sent de loin sa mère et court au-devant d'elle. La brebis est saisie d'horreur, à l'approche du loup, et s'enfuit avant même d'avoir pu le distinguer.

Rapport des Animaux à l'Homme.

Certains animaux sont spécialement faits *pour l'homme*.

Le chien est né pour le caresser ; pour être dressé à sa guise ; pour lui donner une image agréable de société, d'amitié, de fidélité et de tendresse ; pour garder tout ce qui lui est confié ; pour chasser avec ardeur beaucoup d'autres bêtes, et pour les laisser ensuite à l'homme sans en rien retenir. Le cheval et les autres animaux semblables se trouvent sous la main de l'homme pour le soulager dans son travail. Ils sont nés pour le porter, pour le soulager dans sa faiblesse et pour obéir à tous ses mouvements. Les bœufs ont la force et la patience en partage pour traîner la charrue et pour labourer. Les moutons ont dans leur toison un superflu qui n'est pas pour eux, et qui se renouvelle pour inviter l'homme à les tondre toutes les années. Les chèvres mêmes fournissent un crin long qui leur est inutile, et dont l'homme fait des étoffes pour se couvrir.

Les peaux des animaux procurent à l'homme les plus belles fourrures dans les pays les plus éloignés du soleil.

Ainsi, le Créateur a vêtu les bêtes selon leurs besoins, et ensuite leurs dépouilles servent encore d'habits aux hommes pour les réchauffer dans ces climats glacés.

Les animaux qui n'ont presque pas de poil, ont une peau très épaisse et très dure comme des écailles; d'autres ont des écailles même, qui se couvrent les unes les autres comme les tuiles d'un toit et qui s'entr'ouvrent et se resserrent suivant qu'il convient à l'animal de se dilater ou de se resserrer.

Ces peaux et ces écailles servent encore aux besoins des hommes.

L'homme devant habiter toute la terre n'a été nulle part abandonné à ses propres forces. Il trouve dans chaque contrée un compagnon tout prêt à le servir.

L'Asie lui présente le dromadaire, l'éléphant et le rhinocéros. Le bœuf, le cheval, et l'âne, sont le partage de nos climats. Le bison et le buffle soulagent le noir Africain. L'Arabe vagabond se promène dans ses vastes déserts sur le chameau infatigable. Le lama partage les travaux du Péruvien que la vigcogne revêt de sa belle laine olivâtre. Le bœuf musqué, la chèvre sauvage, la biche, le chevreuil, peuplent les régions brûlantes de l'Amérique, tandis qu'au milieu des mousses et des neiges éternelles, le Lapon, le Samoïède et l'Iakote attellent le renne aux pieds fendus, à leurs traineaux légers. Se nourrissant de son lait, se couvrant de sa chaude fourrure, ils errent dans leur solitude à la lueur magnifique des aurores boréales.

Autre fait providentiel.

Les animaux qui pourraient nuire à l'homme, s'ils étaient plus nombreux, sont les moins féconds; les plus utiles, comme sont les animaux domestiques, sont ceux qui se multiplient davantage.

On tue incomparablement plus de bœufs et

de moutons qu'on ne tue d'ours et de loups; il y a cependant incomparablement moins d'ours et de loups que de bœufs et de moutons, sur la terre.

Remarquons encore que les femelles de chaque espèce d'animaux ont des mamelles dont le nombre est proportionné à celui des petits qu'elles portent ordinairement. Plus elles portent de petits, plus elles sont munies de sources de lait pour les allaiter.

Mais recherchons encore combien ces animaux s'harmonisent avec l'homme.

Le tigre, le chacal, l'adive, l'ours, qui sont des animaux terribles et sanguinaires, ne peuvent exister que dans les déserts africains. Les féroces jaguars, les ocelots, les pumas, les alcos, les margays languissent et meurent en quittant le sol d'Amérique. Les serpents à sonnettes, les boas monstrueux, ne sortent jamais de leurs savanes. Le rhinocéros et l'hippopotame sont retenus par une force invincible sur les bords du Gange où ils se cachent parmi les roseaux.

Tous ces animaux féroces ne peuvent vivre et se reproduire que dans leur patrie, tandis que les animaux domestiques de l'homme, ceux qui partagent avec lui les travaux des champs, le cheval, le bœuf, l'âne, le chien, la brebis, habitent toutes les contrées où l'homme a pénétré. Fidèles à leur maître, ils ont pu le suivre dans tous ses voyages; partout où il a habité, ils ont tracé de pénibles sillons, porté sur leur dos des gerbes dorées; et, bientôt répandus sur toute la surface de la terre, ils sont devenus les habitants de l'univers.

De même que le blé et les autres graines céréales qui sont les plus nécessaires à la vie matérielle croissent par toute la terre, ainsi ces animaux qui servent à la cultiver, peuvent la parcourir tout entière.

Mais si la Providence a laissé à l'homme le soin de guider ces animaux dans tous les pays, il en est quelques-uns qu'elle y multiplie elle-même : c'est ainsi qu'on trouve l'abeille dans toutes les contrées, parce que la terre entière est parée de fleurs, et que l'abeille est destinée à recueillir dans leurs fraîches corolles le miel délicieux qu'elles renferment.

Ne nous arrêtons pas davantage à l'étude des animaux, et passons à celle de **l'homme** lui-même, le roi de la création.

Il y a dans toute la nature deux sortes d'êtres, des *corps* et des *esprits*.

L'homme est un composé des deux ; il a un *corps* et un *esprit*, c'est-à-dire une intelligence par laquelle il connaît et *se connaît*.

Considérons le rapport parfait de *moyen à but* dans son *Corps*, le *plus beau* de *tous les corps*, et nous conclueronsplus loin que, dans son *Ame* également, tout doit avoir un but comme dans toutes les autres créatures.

LE CORPS DE L'HOMME

Le Corps humain est prodigieux avec ses HUIT MILLE *parties enchâssées de manière à fournir une solidité et une souplesse merveilleusement combinées et des mouvements infiniment variés.*

ORGANISME INTÉRIEUR

Le **Cœur**, étant l'organe principal de la vie corporelle, est le plus protégé du corps, soit par sa disposition centrale, soit par les enveloppes qui l'entourent. Il possède à un degré supérieur deux qualités qui lui étaient nécessaires pour remplir ses délicates fonctions : l'élasticité et la contractilité.

Il s'élargit et se contracte avec une force bien au-dessus de celle de tous les autres organes, de sorte qu'il peut facilement envoyer jusqu'aux extrémités du corps le sang destiné à le nourrir tout entier.

Qui n'admirerait l'ordonnance si régulière de la multitude infinie des *conduits* qui président à la circulation du sang ? Le nombre en est si grand qu'on ne peut se faire la moindre piqûre jusqu'au sang, sans en percer des milliers. Parmi les principaux, les uns, *artères*, portent le sang du cœur aux extrémités du corps ; les autres, *veines*, le rapportent des extrémités au centre, où il vient se purifier au contact de l'air aspiré par les poumons.

L'air est comme un aliment dont le corps se nourrit et par le moyen duquel il se renouvelle dans tous les moments de sa vie.

Or, les **Poumons**, *organes de la respiration*, sont comme de grandes enveloppes qui, étant spongieuses, s'élargissent et se resserrent facilement, afin de prendre et de rendre sans cesse beaucoup d'air, comme une espèce de souffle en mouvement continuel.

L'Estomac et les *eaux* qu'il jette par ses glandes, préparent, par la digestion des aliments, la formation du sang, avec une raffinerie telle, qu'en comparaison, toute chimie n'est qu'ignorance.

La nourriture y est changée par une prompte cuisson en une liqueur douce, une espèce de lait, nommé *chyle*, qui, parvenant enfin au cœur, y reçoit la forme, la vivacité, la couleur, en un mot : la nature du sang.

Une sorte de *vernis* tapisse l'estomac, pour l'empêcher de se digérer lui-même.

Tandis que le suc le plus pur des aliments passe de l'estomac dans les canaux destinés à faire le chyle et le sang, les parties grossières de ces aliments sont séparées, comme le son l'est de la fleur de la farine, par un tamis, et elles sont rejetées en bas pour en délivrer le corps, par les issues les plus cachées et les plus reculées des organes des sens, ainsi qu'il convenait.

Qui n'admirerait cette merveille : le **Cerveau**, destiné à recevoir toutes les *images* de nos pensées, toutes les impressions de l'âme ?

D'innombrables faisceaux de fibres imperceptibles partent de lui comme d'un centre, allant s'épanouir sur toutes les surfaces de l'organisme pour avertir de l'approche des corps et faire connaître déjà leur nature, leur forme, leur goût, le plaisir ou la douleur que doit causer leur toucher.

Pour se représenter ces faisceaux de fibres, qu'on se figure un corps humain tout revêtu d'une riche et ondoyante chevelure.

De cette rapide considération sur l'ordre merveilleux de l'architecture *intérieure* du corps humain, passons à un petit examen de l'architecture *extérieure*.

ORGANISME EXTÉRIEUR

La Peau (*)

Le corps serait hideux et ferait horreur si cette peau, qui le rend si agréable à voir et d'un si doux coloris, était enlevée.

Elle a toute la délicatesse qu'il faut pour être transparente et pour donner au visage un coloris vif, doux et gracieux. Si elle était moins serrée et moins unie, le visage paraîtrait sanglant et comme écorché. Le mélange si bien proportionné des couleurs produit cette belle carnation que les peintres admirent et n'imitent jamais qu'imparfaitement.

Les Os et leur assemblage.

Les jambes et les cuisses sont comme deux colonnes égales et régulières qui s'élèvent comme pour soutenir tout l'édifice; mais ces colonnes sont flexibles pour la commodité, la rotule du genou qui est un os d'une figure à peu près ronde est mise tout exprès dans la jointure, pour la remplir et la défendre, quand les os se replient pour le fléchissement du genou. Chaque colonne a son pied qui est composé de pièces si bien ajustées qu'elles peuvent se plier ou se tenir raides, selon le besoin: le piédestal tourne quand on le

(*) FÉNELON

veut sous la colonne. Dans ce pied on ne voit que nerfs, que tendons, que petits os étroitement liés afin que cette partie soit tout ensemble plus ferme et plus souple, selon les divers besoins; les doigts mêmes des pieds, avec leurs articulations et leurs ongles, servent à tâter le terrain sur lequel on marche, à s'appuyer avec plus d'adresse et plus d'agilité; à garder mieux l'équilibre du corps, à se hausser ou à se pencher. Les deux pieds s'étendent en avant, pour empêcher que le corps ne tombe de ce côté-là quand il se penche ou se plie. Les deux colonnes se réunissent par le haut pour porter le reste du corps; elles sont encore brisées dans cette extrémité, afin que cette jointure donne à l'homme la commodité de se reposer en s'asseyant sur les deux plus gros muscles de tout le corps.

Le *buste*, c'est-à-dire le corps de l'édifice, est proportionné à la hauteur des colonnes. Il contient toutes les parties qui sont absolument nécessaires à la vie, et qui par conséquent doivent être placées au centre, comme renfermées dans le lieu le plus sûr.

C'est pourquoi deux rangs de côtes assez serrées, qui sortent du dos comme les branches d'un arbre, naissent du tronc, forment une espèce de cercle pour cacher et pour tenir à l'abri ces parties si nobles et si délicates. Mais comme les côtes ne pourraient fermer entièrement ce centre du corps humain sans empêcher l'élasticité de l'estomac et des entrailles, elles n'achèvent de fermer ce cercle que jusqu'à un certain endroit, au-dessous duquel elles laissent un vide, afin que la poitrine et l'estomac puissent s'élargir avec facilité pour la respiration et pour la nourriture.

L'Épine dorsale

On ne voit rien dans tous les ouvrages des hommes qui soit travaillé avec un tel art.

Elle serait trop raide et trop fragile, si elle n'était faite que d'un seul os : en ce cas, les hommes ne pourraient jamais se plier ; aussi, il est remédié à cet inconvénient par la formation de *vertèbres* qui, s'emboîtant les unes dans les autres, font un tout de pièces rapportées, qui a plus de force qu'un tout d'une seule pièce. Cette chaîne, ou colonne vertébrale, est tantôt souple, tantôt raide ; elle se redresse et se replie en un moment comme on le veut. Toutes ces vertèbres ont dans le milieu une ouverture qui sert à faire passer un allongement de la substance du cerveau (moelle épinière), véritable fil vital se prolongeant et communiquant l'esprit de vie jusqu'aux extrémités du corps.

Qui n'admirerait le parfait assemblage de toute la charpente osseuse du corps humain ?

De la base au sommet, elle ne forme qu'un seul tout, et cependant les os sont au nombre de 208. On y voit des colonnes, des voûtes, des arceaux, des bassins, des leviers, des gonds, des muscles, des couteaux. Leurs coubures, leurs saillies, leurs perforations, leurs enfoncements sont savamment combinés. Ils sont percés précisément dans les endroits où doivent passer les ligaments ou liens qui les attachent les uns aux autres, et sont protégés par des muscles qui leur servent de ressorts puissants et délicats.

Les Bras

Du haut du corps pendent les deux bras, qui sont terminés par les mains et qui ont une parfaite symétrie entre eux. Les *bras* tiennent aux épaules comme à l'endroit le plus favorable à la liberté de leurs mouvements ; ils sont encore brisés au coude et au poignet pour pouvoir se plier et se retourner avec promptitude. Les bras sont de la juste longueur qu'il faut pour atteindre à toutes les parties du corps. Ils sont nerveux et pleins de muscles, afin qu'ils puissent, avec les reins, être souvent en action et soutenir les plus grandes fatigues du corps.

Les mains sont un tissu de nerfs et d'osselets enchâssés les uns dans les autres, qui ont toute la force et toute la souplesse convenable pour tâter les corps voisins, pour les saisir, pour s'y accrocher, pour les lancer, pour les attirer, pour les détacher les uns des autres.

Les doigts, dont les bouts sont armés d'ongles, sont faits, par la délicatesse et la variété de leurs mouvements, pour exercer les arts les plus merveilleux.

Les bras et les mains servent encore, suivant qu'on les étend ou qu'on les replie, à mettre le corps en état de se pencher, sans s'exposer à une chute.

Le Cou et la Tête

Au-dessus du corps, s'élève le *cou* ferme et flexible selon qu'on le veut, d'après le besoin. Est-il question de porter un pesant fardeau sur la tête? le cou se plie en tout sens, comme si on en démontait tous les os. Ce cou médiocrement élevé au-dessus des épaules, porte sans peine la tête qui règne sur tout le corps. Si celle-ci était moins grosse, elle n'aurait aucune proportion avec l'ensemble; si elle était plus grosse, outre qu'elle serait disproportionnée et difforme, sa pesanteur accablerait le cou et risquerait de faire tomber l'homme du côté où elle pencherait un peu trop. Cette tête est fortifiée de tous côtés par des os très épais et très durs, pour mieux conserver le précieux trésor du cerveau qu'elle renferme.

Le *crâne* se trouve percé régulièrement avec une proportion et une symétrie exactes, pour les deux yeux, pour les deux oreilles, pour la bouche et pour le nez. Il y a des nerfs destinés aux sensations qui s'exercent dans la plupart de ces conduits. Parmi les organes des sensations, les principaux sont doubles pour conserver dans un côté ce qui pourrait manquer dans l'autre par quelque accident. Ces deux organes d'une même sensation, les yeux et les oreilles, sont mis en symétrie sur le devant et sur les côtés, afin que l'homme en puisse faire un plus facile usage, ou à droite ou à gauche, ou vis-à-vis de lui.

D'ailleurs, la flexibilité du cou fait que tous ces organes se tournent en un instant de quelque côté qu'il veut.

Tout le derrière de la tête, qui est le moins en état de se défendre, est le moins délicat; il est orné de cheveux qui servent en même temps à fortifier la tête contre les injures de l'air; ces cheveux viennent sur le devant pour accompagner le visage et lui donner plus de grâce.

Le Visage

Le devant de la tête est le côté qu'on nomme le *visage*, la plus noble partie du corps ; car *l'âme* tout entière, qui est la principale partie de l'homme, qui fait de lui un être supérieur à tout le monde des corps, s'y manifeste visiblement. Elle lui communique la beauté physionomique qui est propre à l'homme; les animaux n'ont rien de comparable.

Le *front* donne de la majesté et de la grâce au visage. Les *yeux* y brillent d'une flamme céleste à laquelle rien ne ressemble dans la nature; ils sont armés de deux sourcils égaux. Les *lèvres*, par leur couleur vive, leur fraîcheur, leur figure, leur arrangement et leur proportion avec les autres traits, embellissent toute la physionomie. La *bouche*, par la correspondance de ses mouvements avec ceux des yeux, l'anime, l'égaie, l'attriste, l'adoucit, la trouble, et y exprime chaque passion par des marques sensibles. Les idées, les vertus, les passions, le talent, le génie, la bonté, l'amour, rayonnent sur toute cette face qu'ils illuminent du dedans. En un mot, *l'esprit* jaillit tellement sur le visage que celui-ci en est littéralement le transparent, *le miroir*.

La société humaine serait impossible si les hommes n'avaient un moyen sûr de se distinguer et de se reconnaître les uns les autres. Ce moyen existe dans la *physionomie* et les *traits* du visage. Telle est l'étonnante variété des corps humains que, sur tant de millions d'individus répandus sur la surface du globe, malgré l'unité de forme générale, il n'y a pas *deux visages* absolument semblables : jusque dans les ressemblances les plus frappantes, il y a toujours assez de différence pour que ceux qui sont habitués à vivre ensemble ne s'y méprennent pas.

Considérons un peu la parfaite configuration et disposition des « sens » qui recouvrent le visage.

Sans le nez posé dans le milieu, tout le visage serait plat et difforme; on peut juger de cette difformité, quand on a vu des hommes en qui cette partie de la face est mutilée. Il est placé immédiatement au-dessus de la bouche pour discerner plus commodément, par les odeurs, tout ce qui convient aux corps; les deux narines servent tout ensemble à la respiration et à l'odorat.

Les yeux sont des espèces de miroirs où se peignent, tour à tour et sans confusion, tous les objets du monde entier. Le ciel, la terre, la mer, en un mot : tous les objets de l'univers, depuis le soleil jusqu'aux atomes de poussière, en un instant se gravent, se rangent, se démêlent dans l'œil, ce si petit organe. Mais quoique nous apercevions tous les objets par les deux yeux, nous ne voyons pourtant jamais les objets comme doubles, parce que les deux nerfs qui servent à la vue dans nos organes ne sont que deux branches qui se réunissent dans une même tige, comme les deux branches des lunettes se réunissent dans la partie supérieure qui les joint.

Les yeux, ainsi que des sentinelles, occupent la place la plus élevée du corps, pour qu'ils puissent découvrir les objets.

Admirons l'œil dans son rapport avec la lumière.

Pour que l'œil puisse voir la lumière, il est nécessaire qu'il y ait proportion entre l'un et l'autre. Or il en est ainsi. La structure de l'œil est telle qu'il est précisément adapté à percevoir la lumière ; d'autre part, la nature de la lumière est telle qu'elle s'insinue facilement dans l'œil. Celle-ci arrive à l'œil dans des proportions si justes qu'elle n'est ni trop faible ni trop excessive; si elle était plus vive, elle consumerait l'organe; si elle l'était moins, elle ne pourrait éclairer les objets.

Cette proportion si parfaite se trouve dans tous nos autres sens.

Qui pourrait expliquer la délicatesse des *organes* par lesquels l'homme discerne les saveurs et les odeurs.

L'oreille a son tambour où une peau, aussi délicate que bien tendue, résonne au mouvement d'un petit marteau que le moindre bruit agite; elle a, dans un os fort dur, des cavités pratiquées pour faire retentir la voix, de la même manière qu'elle retentit parmi les rochers et dans les échos. Mais n'est-il pas admirable que tant de voix frappent ensemble nos oreilles sans se confondre, et que ces sons nous laissent, après qu'ils ne sont plus, des ressemblances si vives et si distinctes de ce qu'ils ont été?

Une place élevée convenait aux oreilles, puisqu'elles sont destinées à recevoir le son qui monte naturellement.

Ce n'est point sans raison que le Créateur a donné à nos yeux l'enveloppe humide et collante des paupières pour les fermer : mais pourquoi a-t-il laissé nos oreilles toujours ouvertes ? C'est, dit Cicéron, parce qu'il est nécessaire que les oreilles demeurent ouvertes pour nous avertir et nous éveiller par le bruit, s'il y a lieu, tandis que les yeux ont besoin de se fermer à la lumière pour le sommeil.

Le sens du *toucher* s'étend au corps tout entier afin que nous ne puissions recevoir aucune impression, ni être attaqué du froid et du chaud, sans en être averti ; mais il y a une sensibilité plus marquée, plus délicate, dans la main, surtout à l'extrémité des doigts, parce que la *main* est spécialement l'organe du toucher.

La Langue et les Dents

La *langue* est un tissu de petits muscles et de nerfs très souples, afin qu'elle puisse se replier, se mouvoir avec une grande facilité. Elle fait dans la bouche ce que font les doigts ou ce que fait l'archet d'un maître, sur un instrument de musique. Elle va frapper tantôt les dents, tantôt le palais.

Pour boire le liquide, les *lèvres* servent de tuyaux, et la langue sert de piston.

Un petit enfant, pour tirer des mamelles de sa nourrice le lait dont il se nourrit, ajuste aussi bien ses lèvres et sa langue que s'il savait l'art des pompes aspirantes, ce qu'il fait même en dormant, tant la Providence a bien disposé toutes choses !

Outre que les lèvres s'ouvrent pour recevoir la nourriture, elles servent encore par leur souplesse, par la diversité de leurs mouvements, à varier les sons qui font la parole.

En s'ouvrant, elles découvrent un double rang de *dents* dont la bouche est ornée; ces dents sont enchâssées avec ordre dans les deux mâchoires qui ont : un ressort pour s'ouvrir, et un pour se fermer ; par ce moyen, les dents sont aptes à briser, comme un moulin, les aliments qui sont ainsi préparés à la digestion ; les aliments, une fois mâchés, passent dans l'estomac par un conduit différent de celui de la respiration, et les deux canaux, quoique si voisins, n'ont rien de commun.

Afin que les aliments qui ont leur canal séparé, ne se glissent dans celui de la respiration, il y a une espèce de soupape, qui fait, sur l'ouverture du conduit de la voix, comme un pont-levis pour faire passer les aliments sans qu'il en tombe la moindre parcelle ni solide, ni liquide, par l'ouverture dont nous venons de parler.

Cette espèce de soupape est très mobile et se replie très subitement, de manière qu'en tremblant sur cet orifice entr'ouvert, elle fait toutes les plus douces modulations de la voix.

En résumé : les organes, les os, les tendons, les veines, les artères, les nerfs, les muscles qui composent le corps de l'homme, ont plus d'art et de proportion que toute architecture d'industrie humaine.

Le corps humain offre dans sa prodigieuse *diversité* la plus ravissante *unité*. Il est la plus composée et la plus industrieuse de toutes les machines. Aussi les savants, et les ignorants — s'ils ne sont pas tout à fait stupides, sont également saisis d'admiration en le voyant. Tout homme, qui le considère par lui-même, trouve faible tout ce qu'il en a ouï dire, et un seul regard lui en dit plus que tous les discours et tous les livres, selon la remarque de Bossuet.

Un simple examen de ce chef-d'œuvre suffit pour nous faire dire avec un savant qui venait de disséquer une main : *Je viens de chanter une hymne au Créateur.*

On a beau l'étudier, jamais on ne peut en approfondir toute la perfection.

Parmi tant de recherches faites par une curieuse anatomie, dit Bossuet, s'il est arrivé quelquefois, à ceux qui s'en sont occupés, de désirer que, pour plus de commodité, les choses fussent autrement qu'ils ne les voyaient, ils ont trouvé qu'ils ne faisaient un si vain désir que faute d'avoir tout vu. Personne n'a encore trouvé qu'un seul os dût être figuré autrement qu'il n'est, ni être articulé autre part, ni être emboîté plus commodément, ni être percé en d'autres endroits, ni donner aux muscles dont il est l'appui une place plus propre à s'y enclaver ; ni enfin qu'il y eût aucune partie dans tout le corps, à qui on pût seulement désirer une autre température ou une autre place.

Telle est la perfection du corps humain, appréciée seulement à première vue. Rien n'y est inutile. Tout y a son but.

Il fonctionne pour se former, pour sentir, pour s'augmenter et s'entretenir ; il fonctionne encore pour se reproduire, pouvoir qu'il a de commun avec les plantes et les animaux, mais qui n'est pas moins une des plus grandes merveilles de la nature. En un mot, on y voit le *pourquoi* de chaque chose ; pourquoi le cœur, pourquoi le sang, pourquoi la bile, pourquoi les autres humeurs, pourquoi les tendons, les artères, les veines, les nerfs, les muscles, pourquoi tous les mouvements : tout y a son nombre, son poids, sa mesure, à un degré absolument juste.

Un seul exemple.

Des critiques, bien peu judicieux dans le cas,

ont prétendu trouver des défauts dans notre œil.

Ils se sont avisés de démontrer que sa structure était bien loin d'avoir toute la perfection que l'on s'imagine.

A ce sujet, l'un deux s'exprime ainsi : *Il n'y a pas de constructeur d'instruments d'optique qui ne réussisse à rendre ses appareils beaucoup plus parfaits que cet œil dont nous sommes si fiers; au contraire, l'œil a ce caractère qu'il réunit tous les défauts connus de ces instruments. Il n'y a rien de parfait ni rien d'achevé dans la nature; nos organes sont des instruments à la fois admirables et grossiers.*

Or, ici surtout il est vrai de dire : *Le mieux est l'ennemi du bien.* Ces prétendus défauts de notre œil sont précisément ce qui en démontre le plus, la perfection. Il faut tout simplement se rendre compte que l'œil humain n'est pas, et ne devait pas être, *un instrument de précision.*

Sans doute, notre œil, comparé à nos machines optiques, peut avoir de nombreux défauts que notre industrie sait éviter ; mais ces défauts ne nuisent en rien à *son usage propre* : il n'a pas pour fonction ou but, de faire des expériences d'électricité, mais seulement de nous *servir dans la vie pratique.* Un homme raisonnable ne prendra pas un rasoir pour fendre des bûches ; de même, nous dit un savant, tout raffinement inutile dans l'usage optique de l'œil, aurait rendu cet organe plus délicat et plus lent dans ses applications, tant il est vrai de dire qu'il faut être singulièrement sot pour prétendre faire les choses autrement que Dieu les a faites !

On le voit, la *perfection*, c'est-à-dire un rapport parfait de *moyen à but* resplendit dans tous les êtres de la Création.

Bien plus, cette perfection n'est pas moindre dans les êtres infiniment petits que dans les êtres infiniment grands.

Dans toutes les parties de l'univers que l'homme domine par la sublimité incomparable de son esprit, ce spectacle le plus grandiose et le plus instructif s'étale à ses yeux. Dieu n'a pas mis moins de sagesse et de prudence à créer le plus vil insecte qu'à créer l'homme lui-même. Il y a plus de perfection dans un brin de mousse, dans un puceron, que dans la plus parfaite machine faite par les hommes. Le brin de mousse, le puceron sont doués de vie : l'un se développe, s'élève, s'étend avec beaucoup de régularité ; l'autre se meut avec une grande sagesse : tous deux réparent leurs pertes, se nourrissent, possèdent la faculté de se reproduire : merveilleuses qualités que le génie humain n'a jamais pu donner à ses œuvres.

Réunissons tous les artistes et ouvriers qui ont rempli de leurs chefs-d'œuvre les plus brillantes expositions d'industrie humaine; invitons-les à produire le plus petit chef-d'œuvre offrant le degré de mouvement et de vie qui se manifeste dans un brin d'herbe : ils riront d'une demande aussi folle. En effet, *le plus vulgaire ouvrage de la nature surpasse infiniment le plus beau travail des plus habiles artistes.*

Une toile d'araignée est un tissu d'une finesse inimitable, régulier et soutenu.

Un flocon de neige ressemble à une étoile à branches divinement façonnées.

Le dard d'une abeille est parfait dans ses détails, tandis que la plus fine aiguille à coudre, vue au microscope, n'est qu'une poutre de fer difforme.

L'aile d'une mouche est une série délicate d'éventails diaprés.

Même le duvet d'un morceau de cuir moisi est un parterre de plantes variées.

Voici, par exemple, un chef-d'œuvre de la nature très curieux, pris dans les insectes. Nous savons que le charmant *papillon* a pour rejeton cet être repoussant qui se nomme la *chenille*.

Rien n'exprime mieux le contraste de ces deux êtres, qui pourtant ne paraissent n'en faire qu'un, que ces expressions proverbiales : *laid comme une chenille ; joli comme un papillon.*

Examinons les ailes de ce dernier.

Il n'y a personne, depuis l'enfant jusqu'au vieillard, qui n'admire la richesse, l'éclat et la variété des couleurs de bon nombre de papillons de jour.

Il n'y a personne encore qui ne sache qu'il suffit de frôler entre les doigts l'aile d'un papillon, pour en ôter les couleurs et réduire ce riche tableau à n'être plus qu'une toile transparente.

En examinant au microscope la poussière colorante qui s'est attachée aux doigts, on trouve que ces points imperceptibles sont autant d'écailles ou de plumes taillées sur différents modèles et destinées par leurs facettes lisses et polies à produire de grands effets de lumière.

L'examen de la toile montre aussi deux tissus dont l'un est comme la charpente ou le canevas de l'aile, dont l'autre est une gaze unissant beaucoup de solidité à une incomparable délicatesse, et criblée d'une infinité de logettes propres à recevoir les plumes et les écailles.

Si nous examinions l'industrie de la chenille, nous trouverions qu'elle égale celle du papillon.

Un savant qui a étudié en particulier une seule espèce de ces êtres, dont l'organisation apparaît si disgracieuse, a constaté l'existence de *quatre mille muscles* bien distincts par individu.

Quel nombre énorme de combinaisons impliquent la formation de chacun de ces muscles, leur assemblage dans le corps de la chenille, leur agencement avec mille autres petits organes, les uns indispensables à la production de la vie, les autres utiles à sa conservation, tels que les poils du magnifique velours qui couvre certaines espèces, poils visiblement destinés à servir de vêtements à l'animalcule et aussi de parachute !

Toutes ces combinaisons sont autant de preuves de la Sagesse infinie du Créateur, qui éclate dans les moindres créatures, aussi bien que dans les plus grandes. Combien elle se manifeste à nous, dans les êtres *infiniment petits* !

Notre imagination confondue ne peut, forcément, se représenter le nombre de brins d'herbe, de vermisseaux, et d'insectes que distingue notre regard ; mais ce que nous voyons à l'œil nu, n'est rien en comparaison de ce que nous ne voyons pas. Sous l'œil de la science, les brins d'herbe deviennent des forêts ; le ciron, un géant.

Voici, dans les règnes végétal et animal, les

microphytes et les microzoaires ; les microphytes, dont il faut mille millions pour égaler la grosseur d'une goutte d'eau ; les microzoaires, dont un milliard ne pèse pas un gramme, dont quarante mille millions remplissent à peine de leur carapace quelques centimètres cubes, dont des milliards sont entassés dans un atôme de la plus fine poussière.

Les vivants sont partout : dans l'air, dans l'eau, dans la terre, dans nos chairs, et jusque dans notre sang ; nous en engloutissons des légions en mangeant, en buvant, et en respirant, ils forment sous nos pas des couches épaisses capables de porter des villes entières. Or, chacun de ces êtres invisibles à l'œil nu, a un corps, une tête, des pattes, des muscles, des nerfs, des artères. Ils sont doués de qualités merveilleuses. Tous ne sont pas égaux dans leur petitesse ; il y a parmi eux des cirons et des éléphants ; les uns gardent, dès l'instant qui les vit naître jusqu'à celui qui les voit mourir, leurs formes déterminées ; les autres passent dans leur vie d'un jour par cent métamorphoses. On les croit fragiles : ils ont la vie plus dure que nous ; ils affrontent tout. Parfois ils semblent épuisés et finis : une larme du ciel sur le sol aride, une goutte de rosée suffit pour les rappeler à la vie, après plusieurs années d'une mort apparente.

Tels sont les innombrables infiniment petits qui sont chacun autant de preuves de la Puissance, de la Sagesse du Créateur qui fait *tout à perfection*.

S'il y a des *monstres* dans la nature, n'allons pas croire pour cela que cette Sagesse et cette Puissance du Créateur soient en défaut.

Celui qui a fait toutes choses, qui sait où et quand une chose doit être créée, sait aussi par quelles nuances de similitude et de contrastes il doit ordonner la beauté de *l'ensemble*. L'homme à qui échappe la vue de l'ensemble de l'univers, se laisse choquer par l'apparente difformité d'une partie, faute de connaitre la convenance et le rapport de chaque partie *au tout*.

Objections

Etudions maintenant l'utilité de certaines choses qui nous semblent inutiles ou nuisibles, et qui sont souvent l'objet des critiques humaines.

Mais avant de répondre à quelques-unes de ces critiques, faisons une observation souverainement propre à nous montrer que toutes, quelles qu'elles soient, sont toujours nécessairement mal fondées.

Se prendre à critiquer, quand on ne sait ni le premier ni le dernier mot des choses, est une témérité toujours condamnable quand il s'agit des hommes, et toujours une irrévérence sans excuse quand il s'agit de Dieu.

Que sommes-nous pour juger les détails du chef-d'œuvre du Créateur ? Quelle comparaison établir entre notre faible raison et son Intelligence infinie ? Quelle compétence y a-t-il dans un rustre pour juger au juste le pourquoi de tous les détails d'un chef-d'œuvre de Raphaël ou du poème d'Homère ? Ne sommes-nous pas plus infiniment au-dessous de l'Intelligence divine ?

Nous ne savons le *tout* de *rien*, pas même d'un *grain de sable*. Y a-t-il un moment où ce grain de sable ne puisse plus être divisé, même par la puissance infinie ? Parmi les savants les uns disent : oui ; les autres : non.

Qu'est-ce que la force qui unit les éléments de ce grain de sable ?

Qu'est-ce qu'une *force* en général ? La science l'ignore.

Si donc, dans la nature, il y a des choses dont nous ne comprenons pas l'utilité, sachons au moins comprendre que nous sommes des ignorants, et que Dieu sait bien ce qu'il fait.

Cela dit, il nous est permis de chercher la raison des faits qui parfois nous choquent.

Éléments

On se plaindra peut-être du dommage que causent parfois les éléments, l'eau par ses inondations, le feu par ses incendies, etc.

— Quel est l'homme qui consentirait à être privé davantage du feu ou de l'eau, à cause des inconvénients que l'un ou l'autre entraînent quelquefois ? Qui ne voit au contraire combien ces éléments redoutables, par la terreur même qu'ils inspirent, tiennent en éveil, excitent au travail l'esprit humain et fournissent à la science la cause des plus puissantes inventions et des plus magnifiques ouvrages.

Plantes

N'y a-t-il pas des plantes qui nous sont nuisibles ? N'avons-nous pas à nous plaindre de celles qui contiennent du poison ?

— Remarquons de suite que celles-ci sont en petit nombre, tandis que les autres couvrent la surface de la terre.

On peut assurer qu'il n'y a pas une seule plante *vénéneuse* qui ne soit un bienfait par la manière dont la Providence l'emploie.

Il ne faut pas croire que toutes les plantes se rapportent à l'homme *directement*.

Pour affirmer que toutes les plantes ont été créées uniquement pour l'usage de l'homme, il faudrait qu'il n'y eût que des hommes sur la terre. D'ailleurs, il serait absurde de croire que plus de trente mille espèces de plantes nous sont destinées, lorsque une centaine suffit à nos besoins et à nos plaisirs.

Il est donc une multitude de végétaux directement créés pour les animaux.

Chaque plante nourrit son insecte, cet insecte est lui-même la proie d'un oiseau qui devient la nôtre; ainsi, par une chaîne imperceptible, cette plante nous est encore utile.

La chèvre, par exemple, broute la ciguë qui nous occasionne la mort, et ce poison violent se transforme dans ses mamelles en une douce liqueur. L'outarde, qu'on sert sur les tables les plus délicates, dévore les semences de cette même plante.

Les choses qui nous paraissent les plus nuisibles sont des présents de la Providence.

Combien de poisons peuvent être convertis en remèdes des plus salutaires ! Souvent se vérifie ce proverbe: *Poison violent, remède héroïque.*

Animaux

A quoi bon, dira-t-on, tous ces milliers d'insectes qui couvrent la terre ?

— Nous le savons, l'entretien de la vie du corps, le pain de chaque jour, est le premier besoin de l'homme.

Or ce n'est point une petite affaire, dit un auteur, que de fournir des aliments à notre espèce et à la nombreuse famille des animaux domestiques.

La bêche, la charrue, nos mille outils d'agriculture ne suffisent pas. La terre est un atelier inconnu où couleraient en vain nos sueurs, si un travail plus ancien, plus profond, plus soutenu, plus savant que le nôtre, n'y créait et entretenait des sources de fécondité que nous ne faisons souvent que tarir par les procédés d'une brutale ignorance.

Quels sont les plus infatigables contre-maîtres et manœuvres de l'immense atelier? Ce sont les millions d'espèces animales, jour et nuit occupées à une infinité de travaux, dont nous recueillons les fruits, tout en méprisant et parfois maudissant les ouvriers. Nous avons des paroles d'estime pour la chenille qui nous file la soie, pour l'abeille qui nous donne la cire et le miel, pour le rossignol qui nous enchante; nous ne donnons pas la moindre attention aux innombrables générations, la plupart invisibles à l'œil nu, qui labourent et fument les champs, les coteaux où croissent le pain, le vin, et tant de fruits délicieux.

Voici encore une autre critique.

On entend souvent maudire ces insectes qui s'attachent à nos denrées : les charançons par exemple qui dévorent notre blé, et les teignes qui consument nos vêtements.

Depuis longtemps on les a vengés de ces malédictions.

— A la vue de ces gros magasins où des monopoleurs ramassent la nourriture et les habillements d'une province entière, ne doit-on pas bénir la main qui a créé l'insecte qui les force à les vendre ? Si les grains étaient aussi conservables que l'or et l'argent, ils seraient bientôt aussi rares. Sous combien de portes et de serrures sont renfermés ces métaux !

Que de pauvres iraient nus, si les teignes ne dévoraient pas les laines des riches !

Les charançons forcent d'abord l'avare d'employer beaucoup de bras pour remuer ses grains en attendant qu'ils l'obligent à s'en défaire tout à fait. Ce qu'il y a d'admirable, c'est que les matières qui servent au luxe ne sont point sujettes à dépérir par les insectes, comme celles qui servent aux premiers besoins de la vie.

On peut garder sans risque le café, la soie et le coton, même pendant des siècles; mais aux Indes, où ces choses sont de première nécessité, il y a des insectes qui les détruisent très promptement, particulièrement le coton.

Mais du moins, dira-t-on, *les bêtes féroces ne nous sont-elles pas nuisibles* ?

— Nous allons voir en quoi elles sont utiles à l'homme. Pour cela, établissons un fait.

On ne peut nier que l'homme ne soit fait pour « *la société* ». Autant il est *social* par « *nature* », autant il est « *insocial* » par « *vice* ».

Autant il est *vertueux* ou bon, autant il *s'adonne* à la société.

Autant il est *vicieux* ou méchant, autant il *fuit* la société, et se désintéresse de son prochain, de son frère, pour s'adonner à lui-même.

Egoïsme et Paresse; telles sont les deux marques les plus caractéristiques des peuples sauvages ; telle est la source des obstacles humainement insurmontables qu'*ils* opposent à leur civilisation.

Ce sont ces mêmes vices encore qui forment ces troupes de sauvages bien plus redoutables, ceux-là, dans l'Europe civilisée.

Ce fait étant posé, voyons en quoi les animaux féroces « *sont utiles à l'humanité* ».

Si on trouve chez les peuples non encore civilisés, quelques traces d'industrie, et une ébauche de société organisée, cela est dû à la nécessité pour les familles de se rapprocher et de s'unir pour protéger leur existence contre les attaques des animaux. Otez ce frein salutaire à la passion du sauvage pour la paresse et l'indépendance, vous le verrez s'éloigner de ses chefs, chercher dans les forêts une retraite cachée pour sa famille, et employer, pour la destruction de ses semblables, les forces qu'il consacre à la défense de sa tribu.

Or, cette tendance naturelle à la sauvagerie, que la férocité d'une partie des animaux est si propre à combattre, pouvait être plus grande encore dans les premiers habitants du monde.

Quand on étudie, l'histoire des premiers temps à la main, les causes qui déterminent des milliers de chefs de famille à déposer une partie de leur pouvoir souverain entre les mains de l'un d'entre eux, on voit que la crainte des bêtes féroces et le devoir de reconnaissance pour ceux qui les détruisaient, exercent une grande influence sur le choix des rois.

Que furent la plupart des dieux, demi-dieux et héros de l'antiquité païenne : les Apollon, les Hercule, les Thésée, etc. ? Comme le Nemrod de l'Ecriture, ils furent de *grands chasseurs* qui par leurs exploits contre les bêtes fauves conquirent des trônes que l'admiration des peuples changea plus tard en autels.

De plus, en resserrant les liens de la fraternité humaine, les attaques continuelles des animaux féroces donnèrent une puissante impulsion au progrès des arts, de l'industrie et du commerce.

Pour se mettre à l'abri de leurs insultes, il fallut bâtir des maisons, élever des clôtures autour des propriétés, veiller avec plus de soin sur les animaux domestiques, inventer des armes offensives et défensives, etc.

L'étude que l'on dut faire de ces ennemis devint une source de lumière et de richesses. De même que l'abeille et le ver à soie, une fois connus, quittèrent les forêts pour établir sous notre main leurs précieuses manufactures ; ainsi, les éléphants, le dromadaire, le chameau vinrent s'agenouiller devant les peuples de l'Inde, de l'Afrique. Le renne offrit aux habitants du pôle ses inappréciables services, l'once et le faucon apportèrent leur proie, le pigeon se fit notre courrier.

Les espèces les plus dangereuses et les moins domptables nous donnèrent en tribut, la vipère : ses propriétés médicinales ; le tigre et la panthère : leur manteau ; la baleine : son huile et ses fanons, etc.

Que conclure de là ?

Que les animaux, en apparence les plus nuisibles, ont été et sont encore, dans les mains de Dieu, des agents de l'éducation humaine, les gardiens, les producteurs des richesses animales et végétales, dont notre ignorance les accuse d'être le fléau.

Mais ne reste-t-il pas un fait extraordinaire à expliquer ?

Comment admettre l'utilité de cet état de guerre continuelle qui règne chez les plantes et chez les animaux ?

La plante dispute à la plante sa place à la lumière et l'étouffe de son étreinte.

La fleur fait tomber la fleur avant qu'elle ait pu donner son fruit. L'animal dévore l'animal. D'un bout à l'autre des vastes forêts que la main de l'homme n'a pas encore défrichées, du fond de l'immense Océan à sa surface, c'est un carnage de tous les instants, un entremangement général. Le fort se nourrit du faible, l'habile du maladroit, le valide de celui que la souffrance a déjà écrasé. *Telle est la loi.*

— Il ne faut pas se laisser prendre par une fausse pitié. Il n'y a pas de désordre en cela ; il n'est qu'apparent.

Si la fleur, si l'arbre sont tombés sous le coup de la tempête au profit d'une autre plante, si l'animal est enfin devenu la proie d'un ennemi, le *but* de leur organisation n'est-il pas atteint ?

Voudrait-on obliger Dieu à rendre les arbres et les animaux immortels ? Voudrait-on l'obliger à laisser envahir le monde par des inondations de créatures dont la vie ne finirait pas ? On plaint le cerf de succomber sous la dent du lion ; mais, de grâce, cette pitié dont le cerf paraît si digne, qu'on daigne la porter un instant sur le lion lui-même. Voudrait-on que cet animal carnassier ne pût jamais trouver de proie ? Voudrait-on le réduire à mourir de faim ? Ou bien osera-t-on faire un procès à Dieu de n'avoir pas créé tous les animaux *herbivores* ?

Mais, de plus, n'est-il pas visible que la totalité des plantes ne peut suffire à la multitude des animaux qui résulterait de la suppression de cette guerre réciproque ?

Cette paix générale entre eux aurait pour conséquence infaillible la destruction rapide de *tous eux-mêmes*, de toutes les plantes, et, par suite, de tous les hommes. Comment cela ? Cette paix tuerait par la faim, du premier coup, tous les animaux carnassiers qui peuplent en si grand nombre les airs, la terre et les mers.

Délivrés de leurs ennemis, les animaux *herbivores*, c'est-à-dire qui se nourrissent de plantes, se multipliant à l'infini, ne laisseraient pas une seule plante debout, et périraient bientôt eux-mêmes avec tous les hommes privés, à leur tour, de toute nourriture.

Qu'il suffise de citer la petite expérience de l'Angleterre et de la Prusse, qui, sur la foi de quelques mauvais conseillers, ordonnèrent de mettre à mort les moineaux, comme gaspilleurs des fruits et des grains. L'œuvre de démolition était à peine achevée que, les arbres et les moissons fourmillant de vers et de chenilles, il fallut rappeler en toute hâte les grands destructeurs de chenilles.

Constatons qu'en effet, le but de la création des oiseaux n'est pas seulement de nous enchanter par les concerts les plus doux et par leur plumage de mille couleurs, mais aussi de nous délivrer des insectes et des cadavres qui finiraient par empoisonner les airs.

Le respect que les nations portent à certains oiseaux est un hommage indirect qu'elles rendent à la Providence.

L'ibis, qui dévore les serpents, avait des temples en Égypte. Les Hollandais révèrent la cigogne qui tue les reptiles. Nos villageois accueillent avec joie l'hirondelle, qui vient partager leur humble toit de chaume.

Chaque climat a ses oiseaux bienfaiteurs.

Les hérons rôdent dans les champs africains et s'y nourrissent de reptiles. Ailleurs, les grues vont fouiller dans les marais pour y chercher les vers et les crapauds ; les corbeaux, frappant l'air de leurs cris sinistres, s'assemblent autour des cadavres dont ils se disputent les lambeaux empoisonnés.

Partout dans la nature, nous trouvons une même Providence, une même Sagesse.

Dans les terres chaudes et humides de la Guyanne, il y a une quantité prodigieuse de fourmis, mais nulle part la Providence n'a plus multiplié l'oiseau qui les détruit : *le fourmilier.*

Mais voyons ce qui se passe près de nous, au retour du printemps, lorsque le soleil ranime la nature qui se couvre de fleurs. Les insectes renaissent, les reptiles se dégourdissent, les papillons brisent leur tombe et folâtrent avec le zéphyr ; une foule de rats, de mulots, des taupes, de serpents, sortent de terre et jouent sur l'herbe naissante ; des chenilles, enveloppées de légers voiles, dévorent les feuilles et les bourgeons.

Tous ces petits animaux semblent travailler à la destruction de la nature, les uns habiles mineurs attaquent les racines des arbres ; les autres rongent et flétrissent les feuillages ; leurs nombreux bataillons ne connaissent point de repos ; armés de râpes, de scies, de tenailles, de marteaux, de dents, ils attaquent hardiment les plus grands végétaux ; le chêne immense tombera sous l'effort d'un vil insecte, et les fruits de l'automne seront dévorés par des mouches imperceptibles.

La terre restera-t-elle abandonnée et languissante ? D'où lui viendra le secours qu'elle semble désirer ?

Laissez faire la Providence. Elle va éveiller un vent léger sur les côtes de l'Asie et de l'Afrique, elle fera souffler un doux zéphyr sur les îles enchantées de l'océan ; soudain, des bataillons d'oiseaux attentifs à ce signal mystérieux s'assemblent, et, formés en phalanges guerrières, en un long triangle, pour traverser plus facilement les plaines de l'air, ils se mettent gaiement en voyage.

Les sables arides de l'Afrique nous envoient leurs cailles succulentes, tandis que les grimpereaux, les hirondelles, les coucous, les pies, les becfigues, les linots, les gobe-mouches, l'alouette au joli corsage, le rossignol, la fauvette mignonne, s'élèvent dans les airs aux accords de leur douce mélodie, traversent la mer pour venir au secours de nos climats.

Tout se prépare pour les recevoir. Partout le printemps déroule des lits de fleurs et de gazons ; partout il élève des dômes de verdure pour leur procurer de frais ombrages.

Les voici venir avec la douce chaleur. Mais ces charmants musiciens de la nature se contentent-ils de saluer leur patrie par des chants mélodieux ? A peine sont-ils arrivés qu'ils se font les aides ouvriers les plus utiles au laboureur ; par eux soudain la terre se trouve délivrée des insectes et des reptiles qui la dévoraient.

Les poëtes n'ont vu dans les oiseaux voyageurs que le désir de vivre d'un éternel printemps.

Ils viennent, disent-ils, avec le mois des fleurs, et, charmants habitants des bocages, ils disparaissent avec la verdure.

Mais nous venons de montrer le *but* secret de la Providence et de découvrir l'harmonie et la beauté de ses œuvres.

C'est une chose admirable qu'Elle fasse venir, tous les ans, de l'Asie, de l'Afrique, des armées d'oiseaux dévorant les insectes, justement à l'époque où la terre semble implorer leur secours.

Mais aussi, par une suite de la même loi qui nous amène les oiseaux au printemps, lorsqu'aux derniers jours de l'automne, les insectes s'engourdissent et meurent, et que les reptiles rentrent dans la terre, ces mêmes oiseaux qui, par ce fait, nous deviennent inutiles, passent dans d'autres pays où la nature attend d'eux les mêmes spectacles, les mêmes concerts, et les mêmes *services*.

Corps de l'homme

Nous avons déjà fait observer qu'il était impossible d'y découvrir *un seul défaut*.

Conclusion

L'observation attentive de tous les êtres de la création nous oblige à conclure qu'en elle :

Tout a un but.

Rien n'existe pour rien.

La vue de l'ensemble de l'univers nous interdit de douter de l'utilité de *quoi que ce soit.*

Connaît-on assez la vaste machine du monde et les rapports innombrables qui existent entre ces parties, pour affirmer que telle chose n'est pas à sa place, ou qu'elle est de trop ou même qu'elle est nuisible? Pendant des siècles, on a ignoré le parti que l'industrie pouvait tirer de la vapeur ou de l'électricité : aurait-on été fondé, il y a 80 ans, à les proclamer inutiles?

Aurait-on été fondé davantage à nier l'utilité de la cochenille, l'importance sociale de l'abeille et du ver à soie? L'ignorance donne-t-elle le droit de condamner?

Encore une fois, disons-le, rien n'est inutile, *tout a un but* dans l'univers.

Oui, dans les cieux comme sur la terre, un miracle immense, le plus miraculeux de tous les miracles, brille toujours à tous les regards de tous les yeux : c'est le miracle de *l'ordre.*

C'est le miracle de *l'ordre absolument parfait* qui règne dans toutes choses.

Aussi, le fait de cette *ordonnance universelle* de tous les êtres par rapport à un *but* à atteindre, parce qu'il est le plus frappant, le plus éclatant de l'univers, demeure-t-il *la plus ancienne et la plus saisissante démonstration de l'existence de Dieu.*

En effet, pas n'est besoin de beaucoup d'esprit pour comprendre que tout *ordre* suppose un *Ordonnateur*.

A l'œuvre on connaît l'ouvrier. « *Celui qui a fait l'œil, connaît l'art de l'opticien.* » (Newton).

Revenons à notre conclusion.

Cette loi de *but*, de fin, dans toutes choses, est donc un fait auquel il n'est pas possible d'échapper par oubli, par indifférence, ou par une sorte de négation ; elle s'impose.

L'intelligence humaine, trop faible pour connaître le *but* ou le pourquoi de tout être, est souvent forcée d'avouer son ignorance ; mais elle n'accuse que la faiblesse de ses yeux ; elle ne peut douter qu'il n'y a rien d'inutile dans les œuvres du Sage : *Nihil frustra in operibus Sapientis.*

Le *pourquoi* des choses, étant une *idée*, ne se voit pas des yeux du corps ; mais c'est une idée tellement incrustée dans tout l'univers que l'œil de l'intelligence ne peut pas ne pas la voir.

Jamais on ne pourra observer la *perfection* d'une *fleur*, d'un *oiseau*, d'un *astre*, d'un *homme*, sans éprouver, malgré soi, une admiration pleine de stupéfaction.

Par inattention, on peut étudier une foule d'êtres les plus divers, sans songer aussitôt à la cause première qui les a produits, mais ce qu'on ne peut pas ne pas penser en voyant *un œil*, c'est qu'il est fait *pour* voir.

CHAPITRE II

Le but de toute chose est : le **BIEN**

Toute chose a un but.

Un *être*, une *fin*, des *moyens* pour atteindre cette fin : telle est la loi de toute créature ; nous venons de l'étudier précédemment.

Or, la *fin* et le *bien* des choses se confondent. En tendant à sa *fin*, **toute chose tend à son bien** : c'est ce que nous allons constater dans ce deuxième chapitre.

Fin ou *perfection*, *bien*, sont trois mots qui expriment la même idée.

Une chose est dite *bonne* quand elle est *finie*, *achevée*, *parfaite*, c'est-à-dire quand elle possède tout ce qu'elle doit avoir pour être cette chose et pour atteindre le *but* auquel elle est destinée.

Une montre est bonne si elle est bien construite pour marquer exactement l'heure, non pas une fois par hasard, mais toujours. Une montre est mauvaise, si elle a un vice de construction qui l'empêche de marquer l'heure vraie :

voilà le bien et le mal d'une montre. On ne dira pas qu'elle est mauvaise, parce qu'elle ne peut servir de marteau, par exemple. On ne dira pas non plus qu'elle est bonne, parce qu'on peut en faire un encrier ou une boîte à poudre.

De même, ce n'est pas un mal pour l'homme de n'avoir pas des ailes, parce que sa nature ne comporte pas d'en avoir ; mais ce serait un mal pour lui de ne pas avoir des mains, parce que sa nature comporte d'en avoir.

Qui se trouve malheureux de n'avoir qu'une bouche ?

Et qui se trouverait malheureux de n'avoir qu'un œil ?

On ne s'est peut-être jamais avisé de s'affliger de n'avoir pas trois yeux, mais on est inconsolable de n'en point avoir. (PASCAL)

On le voit : le mal est un *défaut*, c'est-à-dire le manque d'un bien qu'on *doit* avoir. Si le mal d'un être n'était pas seulement la privation d'un bien qu'il doit avoir, il s'ensuivrait que toutes les choses qui existent seraient mauvaises également, parce que l'une n'a pas le bien d'une autre.

Par exemple encore : Ce serait un mal pour l'homme de n'avoir pas la force du lion et l'agilité du cerf.

C'est donc d'après la *nature même* des choses et d'après leur *destination*, qu'on juge de leur bien et de leur mal.

Le bien ou la perfection d'une règle ne consiste pas à être en or ou en autre métal précieux, mais à être *droite*.

La perfection d'un arbre à fruit ne consiste pas dans l'abondance du feuillage qui le recouvre, mais dans l'abondance des *fruits* qu'il doit produire.

De même, la perfection, la valeur d'un animal, d'un cheval par exemple, ne consiste pas dans ses harnais travaillés avec art et magnificence, mais dans la *force* et la *souplesse* de ses membres, dans la *régularité* de ses mouvements et *l'ardeur* de son courage qui le rendent capable de soutenir les fatigues de la course ou du transport. Tout ce qui est extérieur est indifférent à ses qualités seules réelles.

L'homme est homme par son *esprit* ou sa *raison*. Par conséquent, sa perfection ou son *bien* consiste évidemment dans la possession de ce pour quoi un esprit est créé, c'est-à-dire de **l'Etre-Vérité**.

L'adaptation parfaite des moyens aux buts à atteindre : telle est donc la **règle** d'après laquelle on doit apprécier, mesurer la perfection ou bonté des choses.

C'est d'après cette **loi** que nous devons affirmer que toutes les œuvres de Dieu sont parfaitement bonnes ; car nous constatons nous-mêmes le fait, que toutes choses tendent à un but par les meilleurs moyens que possible.

Nous l'avons dit : Dieu n'a pas mis moins de sagesse et de prudence à créer le plus vil insecte, qu'à créer l'homme lui-même, quoique l'homme ait reçu de Lui un être plus noble, et l'insecte un être moins précieux.

Son action a été également digne de Lui dans l'un et dans l'autre cas : *Nec major in illis, nec minor in istis.* (St Augustin)

Et en effet, tout d'abord, *Dieu n'a pu faire chaque chose, en tant que telle, meilleure qu'elle n'est en elle-même, quoiqu'il puisse faire « d'autres »* choses. Comme il ne peut faire le nombre *quatre* plus grand, nous dit Saint Thomas, parce que s'il était plus grand, ce nombre ne serait plus le nombre *quatre*, mais un *autre* nombre, ainsi, étant donné qu'il a voulu créer *l'homme*, il ne pouvait le créer *plus parfait* en tant qu'homme.

Par le fait qu'elle est une créature, une créature est nécessairement *limitée* dans son être.

Dieu n'a pas pu non plus donner à toutes les créatures un *degré égal* de perfection absolue, car il s'ensuivrait que la pierre devrait être une plante qui est bien plus excellente ; ou bien que l'une et l'autre devraient être un animal, qui est encore plus parfait : et enfin tous ces êtres devraient devenir l'homme qui est le plus *parfait de tous* : ce qui est absurde.

Comprenons-nous un *concert* où il n'y aurait qu'une seule note, toujours la même, répétée par toutes les voix, par tous les instruments ?

Comprenons-nous un *paysage* où il n'y aurait que des arbustes de même espèce et de même taille, sans collines à l'horizon ; sans accidents d'aucune sorte, ni ruisseau, ni prairie ; pas un être vivant et animé ; une vaste plaine immense et monotone n'offrant à l'œil qu'une morne et désespérante uniformité de nuances, de grandeurs, de dimensions, de formes d'une seule variété ?

On ne peut concevoir l'univers, avec *une seule espèce* de créatures.

Dieu a tiré du néant les créatures pour qu'elles fussent des *images* et des *représentations* de sa bonté, dit St Thomas. Or, une seule espèce d'êtres n'aurait pu suffire à ce dessein : voilà pourquoi il a créé plusieurs espèces différentes, afin que ce que l'une n'a pas, soit suppléé par une autre.

Si, par exemple, tout était fleur sur la plante,

œil sur le corps de l'animal, brise embaumée dans l'air; si l'Océan n'avait point de tempêtes, le désert point de ruines, le volcan point de flammes, ne semble-t-il pas que la Puissance ou l'Art infini de Dieu serait moins bien représenté dans l'univers ? N'est-il pas évident que les variétés, les contrastes introduits dans la création par l'inégalité et la multiplicité des êtres, sont précisément ce qui sert le plus à faire ressortir la Sagesse de son Auteur et la splendeur de sa Gloire ?

Mais non seulement Dieu a créé tous les êtres, aussi parfaits que possible dans leur nature, mais il leur a donné « les moyens les plus proportionnés », les plus aptes à obtenir le but pour lequel il les a créés : c'est ce que nous avons vu dans le chapitre précédent.

Naturellement, tout bon ouvrier s'applique à donner à son œuvre la meilleure disposition que possible, en rapport avec le but auquel elle est destinée. Si une telle disposition entraîne avec elle quelque défaut, l'artisan ne s'en soucie pas.

Nous avons constaté un cas de ce genre, au sujet de l'œil humain.

On ne peut pas demander à l'ouvrier qui fabrique une scie, de ne pas employer du fer et de l'acier dans sa fabrication, mais d'employer de préférence du verre. La fragilité de cette matière serait un obstacle certain à la destination de l'instrument.

C'est à ce point de vue qu'il faut considérer les œuvres de la Création : l'adaptation des moyens aux fins à atteindre y est absolument parfaite.

Voilà pourquoi, nous devons affirmer que le *monde existant* est le *meilleur* qui puisse exister *dans son genre*; car nous devons reconnaître, avec St Thomas, que Dieu, étant *infiniment Parfait*, ne peut faire que des *œuvres parfaites*.

Optimi Agentis est optimum producere effectum.

On dira peut-être :

Dieu a donc épuisé sa Puissance en créant la monde, puisqu'Il ne peut le faire plus parfait qu'il n'est ? Il n'est donc pas infiniment Puissant ?

— Cela ne peut pas être. En effet, il ne faut pas confondre un monde infiniment parfait avec un monde aussi parfait que possible. Un monde infiniment parfait est impossible : car ne pouvant plus recevoir aucune perfection en plus, aucune augmentation d'être, il aurait le caractère essentiel à Dieu même ; il serait Dieu : ce qui est absurde.

Comment ne pas voir la différence qu'il y a entre l'un et l'autre de ces deux mondes, l'un étant impossible et l'autre pouvant avoir toute la perfection que comporte un monde, nécessairement limité, borné, par le fait même qu'il est une créature?

Qu'y a-t-il de faux à dire que Dieu, dès qu'il se détermine à créer un monde, doit le faire le meilleur que possible *dans son genre* sans pour cela s'enlever la liberté, et s'être mis dans l'impossibilité de rien créer de supérieur dans un *autre genre?*

N'oublions pas ce **principe** :

Une chose est bonne ou parfaite, quand elle atteint le but pour lequel elle a été créée.

Parce qu'un peintre a fait un tableau aussi parfait que possible *en son genre*, s'est-il enlevé le pouvoir d'en faire *d'autres* aussi parfaits que possible *en leur genre* ?

Le *bien* et la *fin* (ou *perfection*) des êtres se confondent. Leur *bien* est seulement ce qui les conduit à leur *fin,* c'est-à-dire ce qui les *finit, achève, complète, perfectionne* ; il ne consiste donc pas toujours dans les choses qui leur sont *semblables* : les choses les plus diverses, les plus *dissemblables* peuvent être leur bien, peuvent être l'objet de leur amour.

Aussi l'amour, qui est précisément l'inclination de tous les êtres vers leur bien ou leur fin, se définit : *l'inclination d'un être vers un* **bien conforme** *à sa nature,* c'est-à-dire vers un bien qui lui convient, *quel qu'il soit* ; il peut ne pas lui être *semblable* (1).

Il nous reste à constater maintenant que la tendance, l'inclination vers le bien, *se trouve dans tous les êtres sans exception.*

Cette inclination vers le *bien*, appelée *amour*, est une loi absolument universelle ; elle est, selon l'expression de St Augustin, comme un *poids* qui fait pencher tous les êtres du côté des objets et des lieux qui leur conviennent ; car une créature ne peut être attirée là où il n'y a rien qui lui convient ; *amor meus pondus meum.*

L'amour est un mouvement de la créature qui sort comme hors d'elle-même, pour aller à la recherche des biens qu'elle ne trouve pas en elle.

Les anciens, faisant la peinture de l'amour humain, lui donnaient toujours des ailes pour

---

(1) Voyons comment St François de Sales nous explique admirablement ce fait, selon sa manière si gracieuse et délicieusement naïve :

« La ressemblance entre l'amant et la chose aimée est parfois une cause de leurs convenances mutuelles, mais elle n'est pas la seule, car qui ne sait que les vieillards les plus sensés aiment tendrement et chèrement les petits en-

exprimer cette sortie, cette extase, cette saillie, ce transport de l'âme hors d'elle.

Si nous analysons d'une manière spéciale toutes les tendresses, toutes les passions, en un mot tous les mouvements de l'homme, nous

fants et sont réciproquement aimés d'eux; que les savants aiment les ignorants pourvu qu'ils soient *dociles* (c'est-à-dire susceptibles d'être enseignés), et les malades leurs médecins? Voyons ce qu'il en est dans l'ordre matériel. Quelle ressemblance peut faire tendre le fer à l'aimant? Un aimant n'a-t-il pas plus de ressemblance avec un autre aimant ou avec un autre minéral qu'avec le fer qui est d'un genre tout différent? Pourquoi tire-t-il davantage le fer?

» Quelle ressemblance y a-t-il entre la chaux et l'eau? Et néanmoins la chaux prend l'eau avec une avidité non pareille, et témoigne envers elle un amour insensible extraordinaire.

» Or, il en est de même de *l'amour humain*; car il a lieu quelquefois aussi parfaitement entre des personnes de qualités contraires qu'entre celles qui sont fort semblables.

» La convenance donc qui cause l'amour ne consiste pas toujours en la ressemblance, mais dans toute proportion, affinité, correspondance de l'amant et de la chose aimée, dont le résultat est précisément de finir, de perfectionner l'un et l'autre.

» En effet, ce n'est pas la ressemblance qui rend aimable le médecin au malade, mais la correspondance de la nécessité de l'un avec la suffisance de l'autre; le malade a besoin du secours du médecin pour être guéri; et le médecin à son tour aime le malade comme le savant son élève, parce qu'il peut exercer son talent sur lui.

» Les vieillards aiment les enfants non point tant par sympathie ou ressemblance, mais parce que l'extrême simplicité, faiblesse et tendresse de ceux-ci, rehausse et fait mieux paraître la prudence et assurance de ceux-là : cette dissemblance est agréable, convient. Au contraire, les petits enfants aiment les vieillards, parce qu'ils les voient amusés, *embesoignés* d'eux; par un secret sentiment, ils connaissent qu'ils ont besoin de leur conduite.

» Ainsi donc, l'amour n'est pas toujours l'effet de la ressemblance, mais de la proportion, de la convenance, de la conformité des choses entre elles, de telle sorte que par l'union de l'une à l'autre, deux êtres puissent *se compléter* réciproquement, recevoir une mutuelle perfection. La tête,

voyons qu'ils se rapportent tous, comme à leur source, à cette unique tendance au bien, appelée *amour*.

En effet, cette inclination vers le bien se nomme :

Désir, si ce bien est regardé comme éloigné ;

Espoir, si, étant désiré, on a confiance de l'obtenir ;

Désespoir, si on n'a pas confiance de pouvoir l'obtenir ;

Joie, si on a pu se le procurer, si on le possède.

Par suite, aussitôt que nous sommes menacés de la *privation* du *bien*, nous éprouvons un sentiment de *répulsion*, mouvement opposé à l'amour. Il s'appelle *haine*, et ;

certes, ne ressemble pas au corps, ni la main au bras ; mais néanmoins, ces choses ont une si grande correspondance ou affinité et vont si bien ensemble que, par leur mutuelle union, elles *s'entre perfectionnent* excellemment.

» C'est pourquoi, si ces parties avaient chacune une âme distincte, elles s'entr'aimeraient parfaitement, non point par ressemblance, car elles n'en ont pas, mais par l'affinité qu'elles ont à leur *mutuelle perfection*.

» C'est cette correspondance ou affinité, qui nous explique pourquoi les mélancoliques et les joyeux, les aigres et les doux s'entr'aiment quelquefois réciproquement pour les mutuelles impressions qu'ils reçoivent les uns des autres, au moyen desquelles leurs humeurs sont mutuellement modérées. »

Il arrive dans ce cas ce qui a lieu en musique, les accords sont quelquefois discordants afin que chaque note, s'appelant l'une l'autre, se résolve en même temps en un seul accord parfait.

Toutes les gracieuses comparaisons que nous venons de considérer achèvent de nous donner l'idée juste, précise, de ce en quoi existe « le bien » des choses.

Crainte, si cette privation du bien, autrement dit ce *mal*, nous menace;

Courage, si nous jugeons pouvoir l'éviter;

Tristesse, si nous ne pouvons l'éviter;

Colère, lorsque nous faisons tous nos efforts pour l'éviter;

Triomphe, enfin, si nous avons pu le conjurer.

On voit donc que *l'amour*, c'est-à-dire l'inclination vers son *bien*, donne le branle à tous les mouvements de l'âme.

Il précède le *désir*; que désire-t-on, en effet, sinon ce que l'on aime?

Il précède la *joie*; comment se réjouir en la jouissance d'une chose, si on ne l'aime pas?

Il précède l'*espérance*; on n'espère que le bien désiré, aimé;

Il précède la *haine*; on ne hait le *mal* que par amour du *bien*;

Donc: le *bien* seul est l'objet de notre amour.

Quand on dit qu'on *aime le mal*, il faut s'entendre:

Ceci demande une explication.

Le *mal*, avons-nous dit plus haut, est la *privation d'un bien* conforme à une chose, d'un bien qu'elle *doit* avoir; il n'est pas un être, mais une privation d'être.

Or, ce n'est pas la *privation* même du *bien*

qu'on veut, mais c'est tel ou tel autre bien préféré à un autre.

On veut la privation de tel bien, parce que cette privation est la condition nécessaire pour avoir tel autre que nous convoitons.

Qui veut la *fin* ou le *but*, veut les *moyens*.

Voici une comparaison de St. Thomas à ce sujet :

« Un vaisseau est menacé du naufrage ; aussitôt on jette à la mer les marchandises : ce n'est pas la perte des marchandises que l'on a en vue, mais la vie, le salut des passagers ; on veut, d'une volonté vraie, la perte des marchandises ; mais on ne la veut qu'en vue du salut des passagers. »

Ce que nous venons de dire s'applique également au *mal moral*, au *crime* ou *péché*.

Sans doute, le *mal*, ou *péché*, est l'objet de la *volonté* ; car c'est volontairement qu'on fait des choses injustes, et c'est parce que le péché est *volontaire* que la loi divine et humaine le punissent, mais il n'est pas non plus voulu *pour lui-même*. En effet :

Le *péché* consiste uniquement dans le *mauvais choix* du bien. Il consiste à *préférer* les biens de la terre aux biens du ciel ; la *créature* au *Créateur* ; à mépriser le plus grand bien : le

Bien souverain, pour estimer le plus petit : le *bien partiel* de ce monde ; à préférer le *monde* à *Dieu*.

Le *mal* est uniquement dans ce *désordre*, autrement dit, dans cette *préférence injuste*.

Mais remarquons-le : on veut toujours *un bien*, la *créature* ou le *Créateur*, la *terre* ou le *Ciel*.

Donc, le *BIEN*, toujours et partout : tel est réellement l'unique objet de toutes les passions humaines, sensibles et intellectuelles.

Il s'agit de voir, maintenant, que tous les êtres tendent à s'UNIR à leur bien, au point de ne faire qu'UN avec lui.

Éléments

La terre, l'eau, l'air, le feu ne reçoivent rien en eux qui ne soit conforme à leur nature.

S'unir au bien : c'est le *but* que poursuivent toutes les créatures en faisant entendre chacune à leur manière ce cri : *J'aime*.

Oh ! vous le murmurez dans vos sphères sacrées,
Etoiles du matin, ce mot triste et charmant.
La plus faible de vous, quand Dieu vous a créées,
A voulu traverser les sphères éthérées.

Pour chercher le soleil, son immortel amant,
Elle s'est élancée au sein des nuits profondes ;
Mais une autre l'aimait elle-même, et les mondes
Se sont mis en voyage autour du firmament.

ALFRED DE MUSSET

N'accusons point d'extravagance ce chant du poète. Nous le savons, tous les êtres sont faits les uns pour les autres, pour se compléter, se perfectionner *les uns les autres.*

Plantes

La *plante* va chercher son *bien* dans la terre et dans l'air; elle prend dans la terre et jusque sur les rochers arides: la lumière, le gaz, la rosée qu'elle boit avec avidité. Tout cela devient sa sève et sa sève devient tige, rameaux, bourgeons, feuilles, fleurs et fruits, en un mot : tout cela ne devient *qu'un* avec elle-même : tout *cela devient sa vie.*

Animaux

L'animal, plus exigeant parce qu'il a une vie supérieure, cherche un *bien* plus excellent ; pour se nourrir il cherche une vie toute faite ; il vit des plantes qui sont pour lui. Il est plus maître des aliments dont il s'empare ; il les brise, les engloutit et les travaille énergiquement; il les fait son sang, sa chair, ses os, ce merveilleux courant de vie qui circule sans relâche dans son corps mobile, où chaque partie s'accroît méthodiquement et d'un mouvement tranquille pour ne point détruire l'harmonie du tout. En un mot :

tout son bien encore devient lui-même, ne fait *qu'un* avec lui.

La plante et l'animal *communient* donc à leur bien, *s'unissent* à lui aussi parfaitement que possible, chacun selon leur nature.

Ainsi en est-il de l'homme.

L'HOMME

Parmi les *biens terrestres* il n'en est aucun évidemment, qui soit plus conforme à lui-même, qui lui convienne davantage que *son semblable*; « Le plaisir de l'homme c'est l'homme ». (Bossuet)

En effet, *le semblable se réjouit de son semblable*, et lorsque dans deux êtres la ressemblance vient s'ajouter à la perfection qu'ils peuvent recevoir l'un de l'autre, il semble qu'il y ait plus tôt *unité qu'union* entre eux, tant la communication des biens réciproques y est parfaite : c'est ce qui a lieu dans *l'amitié humaine*

Elle est, parmi tous les *biens naturels*, celui qui remplit le plus le vaste désert de notre âme, et qui peut le plus y causer quelque tressaillement d'un indicible bonheur.

N'a-t-on pas vu des rois s'estimer plus heureux d'avoir un ami que de posséder un royaume?

Aimer et être aimé : nous ne cherchons pas ailleurs le secret d'être heureux.

Or, c'est surtout dans cette amitié que se manifeste cette tendance à une parfaite *communication* des *biens mutuels*, à cette parfaite *unité* de vie avec l'objet aimé.

Le propre de l'amitié est *d'unir* ceux qui s'aiment au point de confondre toutes leurs pensées, tous leurs désirs, tous leurs sentiments, toutes les expressions, tous les biens de leur vie, et de pénétrer jusqu'à la substance de l'être aimé pour y adhérer d'une force aussi invincible qu'ardente.

Ceux qui s'aiment parfaitement *ont tout en commun*.

Cette *union* de deux volontés en une seule volonté, de deux cœurs en un seul cœur, de deux âmes en une seule âme, est tellement naturelle et vraie qu'on a pu définir l'amitié : une *seule âme* sous *plusieurs corps*.

Rien ne nous est plus *uni*, rien ne nous tient tant au cœur, que ceux qui nous sont chers : voilà pourquoi rien ne nous afflige tant que leur *mort* ou simplement leur *éloignement*.

Combien est touchante cette lettre de Saint Bernard à son ami : « Je suis malheureux, lui dit-il, d'être privé de toi, de ne plus te voir, de vivre sans toi. Mourir pour toi, c'est pour moi la vie ; vivre sans toi, c'est pour moi la mort...

Je ne puis oublier *mes propres entrailles. Une moitié de moi-même* m'a été retranchée ; comment l'autre moitié ne serait-elle pas désolée? En l'enlevant, ils ont enlevé la joie de mon cœur, le fruit de mon esprit, la couronne de mon espérance, et, je le sens trop, la *moitié de mon âme.* »

L'ami dit justement de son ami : « c'est la *moitié*, c'est la meilleure partie de moi-même ». Cette vérité, St Thomas l'a caractérisée dans des termes qu'il n'a pas jugés trop hardis. Il enseigne que *l'aimé est dans l'aimant* et *l'aimant dans l'aimé* :

Amatum in amante, amans in amato.

Il y a possession, inhérence mutuelle entre l'un et l'autre ; *j'ai mon ami en moi, et je suis en lui.*

Un personnage païen assure qu'il portait dans son âme une image si claire et si distincte de son cher ami que, s'il eût été sculpteur ou peintre, il n'aurait pas eu besoin de le voir pour faire son portrait, mais qu'il lui aurait suffi de jeter les yeux sur cette image ou ce modèle intérieur à lui-même, pour en faire une excellente copie.

Si on me demande pourquoi je l'aimais tant, dit Montaigne de son ami, La Boëtie, *je sens* que cela ne peut s'exprimer qu'en répondant : *« parce que c'était lui, parce que c'était moi. »*

Cicéron disait : *Avoir un ami, c'est avoir un autre soi-même* : belle parole qui rappelle cette autre de Mme Swetchine : *L'idéal de l'amitié est d'être deux, et de ne se sentir qu'un.*

C'est un fait, l'amour plus que rien au monde a une force divine pour réunir, ramasser, recueillir, resserrer, identifier, rapporter toutes choses à *l'unité* ou en *commun*.

L'histoire des plus célèbres amitiés humaines le confirme pleinement.

On lit dans la Sainte Ecriture que l'âme de Jonathas était *collée « conglutinata »* à l'âme de David; tant il aima David comme son âme propre.

St Grégoire de Nazianze et St Augustin disent que leurs amis n'avaient *qu'une âme* avec eux.

Il est aussi écrit des premiers chrétiens qu'ils n'avaient *qu'un cœur et qu'une âme*.

Voilà la nature de l'amitié. Cette conformité, cette *union* parfaite d'esprit, de volonté, de toutes les inclinations entre amis est en proportion directe du degré, de l'union ou *communication* de leurs *biens réciproques*.

Mais étant donné que les hommes ne peuvent *s'unir* d'une manière absolue à leurs amis, ils s'unissent à eux en étant présents dans les lieux où ils sont, en conversant continuellement avec eux, en ne s'éloignant d'eux que le moins possible ; quand ils y sont obligés, ce n'est qu'avec mille peines qu'ils s'arrachent à cette chère présence, à cette douce communication.

Pour soulager les regrets que cause l'absence de la personne qu'ils aiment et en adoucir la tristesse, ils se transportent dans les lieux où ils avaient coutume de la voir ; ils se rappellent tout ce qu'elle a dit, tout ce qu'elle a fait ; ils contemplent souvent son portrait ; ils aiment à toucher les gages qu'ils ont reçus de son affection ; ils ont les yeux de l'esprit continuellement attachés sur l'image qu'ils portent d'elle en eux-mêmes.

Cette maxime mémorable des Platoniciens que l'âme est plus où elle *aime* que dans le corps qu'elle *anime*, est l'expression de la pure vérité.

L'âme est, en effet, plus présente là où elle *agit* davantage. Or, ses pensées et ses affections se portent fort peu vers le corps dans lequel elle vit, mais elles se portent sans cesse vers le *bien* qu'elle chérit ; voilà pourquoi on a raison de dire qu'elle est d'une manière plus actuelle dans l'objet de son amour que dans le corps auquel elle donne la vie.

Encore une fois disons-le : *aimer et être aimé*, aimer encore et aimer toujours plus, qu'est-ce à dire : *Être uni* de la manière la plus intime à notre *bien*, à l'objet de notre amour : tel est le sentiment le plus universel et le plus irrésistible de notre nature, parce qu'à vrai dire, il est le *fond* même de notre être ; il ne fait qu'un avec lui-même. *Vivre* et *aimer*, ne sont qu'une seule et *même chose*.

Ne le voyons-nous pas par expérience ? Aimer est tellement le besoin dominant de notre nature, que nous sentons notre cœur s'arracher et s'échapper, pour ainsi dire malgré nous, pour s'attacher au bien que nous aimons.

La vapeur arrivée à son dernier degré de condensation, se comprimerait plutôt que les élans de notre cœur.

C'est un fait que nous voyons dans tous ceux qui sont épris d'un amour violent quelconque.

Considérons l'avare qui est idolâtre de ses richesses. A quoi pense-t-il ? de quoi parle-t-il ? pourquoi travaille-t-il ?

Il ne pense jour et nuit qu'à son or et à son argent ; tous ses désirs, tous ses desseins, toutes ses paroles, toutes ses actions, ne tendent que vers ce but, il en rêve. S'il mange, s'il boit, rien de tout cela n'occupe son esprit ; tout passe, excepté l'amour furieux qu'il éprouve de s'enrichir.

Sa vie est absorbée par sa passion.

Arrivé à un haut degré de perfection, l'amour est comme armé d'un dard enflammé, perçant le cœur de part en part, et pénétrant si profondément dans ses fibres qu'il ne saurait retenir ou dissimuler le feu qui le dévore, comme on le voit surtout dans la vie des saints amis du Souverain Bien, c'est-à-dire de Dieu.

Considérons Madeleine convertie au saint Amour divin.

Elle cherche Notre-Seigneur dans le tombeau et, ne l'y trouvant pas, elle demeure seule, lorsque ses compagnes et les apôtres mêmes se sont retirés.

Inséparablement attachée à ce tombeau, sans pouvoir s'en arracher, elle porte sa vue de toute part, elle cherche partout son Maître, et partout elle arrose la terre de ses larmes.

Deux anges, beaux comme le jour, vêtus d'habits d'une blancheur éclatante, lui apparaissent et l'interrogent. Ni leur admirable beauté, ni la splendeur de leurs vêtements ne la touchent; elle les voit sans les voir; elle paraît une insensée et appelle *Seigneur*, celui qu'elle prenait pour un simple *jardinier*, tant elle est plongée dans la pensée de Notre-Seigneur, tant elle est gagnée à son Bien souverain, à son Dieu !

Tel est l'effet de tout amour violent.

L'âme parfaitement aimante, en toute vérité, ne vit plus de sa propre vie, mais de celle de l'objet qu'elle aime. Elle peut dire : *Ce n'est pas moi qui vis, mais c'est celui que j'aime qui vit en moi.*

Cette âme, vraiment aimante, chasse toutes les affections qui ne se portent pas vers l'objet de son amour ; c'est lui seul qu'elle aime, qu'elle chérit, qu'elle désire, pour qui elle soupire, pour qui elle brûle, en qui seule elle se repose. Rien ne lui paraît doux et savoureux, s'il ne se rapporte à lui ; elle rejette et foule aux pieds tout ce qui se présente aux yeux de son corps et de son esprit, qui peut la détourner de lui. Tout ce qu'elle dit, tout ce qu'elle fait, lui semble inutile et même insupportable, si elle ne peut s'en servir pour voler à l'objet de ses désirs.

En somme, nous voyons clairement que notre bien ne fait qu'UN avec nous-même.

Mais ne terminons pas avant d'approfondir encore cette vérité :

L'homme est « tout entier » : **amour.**

Observons-nous encore un peu.

Ne sommes-nous pas toujours et infailliblement à la recherche d'un objet qui nous ravit et nous captive, auquel nous subordonnons, en dernière analyse, toute notre activité et toute notre existence ?

Tout ce qui est dans l'homme : intelligence, volonté, instinct, matière : tout est amour, tout tend au bien.

Les hommes sont des volontés, a dit Saint Augustin : *homines voluntates sunt.*

Or, nous le savons, la volonté, cette puissance *reine* de notre âme qui commande à tous nos mouvements, a précisément pour objet : *le bien*. A travers toutes ses inconséquences, toutes ses erreurs, tous ses retours, toutes ses chutes et ses angoisses, elle poursuit toujours, sous des noms et des visages différents, ce but unique : le *bien*, le *bonheur*. Tempêtes, excès, désespoirs, mélancolies, tristesses, mouvements du cœur, défaillances, langueurs, impatiences pleines d'ennui, profonds et véhéments soupirs, larmes, dégoût de toutes choses, en un mot toutes ces forces instinctives, si difficiles à réduire, sont : *Amour* ; tout cela tend à posséder : *le bien*.

Regardons notre travail ordinaire. N'est-il pas un effort pour trouver le repos dans le bien-être, dans le bonheur ?

Sous le joug du travail, sous le poids de la

LE BUT DE TOUTE CHOSE EST : LE BIEN 89

fatigue, dans son agitation perpétuelle, l'homme a-t-il un autre mobile que la recherche d'un état bienheureux?

Considérons, sur la vaste scène du monde, tous ces hommes si affairés, si tourmentés, si fatigués au travail le plus asservissant et le plus accablant, ont-ils un autre but que le bonheur?

Sans doute les hommes travaillent également par devoir; mais, en même temps, tous, et chacun dans sa condition :

Le laboureur, l'ouvrier, le commerçant, le navigateur, le voyageur, le soldat, le savant, etc., recherchent le bonheur, le repos, au bout de leur travail. Oui, si nous travaillons avec une ardeur persévérante, si nous luttons contre les obstacles avec un courage que rien ne déconcerte, c'est qu'au bout de ces fatigues nous aspirons à un bonheur tranquille espéré par ce moyen.

En un mot : le *bien* qui nous procure le *bonheur*, est le **mobile** de *toutes nos actions.*

Aussi, notre inclination vers le bien est assurément la cause première et la plus puissante du développement de notre énergie.

Notre amour a cent bras et cent mains pour travailler sans relâche à acquérir le *bien* pour nous et pour ceux qui nous sont chers.

Il est constamment sollicité et aiguillonné à

la poursuite de son objet, et c'est pour cela, qu'il est comparé au feu qui est toujours actif.

L'amour, dit le Sage, *est un feu qui ne dit jamais: c'est assez.*

L'amour ne saurait se reposer: Montrez-moi, si vous le pouvez, dit Saint Augustin, un amour en repos, qui ne fasse rien pour l'objet aimé. Il n'est jamais oisif, il bat toujours comme le cœur.

Pour arriver à *son bien*, il fait les plus grandes choses et il les estime petites; il en fait beaucoup, et il croit en faire peu; il travaille longtemps, et ce temps lui paraît court. L'attraction du bien est si forte, la puissance de l'amour est si agissante qu'aucune autre n'est comparable à la sienne, ni celle de l'opinion, ni celle de la souffrance et du malheur, pas même la mort.

Rien ne peut arrêter cette noble passion dans la recherche de son objet.

C'est le *bien*, c'est l'amour qui a conduit les martyrs à la mort, les vierges aux puretés angéliques, les confesseurs aux effrayantes austérités, les docteurs aux contemplations sublimes.

Dans l'Eglise de Dieu, tout le sang répandu, tous les prodiges accomplis, toutes les fureurs subies, toutes les rumeurs des foules hostiles bravées, toutes les vertus épanouies, tous les admirables sacrifices accomplis, toutes les intarissables charités, tout le génie, tous les bienfaits, toutes ces merveilles sont l'effet de l'amour, de la recherche du souverain Bien, qui est Dieu.

La force du « Bien », l'amour, est la seule puissance que rien ne saurait jamais lasser.

Regardons-le. Lui seul demeure de longues années et il demeurerait des siècles à souffrir, à prier, à supporter, à espérer; il s'obstine, les yeux fixés vers l'avenir, et quelque tardifs et lents que soient les pas du temps, il ne se décourage jamais dans la poursuite du bien qu'il recherche.

Quand la mort frappe ses grands et irrémédiables coups, c'est lui qui survit et fait survivre encore. Les allées des cimetières où l'on voit les yeux en pleurs et les visages ravagés, savent ce que dure et ce que cherche le cœur d'une mère qui pleure son *enfant*; c'est son *trésor*, son *bien*.

L'amour est réellement la seule puissance que rien ne saurait lasser, parce qu'il est impossible de *vivre sans aimer.*

« En effet, s'il arrive que l'homme nous refuse l'amour dont nous avons besoin, nous dit Lacordaire, plutôt que de renoncer à aimer, nous demandons ce bien qu'il nous faut, à tout prix, à des êtres placés au-dessous de nous, qui conservent dans leur instinct quelque ressemblance avec l'amitié humaine, capable de tromper le cœur.

» Le *pauvre*, qui n'a plus d'amis, s'en fera un de quelque créature plus abandonnée que lui-même ; il réchauffera dans son sein ce doux animal, qu'un écrivain a si bien appelé « le chien du pauvre », parce qu'il semble lui être plus fidèlement, plus spécialement dévoué. Il lui sourira de l'ineffable sourire du délaissement ; il lui confiera ses larmes complètement ignorées qu'aucune tendresse ne recueille ; il partagera avec lui le morceau de pain de sa journée, et ce sacrifice de la faim à l'amitié lui fera goûter, jusque dans la misère, le grand bonheur de donner, *d'aimer* et *d'être aimé*.

» Ce n'est pas encore là, ajoute Lacordaire, le dernier effort de l'homme pour verser de l'amour et en recevoir.

» Le *prisonnier* ira plus loin que le *pauvre*.

» Séparé de la nature et de l'humanité par d'inexorables barrières, il découvrira dans les fentes de son cachot quelque vil insecte, imperceptible compagnon de sa captivité. Il s'en approchera avec le tremblement de l'espérance et la délicatesse du respect, il épiera les mystères de son existence, il étudiera ses goûts, il emploiera de longs jours à ne pas l'effrayer, à le faire passer de la crainte à la confiance, à obtenir enfin de lui une marque de retour qui diminue la solitude de son cœur et élargisse les murs de sa prison.

» Le chien console le pauvre, l'araignée attendrit le captif. Qu'est-ce à dire ? L'homme, né pour le bien, emporte partout avec lui un amour qui lui fait une ressource et une félicité des horreurs même de l'abandon absolu. »

L'homme ne donnerait pas une goutte de son sang pour sauver l'univers entier; mais pour le plus faible des êtres, s'il *l'aime* et s'il en est *aimé*, il donnerait, sans y regarder, tout son sang et toute sa vie.

Oui, il n'y a pas la moindre exagération à dire que *l'amour*, que le désir du *bien*, est absolument le **tout** de l'homme. Il est sa *nourriture*, *l'âme* de son *âme*, la *vie* de sa *vie*.

Il en est le *principe*, le *centre*, et la *fin*.

En somme : il n'y a dans l'homme qu'un seul **mouvement** qui le comprend tout entier : c'est l'amour.

Il n'y a qu'un **seul moteur** de ce mouvement : c'est **le bien**.

1º *Il n'y a qu'un seul mouvement dans l'homme, c'est* : **l'amour**.

« Si je dis à un homme : *Je vous estime*, ne puis-je pas lui dire autre chose encore? Oui, car je puis lui dire sans peine : *Je vous admire*.

» Si je dis à un homme : *Je vous admire*, ne puis-je pas lui dire autre chose encore? Oui, car je puis lui dire : *Je vous vénère*.

» Si je dis à un homme : *Je vous vénère*, ne puis-je pas lui dire autre chose encore?

» Ai-je épuisé dans ce mot la parole humaine tout entière? Non, j'ai encore une chose à lui dire, *une seule,* la *dernière* de toutes; je puis lui dire : **Je vous aime.**

» Dix mille mots précèdent celui-là : mais nul autre ne vient après dans aucune langue; quand on l'a dit une fois à un homme, il n'y a plus qu'une ressource, c'est de le lui répéter à jamais.

» La bouche de l'homme ne va pas plus loin, parce que son cœur ne va pas au-delà.

» L'amour est l'acte suprême de l'âme, et le chef-d'œuvre de l'homme.

» L'intelligence y est, puisqu'il faut connaître pour aimer ; sa volonté, puisqu'il faut consentir ; sa liberté, puisqu'il faut faire un choix ; ses passions, puisqu'il faut désirer, espérer, craindre, se réjouir ou s'attrister ; sa vertu, puisqu'il faut persévérer, quelquefois mourir et se dévouer toujours. » (Lacordaire)

2° *Il n'y a qu'un seul moteur, dans le mouvement de l'amour humain, c'est : le* **bien**.

Il y a au-devant de nos ingénieuses machines que meut la vapeur, un instrument impressionnable où le mercure s'élève ou s'abaisse, pour indiquer la quantité de force qui se dépense à l'action, c'est : *l'éprouvette*.

Eh bien! le cœur est, dans notre nature humaine, *l'éprouvette* de l'amour et des passions qui le mettent en branle.

Il indique la mesure des grands sentiments et des fortes émotions dont l'âme est agitée.

Nous avons entendu un orateur ou un artiste musicien, rempli d'un sujet sublime, produire la plus variée des harmonies, vive ou joyeuse, sourde ou mélancolique, bruyante ou pleine de gémissements et de pleurs.

Ainsi, sous l'impression de l'objet qui produit ses battements, le cœur s'émeut, s'agite, se tend, se dilate; il tressaille, il bondit, il s'enflamme, il se courrouce, il se contracte, il languit, il se ferme, il étouffe.

De là, ces expressions de la Ste Ecriture que nous trouvons dans toutes les langues :

Mon cœur a tressailli;
Mon cœur s'est dilaté;
Mon cœur s'échauffe;

Mon cœur s'enflamme;
Mon cœur brûle;
Mon cœur se trouble;
Mon cœur a peur :
Mon cœur est triste;
Mon cœur est bouleversé;
Mon cœur m'échappe;
Mon cœur défaille;
Mon cœur est brisé;
Mon cœur s'est flétri et desséché;
Mon cœur est mort au dedans de moi-même;
Mon cœur est devenu comme une cire qui se fond.

Le cœur est donc *l'éprouvette*, l'instrument qui ressent tous les mouvements de l'âme. Mais demandons-nous quelle est la vapeur qui agit sur notre merveilleuse machine humaine? Quel est cet artiste souverain qui fait vibrer, d'une manière si profonde et si variée à la fois, toutes les fibres de notre cœur, qui touche si divinement ce clavier unique en son genre?

Cet artiste, à la fois si puissant et habile, cette force qui nous électrise, c'est : le Bien.

La vie est dans l'amour : celui-là vit le plus qui aime le plus.

Le Vrai, le Beau, le Bien, qui sont le même et unique Être, considérés sous différents points de vue, sont toute notre vie, tout notre bonheur.

Notre vie n'est qu'*un seul acte d'amour* ; elle n'est qu'un seul acte d'amour *de Dieu*, car Il est le *Bien souverain de toutes choses* : c'est ce que nous allons étudier.

CHAPITRE III

Le Bien de toute chose, c'est : DIEU seul.

Tout être a un but.
Tout être tend à son bien.
Telles sont les deux vérités que nous avons étudiées jusqu'à présent.
Dieu seul est la Fin et le Bien de toutes choses : c'est l'objet de ce chapitre.

Éléments (*)

Qui a donné à *l'eau*, à *l'air*, à la *terre*, au *feu*, tant de précision dans le nombre, le poids et la mesure qui leur conviennent? Nous en avons fait la remarque : s'ils étaient plus ou moins denses, on ne pourrait ni boire, ni manger, ni respirer, ni labourer, ni bâtir, ni chauffer ou cuire.

Quelle main tient les nuages, comme des réservoirs suspendus, et ne leur permet de tom-

(*) Fénelon

ber sur la terre que goutte à goutte, comme si on les distribuait avec un arrosoir?

D'où vient qu'en certains pays chauds, où il ne pleut presque jamais, les rosées sont si abondantes qu'elles suppléent au défaut de la pluie, et qu'en d'autres pays, tels que les bords du Nil et du Gange, l'inondation régulière des fleuves, en certaines saisons, pourvoit, à point nommé, au besoin des peuples, en arrosant les terres? Qui a réglé le flux et le reflux de la mer? Un peu plus de mouvement dans les eaux montantes inonderait des royaumes. Qui a su éviter le trop et le trop peu? Qui a marqué à la mer, sur son rivage, la borne immobile qu'elle doit respecter dans la suite de tous les siècles, en lui disant :

Tu n'iras pas plus loin !

Nous jouissons de la succession régulière des jours et des nuits. Le soleil ne manque jamais, depuis tant de siècles, à servir les hommes qui ne peuvent se passer de lui ; seul, il suffit à toute la terre.

Quel est le compas dont le tour si vaste a mesuré si justement la distance qui doit le séparer de notre globe, pour ne pas lui nuire? Quelle main conduit ce foyer si volumineux, sans qu'il s'échappe jamais de son cours ?

Qui a semé au-dessus de nos têtes cette multitude innombrable d'étoiles, qui sont autant de mondes ?

Si les cieux ne sont que des espaces immenses, remplis de corps fluides comme l'air qui nous environne, d'où vient que tant de corps solides y voyagent sans se rapprocher les uns des autres, sans se choquer jamais ?

Depuis tant de siècles qu'on observe les astres, on est encore à découvrir le moindre dérangement dans les cieux.

Quel est donc celui qui fait des mondes plus innombrables que les grains de sable qui couvrent les rivages des mers, et qui les conduit sans peine et pendant tant de siècles dans leurs immenses révolutions ?

Plus le ressort qui conduit la machine de l'univers, est juste, simple, constant, assuré et fécond en effets utiles, plus il faut qu'une main toute-puissante et intelligente ait choisi ce ressort, le plus parfait de tous.

Qui a donné à toute la nature des lois tout ensemble si constantes et si bienfaisantes, des lois si simples qu'on est tenté de croire qu'elles s'établissent d'elles-mêmes ?

Quel est-il, sinon Dieu ?

Plantes

Nous avons admiré la perfection de toutes ces productions de la terre.

Nous voyons par exemple que pour nous fournir du *vin*, le *cep* de la vigne, qui n'est qu'un morceau de bois, fait : les petites *enveloppes* qui contiennent cette liqueur ; la *grappe* qui soutient ces petits grains ; les *feuilles* qui tiennent à couvert ces grappes ; les *sarments* où est attaché ce feuillage ; il fait tout cela avec autant de dextérité que de beauté ; il distribue les sucs de la terre à ces sarments, à ces feuilles, à ces pampres et à ces petits grains, avec autant de justesse que s'il avait de l'intelligence ; il s'agrafe aux échalas, il les embrasse et serpente autour d'eux pour monter en haut, comme s'il avait du jugement pour connaître qu'il a besoin de cet appui.

Peut-on dire que ce *cep* fait cela tout *seul*? N'est-ce pas *Dieu* qui le fait par son entremise ?

En effet, si les arbres poussent leurs racines autant qu'il est nécessaire pour les soutenir, s'ils étendent leurs branches à proportion, et s'ils se couvrent d'une écorce si propre à les défendre contre les injures de l'air ; si la vigne, le lierre, et les autres plantes qui sont faites pour s'attacher aux grands arbres ou aux rochers, en choisissent si bien les petits creux, et s'entortillent si habilement aux endroits qui sont capables de les appuyer; si les feuilles et les fruits de toutes les plantes se réduisent à des figures si régulières, et s'ils prennent au juste, avec la figure, le goût et les autres qualités propres à leur nature, quel en est l'auteur, sinon *Dieu*? car tout cela se fait par raison, mais certes, cette raison n'est pas dans les arbres.

On rapporte que Linné, le naturaliste si connu, étudiait un jour au microscope une *simple feuille* d'arbre.

Au spectacle de sa merveilleuse contexture, à la vue de ces nervures qui en soutiennent l'ensemble, de ces vaisseaux dans lesquels circule la sève, ce *sang* des plantes, de ces stomates ou petites bouches par lesquelles la plante respire, le grand naturaliste eut comme un éblouissement. Le microscope s'échappe de sa main, ses genoux fléchissent, et il reste un instant comme abîmé dans la contemplation.

« J'ai vu Dieu, disait-il ensuite; je l'ai vu et je suis demeuré muet, frappé d'admiration et d'étonnement. Quelle sagesse! Quelle perfection dans les œuvres du Créateur, même dans les plus petites! »

Animaux

Nous avons admiré la perfection de leur organisme qui leur permet d'accomplir si infailliblement leurs fonctions.

Nous connaissons tous l'industrie prodigieuse de leurs œuvres; nous savons que dans leur genre elles surpassent l'industrie humaine. Nous connaissons l'art infini de la toile d'araignée, du produit du ver à soie, des travaux des fourmis et des abeilles, du nid de l'oiseau, etc.

Qui donc les a doués si admirablement pour accomplir leurs fonctions, sinon Dieu?

— D'où leur vient tant d'adresse? De *l'instinct*, dira-t-on. — Soit! Mais cet instinct est une intelligence parfaite qui a plus de certitude que nos raisonnements (1).

Les bêtes n'ont aucune science, aucune éducation. Ce qu'elles font, elles le font sans l'avoir préparé, ni étudié; elles le font tout d'un coup, et sans tenir conseil. Nous hommes, nous nous trompons à toute heure, après avoir bien raisonné; pour elles, sans raisonner, elles exécutent, à toute heure, ce qui paraît demander le plus de choix et de justesse; leur instinct est infaillible en beaucoup de choses.

Dirons-nous que les bêtes ont plus de raison

---

(1) Fénelon

que nous? N'est-il pas évident qu'un instinct qui a plus de justesse, plus de précision, plus de sûreté que notre raison même, provient d'une raison plus parfaite? Il faut nécessairement trouver une merveilleuse *raison* ou dans *l'ouvrage*, ou dans *l'Ouvrier*; ou dans la *machine*, ou dans son *Constructeur*.

Quand nous voyons, dans une montre, une justesse à marquer les heures qui surpasse toutes nos connaissances, nous concluons que, si la montre ne raisonne pas, il faut qu'elle ait été formée par un bon ouvrier qui raisonnait en ce genre plus juste que nous. De même, quand nous voyons des bêtes qui font à toute heure des choses où il y a une industrie qui surpasse de beaucoup la nôtre, ne sommes-nous pas obligés de conclure que cette industrie si merveilleuse doit être nécessairement ou dans la machine, ou dans l'ouvrier qui l'a fabriquée?

Est-elle dans l'animal? Quelle apparence y a-t-il qu'il soit si savant et si infaillible en certaines choses? Si cette industrie n'est pas en lui, il faut qu'elle soit dans *l'Ouvrier* qui a fait cet ouvrage, comme tout l'art de la montre est dans la tête de l'horloger.

Tout le monde a pu observer les constructions régulières exécutées par les *abeilles*; or, l'exécution de ce travail n'est pas autre chose que la solution pratique d'un problème qui se formule ainsi :

Faire tenir dans le plus petit espace possible le plus grand nombre possible de cellules et les plus grandes, dans les meilleures conditions de solidité, avec le moins possible de matière et de travail (1).

Demandons-nous quel a été le géomètre qui a enseigné aux abeilles les propriétés des solides et l'art de résoudre des problèmes ? Nous

(1) **Les abeilles,** comme on le sait, composent leurs rayons d'une double série de petites cellules opposées les unes aux autres par le fond, et qui sont destinées à recevoir la provision de miel et la jeune génération. Pour que les cellules fussent toutes égales et semblables, sans aucun intervalle inutile, il fallait qu'elles eussent une figure déterminée ; or il n'y en a que *trois* qui satisfassent à ces conditions : le *triangle équilatéral,* le *carré* et *l'hexagone régulier.*
Les géomètres savent très bien qu'il n'y a pas une *quatrième manière* de partager un plan en espaces égaux et similaires, sans laisser d'interstice vide. De ces trois figures, l'hexagone est celle qui convient le mieux, et pour la solidité du rayon et pour l'usage auquel il est destiné. *Les abeilles, comme si elles le savaient, font leurs cellules « hexagones ».*
Comme les rayons sont composés d'un double rang de cellules, les cellules opposées pouvaient être adossées cloison contre cloison et fond contre fond ; ou bien le fond des cellules antérieures pouvait s'appuyer sur les cloisons des cellules postérieures, comme un mur sur des éperons qui le soutiennent. Ce dernier mode est celui qui présente le plus de solidité ; aussi le fond de chaque cellule est-il appuyé sur le point où se rencontrent trois cloisons du côté opposé, ce qui lui donne toute la force qu'on peut désirer.
Le fond d'une cellule pouvait être un *plan perpendiculaire* aux cloisons latérales, ou il pouvait être composé de plusieurs plans formant un *angle solide* à leur point de rencontre ; ce n'est que sur l'une ou l'autre de ces méthodes que

LE BIEN DE TOUTE CHOSE EST : DIEU

n'avons pas besoin de dire que les abeilles ne savent rien de tout cela.

Quand une abeille construit son rayon d'une manière si géométrique, la géométrie n'est pas dans l'abeille, mais dans le *grand Géomètre* qui a fait l'abeille et tout ce qui existe.

L'Homme

Qui l'a formé dans tous les détails qui le composent? Qui a uni par des liens si étroits la *chair* à *l'esprit*? Qui a fait substituer dans **une même personne deux** *natures* si *opposées*? D'où cette chair a-t-elle tiré ses organes, ses mouvements, sa vie? Qui l'a remplie de tant de veines, de muscles, d'ossements, d'humeur, avec une si parfaite correspondance entre toutes ses parties qu'elles semblent n'en faire qu'une seule? Qui nous a doués d'un estomac pour digérer notre

---

les cellules opposées pouvaient être semblables sans place perdue, et pour cela les plans dont le fond est composé, s'ils étaient plus d'un, devraient être au nombre de *trois*, ni plus ni moins.

On a démontré qu'à former le fond de chaque cellule avec *trois plans* qui se rencontrent au milieu, il y a une économie de matériaux et de travail qui n'est nullement à négliger. L'abeille, comme si elle connaissait les principes de la géométrie des *solides*, les suit très exactement: le fond de chaque cellule est composé de trois plans qui forment des angles obtus avec les cloisons latérales et entre eux, et se rencontrent au milieu du fond; les trois arêtes de ce fond sont soutenues par trois cloisons appartenant à l'autre côté, et leur point de rencontre est soutenu par l'intersection de ces cloisons.

nourriture, d'une force pour le changer en sang, d'un cœur pour porter le sang aux extrémités du corps, de pieds pour marcher, de mains pour travailler? Qui a mis deux oreilles aux deux côtés de notre tête pour ouïr?

Qui a placé au-dessous de notre front ces deux yeux qui parcourent en un instant l'espace immense des cieux et la surface de la terre?

Enfin, qui a pris mesure du corps destiné à notre âme?

Quel est l'ouvrier qui a travaillé sur nous avec tant de sagesse et d'habileté, qu'il serait impossible de l'en louer dignement?

Quel est-il, sinon Dieu, qui nous a façonnés au dedans et au dehors, dans toute la circonférence de notre être? C'est Lui, qui a entrelacé nos veines et nos nerfs, qui a emboîté nos os, en un mot, qui a tout disposé en nous-mêmes.

Résumons.

Si nous entendions une musique harmonieuse, *un grand concert*, qui par mille accords nous jetterait la joie dans le cœur, quoique nous ne verrions personne, nous dirions avec raison :

« Un maître excellent, un savant musicien, a concerté ces notes, a formé ces accords. »

Comment ne pas faire un raisonnement semblable, en face de la *sublime harmonie des mondes* ?

Nous entendons ou, mieux, nous *voyons* un accord parfait de millions de créatures associées, rapportées les unes aux autres.

Nous voyons que la terre tout entière jouit perpétuellement des astres ; que les vapeurs sont attirées dans les airs pour être formées en pluie ; que les pluies sont formées là-haut pour arroser et abreuver la terre ; que la terre est abreuvée pour la nourriture des plantes ; que les plantes sont nourries pour être la nourriture des animaux ; que les animaux vivent et se reproduisent pour la nourriture et l'usage de l'homme ; en un mot, que toutes les créatures sont enchaînées, se servent l'une l'autre, et que toutes servent à une seule : *l'homme.*

Qui les a ainsi assujetties et soumises l'une à l'autre ? Qui les a fait ainsi se remuer et travailler l'une pour l'autre ? Qui les a disposées et rangées en si bel ordre ? D'où peut venir cet accord, ce concert parfait, si naturel, si harmonieux, si sagement conduit et exécuté, sinon de la puissance infinie de Dieu ?

Mais ce n'est pas tout, Dieu n'est pas seulement l'Ordonnateur, l'Organisateur, l'*Architecte* de tous les êtres, il en est le **Créateur**, le **Conservateur**, et aussi le **Consommateur**, c'est-à-dire qu'il les *finit.*

Il les conduit jusqu'à leur *fin* ou *perfection* entière.

Il est leur **bien** *total*.

§ I
Dieu est le Créateur des Êtres

Qu'est-ce à dire ? Ce *mot* exprime cet acte suprême de la volonté infinie et toute-puissante de Dieu, par lequel Il a produit *totalement tout l'être même* des créatures, qui n'existaient pas auparavant.

Nous pouvons bien nous-mêmes d'une chose en faire une autre, nous pouvons construire une maison en employant des pierres, du ciment, et du bois, c'est-à-dire des choses qui *existent* déjà ; nous ne faisons que les mettre ensemble dans un nouvel ordre, mais nous ne leur donnons pas leur *être même*. L'homme *arrange, modifie*, Dieu seul *crée*. Autre chose est de *créer* un être, autre chose est de *l'ouvrager*, quand il existe déjà. Un peintre ne crée pas un tableau ; un sculpteur ne crée pas une statue ; un horloger, une montre. Il faut au premier des couleurs et une toile ; au second, du marbre ; au troisième, un métal quelconque.

Sans ces matériaux ils ne peuvent rien faire.

Les hommes ne peuvent pas même créer le moindre vermisseau, pas même un *grain de sable*.

En effet, si *créer* signifie *tirer du néant*, créer un *insecte* aussi bien que créer *un ange* est le propre de la puissance de Dieu seul.

La preuve : il faut qu'il y ait proportion entre la cause et l'effet qu'elle doit produire ; or, la distance qui sépare le *néant* de *l'être existant* est infinie ; il y a plus de distance entre le néant et l'être qu'entre le *plus petit* des êtres et le *plus grand* : entre le néant et l'être il n'y a aucune proportion.

Il faut donc une puissance infinie pour créer.

Le poète a dit avec raison :

L'insecte vaut un monde : il a autant coûté.

Quoique *de fait* la raison, à elle seule, n'ait jamais découvert le mystère de la création, tel que nous le connaissons par la parole de Dieu, elle peut cependant le démontrer. Et comment?

Si le monde n'était pas tout entier œuvre de Dieu, il s'ensuivrait qu'il se serait lui-même donné son être : ce qui est absurde. Aucune créature n'est son propre être, aucune ne peut se donner l'être pour la raison bien simple, que, pour se donner une chose, il faut déjà exister auparavant. *Être par soi-même* est la plus grande des perfections : *Dieu seul* est *cet Être*.

La Source de tout être n'a pas de source ; la Cause de toutes les causes n'a pas une cause supérieure à elle-même ; le premier Auteur n'a pas d'auteur : Dieu est l'immense océan de l'être. Il a la plénitude de l'être sans mélange de non-être ; il est l'Incréé, c'est-à dire le *non créé* qui a *tout créé*.

Ajoutons une simple observation :

Supposons un instant que rien n'existe : rien dès lors ne pourrait jamais exister, car on est bien contraint d'admettre que *rien ne vient de rien*. Etant donné que le monde existe, la création telle que nous venons de l'exposer peut, seule, l'expliquer.

§ II

Dieu est le Conservateur des Êtres

Non seulement Dieu est le **Créateur** *de toutes choses, il en est aussi le* **Conservateur**.

C'est par Lui seul qu'elles continuent d'exister. Il les conserve non pas seulement en tant qu'Il ne veut pas les anéantir, mais en ce sens qu'Il soutient leur existence par l'effet de son *action réelle* et *continuelle*. La conservation des créatures a été justement définie : *une création continuée*.

Qu'on ne vienne pas dire que le monde peut se conserver sans l'aide de Dieu; que, pour cesser d'exister, il faudrait que Dieu voulût positivement l'anéantir.

— Juger ainsi, ce serait admettre que les créatures ne *dépendent plus* de Lui. Juger ainsi, c'est juger de Dieu et de ses ouvrages, d'après les ouvrages des hommes qui *supposent* la *nature des choses* et ne la *font* pas.

Une maison, il est vrai, subsiste quoique l'architecte soit mort; mais la maison ne *dépend pas* de l'architecte, tandis que le *fond* de tous les êtres *dépend totalement* du Créateur.

Quoique l'arrangement de quelques pierres dépende, dans une certaine mesure, de la volonté des hommes, en conséquence de l'action des causes naturelles, *l'être* ou *matière* de l'ouvrage n'en dépend pas.

L'ordre invariable des lois par lesquelles le monde est gouverné, n'est pas une raison de croire que les choses se font seules, mais au contraire plus cet ordre est invariable et parfait, plus il suppose la seule vraie cause qui est : *Dieu.*

Si cette Cause première universelle cessait de conserver l'univers, celui-ci retomberait nécessairement, et aussitôt, dans le néant; car une créature ne peut pas *ne pas dépendre* de Dieu.

De même que l'air, qui n'a pas la lumière de lui-même mais du soleil, est lumineux aussi longtemps qu'il reçoit l'influence de celui-ci, et tombe dans les ténèbres aussitôt que cette influence cesse ; *ainsi*, toute créature, parce qu'elle n'a pas son être *de par elle-même*, mais de Dieu seul, retomberait aussitôt dans le néant, si elle n'était continuellement soutenue par le Créateur.

§ III
Dieu est le Consommateur des Êtres

Si Dieu est le **Créateur** *et le* **Conservateur** *de toutes choses, n'apparaît-il pas comme évident que Lui seul doit en être le* **Consommateur**, *c'est-à-dire la* **Fin**, *la* **Perfection** *ou : le* **Bien** *complet ?*

Il ne peut en être autrement. Puisque Dieu en est le *Commencement* et le *Milieu*, le *Principe* et le *Centre*, il en est nécessairement le *Terme*, la *Fin*. L'être, le *moyen*, la *fin* des choses, dépendent tous les trois d'une puissance égale.

Si les créatures dépendent totalement de Dieu dans leur *être* et dans leur *durée*, à plus forte raison, si c'était possible, elles doivent en dépendre dans l'action de leur *achèvement* ou *perfection*; et cela toujours pour la même raison : si elles pouvaient produire la *moindre action* par elles-mêmes seules, elles ne *dépendraient plus* de Dieu : elles auraient le pouvoir de se *créer* meilleures elles-mêmes : ce qui est impossible.

Nous l'avons dit, une créature ne peut pas *ne pas dépendre* de Dieu.

C'est donc un fait indéniable : Dieu concourt d'une manière *immédiate* et *continuelle* dans *toutes leurs actions*. Elles ne peuvent rien acquérir, pas même la moindre perfection, sans le concours de Dieu.

Comme le rayon du soleil est tellement attaché à son astre et dépendant de lui qu'aussitôt que le soleil se couche, le rayon s'évanouit; comme l'image, que nous produisons en nous présentant à un miroir, dépend tellement de nous qu'elle ne tourne pas la tête ni n'ouvre les yeux, et ne remue pas la main, si nous ne donnons le branle à tous ces mouvements; de même qu'elle disparaît et se perd aussitôt que nous nous retirons; *ainsi*, toutes les créatures, non seulement dans leur conservation, mais aussi dans tout l'acte de leur *perfectionnement*, dépendent tellement de la première Cause qui est Dieu, que, s'Il retirait son concours, elles ne pourraient pas faire *le moindre mouvement*.

Rien *n'existe* sans Dieu ; rien ne *subsiste* sans Lui; rien ne se meut ou *n'agit* sans Lui :

In ipso vivimus, movemur et sumus.

Il est la cause de toute action, a dit Saint Thomas, en tant qu'Il donne la puissance d'agir, en tant qu'Il la conserve, en tant qu'Il l'applique à son opération comme l'ouvrier applique la hache pour fendre, et en tant que toute force agit par sa propre force. Il est impossible qu'un être puisse rien acquérir *par lui-même seul*.

Qu'avons-nous que nous n'ayons reçu ? (St. Paul)

Une créature ne peut se donner à elle-même plus que le Créateur ne lui donne : c'est pourtant ce qui arriverait, si elle pouvait faire la moindre action sans Lui.

Dieu est l'Auteur de tout être, de toute puissance d'agir, et des actes mêmes de cette puissance. Il opère en tout ce qui opère :

Operatur in omni operante. (St. Thomas)

— *Mais alors, on dira que* **l'activité** *dont les créatures ont été douées par Dieu, n'est pas une vraie puissance d'agir, puisqu'elles ne peuvent agir sans le concours de Dieu ?*

— Ne croyons pas que l'action des créatures soit en rien annulée ou diminuée ; n'allons pas croire non plus *qu'une partie* de l'action est attribuée à *Dieu*, et *l'autre partie* à la *créature;* elle est attribuée *tout entière* à *l'un* et à *l'autre*, mais d'une manière différente; à Dieu, comme *Cause première*; à la créature, comme *cause seconde*, de même que le même effet peut être attribué *tout entier* à *l'instrument*, et *tout entier* à *l'ouvrier* qui s'en sert.

Remarquons que tout ce que nous venons de dire s'entend de toute créature, même *intelligente*, si parfaite qu'on la suppose.

En effet, nous savons que le *bien vouloir* est plus parfait que le *simple vouloir*; or, le *mieux* ne doit pas moins venir de Dieu que le *moindre*. C'est pourtant ce qui n'arriverait pas, si nous pouvions avoir une *bonne volonté* sans le secours de Dieu : nous nous serions faits meilleurs et plus parfaits que Dieu ne nous aurait faits. Nous attribuerions à Dieu notre *être* simplement et à nous-mêmes le *bien être*, qui est plus parfait.

— *Mais notre liberté, que devient-elle?*

— De même que l'action de Dieu n'empêche point que les actes des êtres sans raison ni liberté ne soient *naturels*, de même aussi elle n'empêche pas que les actions des êtres *libres* ne demeurent *libres*. Dieu opère sur chacun des êtres selon *leur nature*, sans la changer en rien.

Comment donner une idée de ce profond mystère?

La loi de la pesanteur qui régit *tous les corps*, nous le fait entrevoir.

Quoique nous soyons *sans cesse* sous l'empire de cette loi, elle n'empêche nullement que tous nos mouvements ne soient *libres* (1).

Si Dieu concourt à toutes nos actions, ne dira-t-on pas, dans ce cas, qu'Il est aussi la cause du péché ?

— Examinons bien.

Il faut distinguer, dans le péché, deux choses absolument distinctes: *l'action extérieure* et le *mauvais emploi* ou *mauvais usage* de cette action exercée.

— Dieu est cause de la première chose, mais l'homme seul est cause de la seconde.

Or, le péché n'est nullement dans *l'action extérieure*, mais seulement dans le *mauvais usage* de l'action déployée. Ce qui fait l'assassin, ce n'est pas d'avoir mis à mort son prochain, mais

---

(1) Nous ne sentons pas la pression de *l'air* sur nous, parce que cette pression s'exerce en tout sens, de bas en haut aussi bien que de haut en bas, de dedans en dehors comme de dehors en dedans.

Pour un *homme moyen*, cette pression est de 17.000 ou 20.000 kilogrammes.

Or, chacun de nous est soumis à ce poids énorme sans s'en apercevoir.

La liberté de nos mouvements n'est nullement *entravée*.

c'est de l'avoir fait *sans droit* : le *bourreau* n'est pas un *meurtrier*.

Sans doute, si l'on pouvait prouver que le mal du péché est une *action*, il serait nécessaire que Dieu en fût l'auteur, puisque tout ce qui est *être* vient de Lui, mais il n'en est rien. Encore une fois, le péché est uniquement dans le *mauvais emploi* de l'action.

Quand des notes fausses viennent à se produire en musique, sans doute c'est Dieu qui fournit les vibrations aux sons mal assemblés qui les constituent ; c'est Lui qui conserve l'être à l'instrument sonore, comme c'est Lui qui entretient le mouvement et la vie dans les doigts de l'artiste. Mais parce que l'artiste usera mal de la liberté de ses doigts, parce qu'il manquera la touche ou pincera la corde trop fort ou trop doux, sera-t-on fondé à dire que c'est Dieu qui est le mauvais musicien, que c'est Lui qui joue faux ?

Le mal n'est pas dans les sons, mais dans le *désordre* des sons, dont le musicien seul est la cause.

Ainsi en est-il de toutes les discordances morales, de tous les péchés des hommes. Ceux-ci seuls en sont les auteurs. Dieu ne participe en rien au mal du péché. Mais quoiqu'Il n'en soit pas l'auteur, on ne peut nier qu'Il le laisse produire puisqu'Il pourrait l'empêcher. En cela, sa Sainteté infinie n'est nullement atteinte ; Il ne peut empêcher le mal sans *anéantir la liberté* et par conséquent tout *mérite*. Le pouvoir de *mériter*, c'est-à-dire la liberté de dire **oui**, ne peut exister qu'à la condition de pouvoir dire **non** ou *démériter*.

Conclusion

D'après tout ce que nous venons de dire, nous voyons que **Dieu seul** est le **Père** de toutes choses : Père de la vérité, père de la sagesse, père de la vie, père de la béatitude, père de la bonté et de la beauté, père de la lumière corporelle et intellectuelle, en un mot de : *tout être*.

Il est, dit Saint Augustin, le Dieu de vérité en qui, de qui et par qui, sont véritables toutes les choses véritables ;

Dieu de sagesse, en qui, de qui, et par qui sont sages tous ceux qui ont quelque sagesse ;

Dieu de vie, en qui, de qui et par qui vit tout ce qui vit ;

Dieu de béatitude, en qui, de qui et par qui sont heureux tous ceux qui goûtent el bonheur ;

Dieu de bonté et de beauté, en qui, de qui

et par qui sont bonnes et belles toutes les choses qui ont quelque bonté et beauté ;

Dieu de lumière, en qui, de qui et par qui brille corporellement et intellectuellement toute lumière corporelle et intellectuelle ;

Dieu de tout être, au-dessus duquel et hors duquel il n'y a rien.

Il est, tout est en Lui. L'immensité, les temps,
De son Etre infini sont les purs éléments ;
L'espace est son séjour, l'éternité son âge ;
Le jour est son regard, le monde est son image :
Tout l'univers s'abrite à l'ombre de sa main ;
L'être, à flots éternels découlant de son sein,
Comme un fleuve nourri par cette source immense,
S'en échappe, et revient finir où tout commence.

Il peuple l'infini chaque fois qu'Il respire ;
Pour Lui, vouloir, c'est faire ; exister, c'est produire !
Tirant tout de Lui seul, rapportant tout à Soi,
Sa Volonté suprême est sa suprême Loi.
Mais cette Volonté sans ombre et sans faiblesse
Est à la fois puissance, ordre, équité, faiblesse.
Sur tout ce qui peut être Il l'exerce à son gré ;
Le néant jusqu'à Lui s'élève par degré :
Intelligence, amour, force, beauté, jeunesse,
Sans s'épuiser jamais, Il peut donner sans cesse ;
Et, comblant le néant de ses dons précieux,
Des derniers rangs de l'être, Il peut tirer des dieux !
Mais ces dieux de sa main, ces fils de sa puissance
Mesurent d'eux à Lui l'éternelle distance,
Tendant par la nature à l'Etre qui les fit ;
Il est leur fin à tous, et Lui seul se suffit.

LAMARTINE

L'atôme et l'univers sont l'objet de ses soins.

Dieu seul est, à la fois, l'auteur de l'*être*, de la *durée*, et de l'*accroissement* jusqu'à leur *perfection*, de toutes les créatures même *les plus chétives*.

Sans cesse Il leur communique leur bien, continuant de tout régler avec poids et mesure; limitant avec le même compas les mouvements de l'insecte et le cours des astres infiniment grands qui roulent au-dessus de nos têtes; calculant le nombre des muscles de la chenille et le nombre des planètes ou des étoiles nécessaires à chaque zone des cieux; pesant à la même balance la quantité d'azote et d'oxygène qui entre dans un atome d'air, et les masses énormes qui s'équilibrent dans l'espace; veillant avec un amour infini sur la créature la plus petite comme sur l'ensemble; brodant pour l'aile du papillon ou l'herbe de nos champs un manteau plus éclatant que celui de Salomon dans toute sa gloire, comme le dit l'Évangile; assignant aux petits du passereau leur pâture, et au cheveu de notre tête l'heure de sa chute.

En résumé, Dieu est le *Bien de tout bien*, selon l'expression de Saint Augustin: *Bonum omnis boni*; le *Tout* de *toute créature*.

A vrai dire, c'est plus Dieu qui nous éclaire avec le soleil que le soleil lui-même; qui nous échauffe avec le feu que le feu lui-même; qui nous nourrit avec les aliments que les aliments eux-mêmes.

Dieu est présent dans la lumière et dans toutes les forces de la nature: chaleur, électricité, etc. Il y est présent plus que les corps qui les produisent. Toutefois, nous ne disons pas, comme les panthéistes, que l'attraction, la lumière, la chaleur sont: Dieu lui-même; que l'attraction est le Père, que la lumière est le Fils, et la chaleur le St-Esprit. Nous disons que la lumière et toutes les forces de la nature sont *l'effet* de la présence de Dieu, le *produit* de son action sur les corps qui les contiennent.

Dieu est tellement présent dans toutes les créatures que celles-ci sont, pour ainsi dire, *des sacrements* ou écorces visibles de son *Être invisible* caché en elles.

A parler exactement, non seulement on doit dire que Dieu est le Bien de tout bien, mais on peut dire qu'il n'y a pas deux espèces de biens au monde, qu'il n'y en a *qu'un seul*: le **Bien** de **Dieu**. Tout bien n'est pas Dieu, mais tout bien vient de Lui seul. Il est le **tout Bien** *par Lui-même*, tandis que *tout le bien* des créatures *dépend de Lui*.

Le **Bien**, l'**Être** de Dieu est le nœud éternel,

le lien mystérieux du monde et de ses parties; l'immobile soutien, le robuste fondement qui porte toute la machine de l'univers. Sans Lui, rien ne serait: tout dépend de Lui.

Comme le soleil, que nous voyons toujours, est le principe et la cause de toute la lumière qui se répand dans le monde, et comme c'est par lui que nous voyons tout ce que nous voyons; ainsi, tout ce que les êtres sont: mouvement, vie, sentiment; tout ce que sommes nous-mêmes: pensée, volonté, amour, action, nous le sommes par la Bonté de Dieu.

Aussi, Dieu est tellement l'unique Bien de toutes les créatures, que toutes, chacune selon leur nature, tendent nécessairement à Lui, puisque tout être tend au bien naturellement; toutes *aiment* Dieu en réalité, puisqu'elles ne se nourrissent et ne peuvent vivre que de Lui seul. Toute créature, quelle qu'elle soit, vit tout entière dans le bien de Dieu et du bien de Dieu, bien plus que le poisson ne vit dans l'eau et de l'eau.

Ceux qui nient Dieu vivent de Lui et ne s'en aperçoivent pas. Ils sont comme ceux qui travailleraient à la lumière du jour et qui nieraient le soleil qui les éclaire, parce que son disque serait caché par quelques vapeurs ou quelques nuages.

Du Créateur, comme du soleil, on doit dire :

> Le Dieu, poursuivant sa carrière,
> Versait des torrents de lumière
> Sur ses obscurs blasphémateurs.

Si un aveugle ne peut voir le soleil, il en sent néanmoins les rayons ; il n'en voit pas les splendeurs, mais il en sent la chaleur. Nous ne voyons pas Dieu, mais cependant nous sommes pressés entre ses bras. Nous ne voyons pas son visage, mais nous reposons sur son Cœur.

Dire de Dieu qu'il est le *Bien*, la *Fin*, la *Perfection* de toutes les créatures, ne signifie pas autre chose, sinon qu'Il leur communique, jusqu'à la *fin*, jusqu'à la *plénitude*, jusqu'à leur entière satisfaction, le bien que leur nature demande.

Considérons la fleur.

Elle tend vers le soleil comme vers sa fin pour en aspirer la lumière et la vivifiante chaleur. A peine est-elle sortie de son bourgeon, où elle attendait précisément cette lumière du soleil, qu'elle se tourne vers lui pour recevoir le baiser de ses rayons et lui envoyer, avec le sourire de sa corolle qui s'entr'ouvre, l'encens de son cœur embaumé.

Si on l'enferme dans un lieu obscur, la pauvrette s'étiole et cherche une ouverture qui lui permette d'aller se baigner dans la lumière : elle cherche son unique *bien.*

Ainsi en est-il de toutes les créatures par rapport à Dieu.

Toutes tendent vers Lui, comme vers leur *fin,* leur *bien unique.*

Il semble exagéré de dire que toutes les créatures *aiment* Dieu, parce que ce mot paraît ne convenir qu'aux êtres intelligents. Or Saint Thomas n'a pas jugé que cette expression fût exagérée. Il n'a pas jugé qu'elle manquât de vérité : « Dieu, dit-il, est le bien commun de toutes les créatures, et c'est parce qu'Il est le bien commun de toutes choses, que tout être *L'aime* naturellement. »

Dans un autre passage il dit de même : « C'est parce que Dieu est le bien commun de tous les êtres, que tout être *aime* naturellement Dieu *plus que lui-même.* »

Saint Augustin avait déjà dit : « Seigneur, vous êtes un Dieu aimé de tout ce qui est capable d'aimer, soit qu'il Vous connaisse, soit qu'il ne Vous connaisse pas. »

L'existence de toute créature n'est qu'un *seul acte d'amour de Dieu,* de son *bien.*

Le Créateur est tellement le *bien* de tous les êtres et, par conséquent, de l'homme, qu'Il n'a jamais fait à celui-ci un commandement de *s'aimer lui-même*, selon la remarque de Saint Augustin, parce qu'en L'*aimant*, il s'aime nécessairement *lui-même*.

C'est par la Bonté de Dieu que nous possédons quelque chose, c'est par elle que nous possédons davantage, c'est-à-dire que nous devenons meilleurs. C'est par elle que nous pouvons acquérir tout le bien dont nous sommes capables de jouir : le bonheur parfait, notre béatitude ; nous ne pouvons nous aimer qu'en aimant Dieu, qui, Seul, peut achever et parfaire ce qu'il a commencé.

Comment Dieu ne serait-il pas notre bien, tout notre bien, notre bonheur? En effet :

Le but qu'Il s'est proposé en créant le monde achève de nous faire connaître clairement cette vérité.

Pourquoi Dieu a-t-il créé le monde ?

Puisque tout être intelligent agit pour un but, Dieu s'en est donc proposé *un*, en créant le monde.

Quel est-il?

Évidemment, Dieu n'a pu agir par un motif extérieur à Lui-même, puisqu'il n'existe rien en dehors de Lui.

Ce motif n'est pas autre que sa *Bonté :* Il n'a

pu agir que par amour de cette Bonté intime à laquelle il est naturel de se communiquer, de se donner sans cesser d'être *libre*.

En effet, Dieu n'a pas créé le monde par *nécessité* : la liberté est une perfection, et par conséquent elle convient nécessairement à Dieu comme toute perfection.

Il n'a pu le créer par *intérêt* : étant le *Bien souverain*, Il ne peut rien acquérir ;

ni par *justice* : Il ne doit rien au néant et demeure libre de lui donner l'existence ;

ni par *amour* : comment aimer ce qui n'est pas ?

Reste donc, que Dieu a créé le monde par *pure bonté*, c'est-à-dire pour communiquer ses biens aux créatures.

Aussi, Saint Thomas dit avec raison :

« Dieu est le seul Etre parfaitement généreux parce que, Seul, Il n'agit pas pour son *intérêt*, mais à cause de sa *bonté*. »

D'ailleurs, pour bien concevoir que la Bonté est le *fond* de la nature de *Dieu*, il suffit de considérer que cette vertu est le *fond* même de la nature de l'homme, le seul être d'ici-bas fait à *son image*.

Oui, la *bonté*, dit Lacordaire, cette vertu adorable qui n'a besoin, pour être mise en action, ni de la vue de l'intérêt, ni de l'attrait du beau, ni de l'obligation de l'ordre et du devoir, mais qui n'a besoin que de consulter sa propre nature pour se pencher vers un objet d'autant qu'il est plus pauvre, plus misérable, plus abandonné, plus repoussant, la *bonté* est véritablement *dans l'homme*.

Elle comprend toute sa vertu. Ni le génie, ni la gloire, ni l'amour ne mesurent la grandeur de l'âme, mais bien la *bonté* vraie, pure, humble.

C'est elle qui donne à la physionomie humaine son premier et plus invincible charme; c'est elle qui rapproche les hommes les uns des autres, qui établit entre eux une communication de biens, et constitue le *lien* principal et le plus solide de la société.

« Quand Dieu fit le cœur de l'homme, Il y mit *premièrement* la *bonté* », dit Bossuet. « Cet auteur n'eût-il dit que cette seule parole, je le tiendrais pour *un génie* », ajoute Lacordaire.

La *bonté*: tel est le *fond* de la nature de l'homme, tel est donc aussi le *fond* de la nature de Dieu. C'est le propre de Lui seul, de *donner*, de *faire du bien*, sans rien recevoir.

Il est le *Bien donnant* ou le *Bienfaisant* d'une manière absolue, purement et uniquement.

« *Personne n'est bon si ce n'est Dieu seul* »,

nous dit l'Evangile. Aussi cette qualité est tellement celle que nous concevons comme étant le fond même de la nature de Dieu, qu'elle est devenue son nom populaire.

On l'appelle : *Le* **bon** *Dieu*.

Les anciens écrivaient au frontispice de leurs temples :

Au Dieu très bon et très grand!
Deo Optimo et Maximo!

Les Saints Pères nomment Dieu simplement le *Bon*, le *Tout bon*, *Omnibonus*; le *Superbon*, *Superbonus*.

Tout de Dieu,
Tout en Dieu,
Tout vers Dieu ou *à Dieu* :

Tel est donc le *résumé* de tout ce chapitre.

Il est le *commencement*, le *milieu* et la *fin* de toutes choses.

Il est le *Tout* du *tout* de *toute* créature.

Ego sum Alpha et Oméga, Principium et Finis, a dit le Seigneur.

L'existence de toute créature n'est réellement qu'un *seul acte d'amour* du *bien* de Dieu.

On lit dans le livre de *l'Imitation* ces sublimes paroles :

« C'est quelque chose de grand que l'amour, et un bien au-dessus de tout bien. Rien n'est plus doux, rien n'est plus fort, plus élevé, plus étendu, plus délicieux ; il n'est rien de plus parfait ni de meilleur au ciel et sur la terre, parce que l'amour est né de Dieu, et qu'il ne peut se reposer qu'en Dieu. »

Il nous reste à nous rendre compte de *quelle manière* se vérifient pour *l'homme* en particulier ces dernières paroles, de quelle manière Dieu est son *bien parfait*.

CHAPITRE IV

Le bien ou bonheur parfait de l'homme en particulier, c'est Dieu VU, aimé, possédé éternellement dans une autre vie.

Dieu est la fin ou *le bien de toutes choses* : c'est ce que nous avons vu dans le chapitre précédent.

Si tous les êtres atteignent en ce monde leur *but*, leur fin *complète, excepté l'homme seul*, nous devons forcément conclure qu'il y a pour celui-ci une *autre vie* où il atteint la sienne ; il ne peut pas être la seule créature qui n'obtienne pas sa fin ou son bien.

Dieu est la fin et le bien de toute créature, et, par conséquent, l'homme, le *roi*, le *chef-d'œuvre* de la création, ne peut pas être *tronqué* ou *manqué*.

Or, voici le fait incontestable qui s'offre à nos yeux :

Si l'on étudie avec attention tous les êtres de la création: dans leur nature, leurs facultés et leurs rapports, on voit que tous ces êtres accomplissent leur destinée entière dans la **vie présente,** *excepté* **l'homme.**

Lui *seul*, disons-nous, a un être et des facultés dont la portée s'étend visiblement *au delà* des limites de cette vie; seul, il éprouve des besoins et ressent des aspirations qui dépassent infiniment toutes les satisfactions de la terre, tandis que toutes les autres créatures possèdent ici-bas tout le bien convenable à leur nature, tout le bien qu'elles peuvent posséder.

Voyons plutôt.

Éléments

En admirant la perfection des êtres inanimés: la terre, l'eau, l'air, le feu, le soleil, la lune et tous les autres astres, nous voyons que non seulement tous ces êtres tendent à un *but*, mais aussi que tous *aboutissent* à leur *but*.

Plantes

Regardons cette fleur qui demain ne sera plus; aujourd'hui du moins, elle est entièrement développée; on ne peut la concevoir plus belle, en son genre; elle a atteint *toute* sa perfection.

Mais considérons principalement les animaux qui sont les êtres les plus rapprochés de l'homme, quoique infiniment distants en dignité.

Animaux

Leurs facultés et leurs dispositions naturelles ou acquises ne dépassent pas les proportions de la **vie présente.**

En effet, chez tous nous ne découvrons pas autre chose que d'admirables organismes montés chacun pour quelque but extrêmement limité, au delà duquel ils ne peuvent rien acquérir. L'araignée tisse sa toile; l'abeille façonne artistement sa ruche, l'oiseau son nid, le castor sa cabane, comme ils le faisaient il y a 2.000 ans. Le cheval et le bœuf nous rendent toujours les mêmes services pour lesquels ils ont été créés. Le lion et le tigre sont toujours armés des mêmes armes pour déchirer leur proie. Ni ces espèces, ni les autres, même les plus industrieuses, ne savent rien au delà de ce qu'on pourrait appeler leur spécialité exclusive.

Ce que sait faire une espèce, elle l'a toujours su et le saura toujours, mais rien de plus; de sorte qu'on peut affirmer d'une manière générale que les animaux *n'inventent* rien, ni *ne perfectionnent rien*. Chaque espèce naît avec toute sa science; d'elle-même elle n'en acquiert point d'autre, et le progrès lui est à peu près inconnu.

Les animaux naissent presque *tout formés*; ils atteignent en peu de temps le terme assigné à leur espèce et leur être complété s'arrête toujours au même point. Des siècles de vie n'ajouteraient rien aux connaissances d'un animal, ni à la perfection de ses actions; même après le plus long temps, la mesure de ses désirs et de ses jouissances ne serait point agrandie. En un mot, cet être n'aspire à aucun *progrès* de lui-même, parce qu'il possède *en cette vie toute sa fin*, toute sa perfection.

Vainement a-t-on dit que si les animaux ne progressent pas, c'est parce qu'ils ne vivent pas en société; car qui les en empêcherait?

Mais à les considérer tels qu'ils sont, n'est-ce pas un fait que plusieurs espèces, les éléphants, les chevaux sauvages, les singes, etc., savent se réunir par troupes, c'est-à-dire en une sorte de société commencée? Pourquoi n'ont-ils pas perfectionné cette ébauche de société?

— C'est, dira-t-on, parce qu'ils n'ont pas le don de la *parole*.

— Mais n'est-il pas évident que la parole ne peut être que l'expression de *la pensée*?

Plusieurs espèces d'animaux (perroquets, corbeaux), apprennent de nous à proférer quelques mots, et ils en pourraient en articuler un grand nombre d'autres ; mais d'où vient qu'ils n'ont pas comme nous l'usage de la parole ? d'où vient qu'on leur apprendrait en vain un langage, si ce n'est de ce que la *raison* leur manque, et qu'un langage ne peut être que l'expression de *l'intelligence* ?

Tout ce que nous emprunte *l'instinct imitateur* de quelques espèces consiste à reproduire des actions *extérieures* qui nous sont familières, mais ce ne sont que des *singeries*, des contrefaçons grossières, et ces imitations, par une espèce de miracle, s'arrêtent devant certains actes faciles à imiter que la Sagesse providentielle leur a strictement interdits. Par exemple, les singes viennent volontiers se chauffer aux restes des feux qu'ont allumés les sauvages dans les forêts, mais jamais ils ne se sont avisés d'entretenir ces feux en y jetant du bois, comme ils l'avaient vu faire aux sauvages. La Providence n'a pas voulu qu'ils aient le pouvoir de détruire.

Quoique les singes aient des *mains* et de plus le goût de *l'imitation*, cependant, loin d'avoir inventé quelque art, ils ne peuvent même pas imiter quelque chose de nos arts les plus simples, de ceux que possèdent les hommes les moins avancés en civilisation.

Malgré l'infériorité si évidente des animaux comparés à l'homme, il est de fait que plusieurs espèces se signalent par une *industrie* remarquable, et exécutent des travaux d'une admirable perfection. Ainsi, le castor possède l'art de faire des chaussées, d'élever des digues, de construire des cabanes dans l'eau : ces actions sembleraient supposer chez celui qui les exécute une intelligence très développée.

Nous avons connaissance des merveilleux travaux des abeilles, des araignées, des fourmis, etc.

Que faut-il conclure de là ? Nous l'avons dit : tout cela, il est vrai, se fait par raison, mais cette raison ne réside que dans le Créateur.

Ce que les animaux font, ils le font toujours bien, sans tâtonnement et du premier coup ; ils le savent sans l'avoir appris et ils ne peuvent le faire mal. Il ne faut ni instruction, ni expérience aux abeilles, aux araignées, aux fourmis, pour construire leurs rayons, leurs toiles, leurs galeries souterraines et leurs magasins. Ainsi en est-il de toutes les industries propres à chaque espèce.

Il se rencontre parmi les animaux, comme dans l'humanité, des individus qui se montrent notablement supérieurs à ceux de leur espèce.

On trouve des animaux qui ont eu recours à quelques petites ruses pour se procurer la nourriture ; des animaux qui dénoncent à leur manière l'assassin de leur maître ; des animaux qui se vengent par quelques petites malices ; des animaux reconnaissants ; des animaux amis de la musique, etc. ; mais ce qu'on ne peut trouver, c'est quelque chose qui sorte de la sphère des choses *sensibles :* de tous les exemples qu'on peut citer, il n'en est aucun qui n'ait rapport aux choses qui sont l'objet des *sensations*.

On trouve aussi des animaux dressés par l'homme ayant acquis des aptitudes particulières ; mais ces aptitudes sont dues à l'initiative de l'homme seul. De plus, il faut remarquer que ce qui est acquis à l'individu ne l'est pas pour l'espèce, et l'histoire des animaux demeure toujours la même dans tous les siècles.

Enfin, ce qui prouve encore l'infériorité des animaux comparés à l'homme, c'est l'admiration qu'excitent les rares choses qu'on peut leur apprendre : on ne s'étonne de ce qu'on a pu leur apprendre que parce qu'il s'agit d'animaux sans raison ; on ne s'en étonnerait pas dans un enfant ou dans le plus ignorant des hommes.

C'est donc un fait bien certain :

Ni dans les actes que les animaux produisent d'eux-mêmes, ni dans ce qu'ils apprennent ou imitent de l'homme, ni dans ce qu'ils savent de quelque manière que ce soit, on ne remarque rien qui sorte des choses terrestres, sensibles, ayant rapport à la vie présente.

Ils ne s'élèvent point au-dessus du train monotone d'une vie machinale. L'ordre purement intellectuel, « l'idéal » n'existe pas pour eux ; ils n'observent pas les merveilles de la nature ; ils ne contemplent pas les astres et ne cherchent pas la raison des choses.

Mais ce qu'il importe de constater par-dessus tout, au point de vue qui nous occupe, c'est que l'animal est totalement étranger à l'idée d'*une autre vie.*

Tout ce qui a vie sur la terre est sujet à la mort ; mais *l'homme seul sait qu'il meurt* ; seul il voit au delà du tombeau.

Rien n'indique chez les animaux aucun souci d'un *avenir* : tous leurs instincts sont restreints dans *la vie présente.*

Plusieurs espèces sont admises au foyer de nos familles ; elles vivent en quelque sorte dans notre intimité ; il nous a donc été facile de les étudier de près et de saisir le secret de leurs dispositions les plus cachées. Cependant a-t-on jamais pu surprendre en elles la plus légère marque d'une aspiration quelconque au delà *des choses de la terre* ?

Il y a des espèces auxquelles nous avons su ménager un abri et une nourriture auprès de nos demeures ; tous les jours, il nous arrive de faire disparaître quelqu'un des membres de cette petite société formée pour notre usage, et on ne prend pas même la peine d'en faire un mystère. Or ceux qui restent ne paraissent pas s'en apercevoir ; conduits à leur tour à la mort, ils ne s'en doutent pas. Rien n'a pu éveiller leurs soupçons à notre égard.

Plusieurs autour de nos habitations entendent les derniers cris de leurs semblables qu'on vient de tuer ; ils en voient couler le sang, et ils ne songent pas à fuir l'assassin de leurs frères ; ils ne frémissent pas, à la vue de l'instrument de mort dont ils le voient armé. D'autres parcourent stupidement les rues de nos villes, où sont suspendus les restes sanglants de leurs frères égorgés, et ils n'en détournent pas la vue ou plutôt ne les reconnaissent pas. Ce massacre général qui dure depuis tant de siècles ne leur a pas encore appris ce que c'est que de mourir.

Tout animal, il est vrai, est doué d'un instinct inné par lequel il se met en garde contre les agents de destruction qui menacent son existence (on remarque aussi dans l'homme des mouvements sensibles de cette nature plus prompts que la pensée); mais il y a loin de cette loi toute mécanique, à une connaissance réfléchie et positive de la mort.

Si l'animal pensait à la mort, s'il avait l'idée d'une autre vie meilleure pour lui que la vie présente, les maîtres de la science n'auraient pas manqué d'en découvrir quelque marque.

On a écrit des volumes d'observations sur les animaux, et cela dans tous les siècles et dans tous les pays civilisés : a-t-on jamais recueilli et consigné un seul fait positif qui laisse entrevoir en eux la preuve d'une vie à venir? A-t-on jamais vu un animal s'arrêter pensif près du cadavre d'un de ses semblables, comme comprenant la loi de la mort et faisant un retour de sérieuses réflexions sur sa propre destinée? Il passe avec indifférence.

On cite, il est vrai, quelques exemples d'animaux qui ont refusé obstinément toute nourriture, et sont morts, dit-on, du chagrin d'avoir perdu un être aimé.

Mais croit-on sérieusement qu'ils aient eu la pensée de se laisser mourir de faim?

Sous l'influence d'une affliction qui leur ôtait

le sentiment de la faim, ils s'affaissaient peu à peu et mouraient d'inanition sans avoir prévu leur sort : telle est la seule explication qu'autorise l'ensemble de toute leur vie.

Quoique nous n'ayons pas une connaissance parfaite de ce qu'éprouvent et ressentent les animaux, comparativement à ce que nous éprouvons et ressentons nous-mêmes, cependant nous en savons assez là-dessus pour être autorisés à conclure que leurs **douleurs** *ne sont pas comparables aux nôtres.*

Remarquons d'abord qu'il n'y a qu'un petit nombre d'espèces et, dans chacune de ces espèces, un nombre assez restreint d'individus qui aient à souffrir de mauvais traitements d'une nature grave ; qu'au contraire, chez plusieurs peuples, les animaux sont même l'objet d'un culte superstitieux.

Certains hommes, il est vrai, se montrent barbares envers eux et on ne saurait trop flétrir leur cruauté stupide ; on ne peut donc nier qu'un certain nombre d'animaux n'aient à souffrir de la part des hommes ; mais ce serait une grande erreur de notre part, si nous jugions de la *nature* et de *l'intensité* de leurs *souffrances* d'après les nôtres.

Un très grand nombre d'entre eux, particulièrement dans certaines classes, comme les insectes, les poissons, ne paraissent être doués que d'une sensibilité très limitée, à tel point qu'on pourrait presque se demander s'ils souffrent.

Si on arrache la jambe d'une mouche, elle va et vient comme si elle n'avait rien perdu. Après le retranchement d'un membre aussi considérable, il n'y a ni évanouissement, ni convulsions, ni cri; ni aucune marque de douleur!

Des enfants cruels *s'amusent* à leur enfoncer de longues pailles dans l'anus; elles s'élèvent en l'air ainsi empalées; elles marchent et font leurs mouvements ordinaires sans paraître s'en apercevoir. D'autres prennent des hannetons, leur rompent une grosse jambe, leur passent dans les nerfs et les cartilages de la cuisse une forte épingle et les attachent avec une bande de papier à un bâton. Ces insectes simplement étourdis volent en bourdonnant tout autour du bâton, sans se lasser et sans paraître éprouver la moindre souffrance.

Quelqu'un coupa un jour la corne charnue et musculaire d'une grosse chenille qui continua de manger comme si rien ne lui fût arrivé.....

Un voyageur vit sur mer un *thon*, à qui un des matelots avait enlevé un lopin de chair de la nuque, d'un coup de harpon, qui s'était rebroussé sur la tête: ce gros poisson suivit le vaisseau, plusieurs semaines, sans qu'aucun de ses compagnons le surpassât à nager ou à faire des culbutes.

D'autres animaux, il est vrai, les plus parfaits, c'est-à-dire ceux dont l'organisation se rapproche le plus de la nôtre, paraissent quelquefois vivement souffrir; mais qu'est-ce que leur sensibilité comparée à celle de l'homme?

Les animaux, même ceux qu'on croit les plus sensibles, souffrent incomparablement moins que nous.

Ils ne connaissent pas les peines du cœur et de l'esprit; ils ne sont pas agités de ces passions déréglées et insatiables qui troublent la société humaine; ils n'ont pas une imagination ingénieuse à se créer des peines; ils n'aggravent pas leurs douleurs par les appréhensions et par l'impatience.

Bornés en toutes choses, ils n'ajoutent rien à leurs propres maux, en prenant part à ceux de leurs semblables; ils ne sont occupés que de leurs besoins *actuels*.

Les animaux ont peu de maladies, comparativement à l'homme, surtout ils n'ont point de ces maladies compliquées, suites de nos souffrances morales, ou héritage des vices de nos pères.

Dans les maux du même genre que les nôtres, ils souffrent beaucoup moins que nous ; car ce sont surtout les dispositions de notre âme qui font l'intensité de nos douleurs.

A la fin de leur carrière, ils n'éprouvent ni les regrets du passé, ni les inquiétudes de l'avenir, comme il arrive pour l'homme, et la mort n'est pas autre chose pour eux que la sensation plus ou moins terrible qui l'accompagne, douleur peu considérable.

Nous sommes donc amenés à cette conclusion :

Il n'y a rien dans les facultés, ni dans les dispositions naturelles ou acquises des animaux, qui ne se rapporte pas à la **vie présente** *; cette vie étant achevée, leur destinée est accomplie, il n'y a rien dans leur condition qui exige une* **autre vie** *pour eux.*

Considérons maintenant :

L'HOMME

Lui seul entre tous les êtres, avons-nous dit, n'obtient pas ici-bas sa *fin*, c'est-à-dire son *bien parfait* ou *total*.

Le bonheur parfait n'est pas dans ce monde: c'est une vérité passée en proverbe, tellement elle est un fait évident.

Mais ce qu'il importe surtout de comprendre, c'est **l'infinité** de cette *imperfection* ou *inachèvement*, et **l'absolue impossibilité** de la *perfection* du bonheur *en ce monde*.

Ce n'est qu'à cette condition qu'on voit clairement la conclusion qui en découle forcément, à savoir : la *perfection du bonheur* dans une **autre vie**.

§ I

L'HOMME N'ATTEINT PAS SA FIN, C'EST-A-DIRE SON BONHEUR PARFAIT, EN CE MONDE

Avant de constater l'insuffisance absolue des *biens* de ce monde à satisfaire l'homme, à lui procurer le *bonheur parfait*, jetons un coup d'œil sur l'étendue de ses *maux*.

Maux de l'Homme

Considérons d'abord la condition générale de l'humanité :

La faiblesse de l'enfance ;

Les agitations de la jeunesse ;

Les travaux de l'âge mûr ;

La vieillesse, les infirmités et la mort, l'inévitable mort.

Voilà, en quelques mots, le résumé ordinaire de la plus longue vie, et il est d'expérience qu'aucune de ces étapes diverses ne nous offre le bonheur *parfait*.

L'homme n'est pas heureux dans son *enfance* à cause des souffrances de son corps et de l'état non développé des facultés de son âme, et à cause de l'assujettissement, de la contrainte qu'on est obligé de lui imposer.

Il n'est pas heureux dans sa *jeunesse* où les passions viennent l'assaillir et le rendent esclave; où il est la dupe de ses illusions et de son inexpérience ; où il n'apprend à se conduire dans la vie qu'à force de déceptions et de mécomptes.

Il n'est pas heureux dans *l'âge mûr* où il est tourmenté par l'ambition, par les soucis et les désappointements de toute espèce ; où son existence est empoisonnée par mille sources de chagrins, qui se rencontrent à chaque pas : rivalités, perfidies, injustices, ingratitude, etc.

Il n'est pas heureux dans la *vieillesse*, âge d'affaiblissement et de décadence, où l'homme regrette le passé et appréhende l'avenir, où il est en proie aux infirmités ; où il a toujours devant les yeux la triste image de la mort.

Ayant jeté ce coup d'œil sur la condition de l'ensemble de l'humanité, regardons maintenant l'étendue de notre misère naturelle dans un simple fait que nous oublions trop souvent (*).

(*) REYNAUD

C'est **la faim** qui fait couler sur le visage humain cette perpétuelle sueur dont il est question dans la Sainte Ecriture : « *Tu mangeras ton pain à la sueur de ton front* ».

Bon gré, mal gré, il faut nous résoudre à la verser, car c'est de quoi nous vivons, et si nous regardions bien à ce que nous mangeons, nous saurions que cela est tout imprégné de sueur d'hommes. Combien il s'en répand, en combien de lieux, sur combien de fronts, dans combien d'opérations différentes, pour la création d'une seule bouchée de pain! Cela étonne quand on y pense en détail, et l'on y découvre bien vivement le triste état de l'homme sur la terre, qui ne peut se soustraire au tourment de la faim qu'en se tourmentant lui-même de tant de manières.

Commençons par celui qui laboure le sol après l'avoir péniblement défriché ; voyons celui qui a arraché du fond de la terre, pour le livrer à la forge, le fer de la charrue; celui qui marche dans les sillons pour les ensemencer, celui qui fait la moisson, celui qui fait le battage ou la mouture, celui qui pétrit avec tant d'efforts, celui qui veille pour entretenir le feu et achever la cuisson.

Que de multitudes en haleine pour une bouchée de pain ! En poursuivant l'analyse de toutes les sueurs qu'elle a causées, et dont elle représente en quelque sorte « l'essence », nous trouvons tous les métiers.

Que serait-ce donc si, au lieu de nous borner à un simple morceau de pain, le strict nécessaire pour ne pas tomber d'épuisement, nous considérions ce qui nous est nécessaire pour un repas convenable ! — On n'oserait pas, même à la table la plus frugale, la plus sobre, éveiller l'idée des fatigues, des dangers de toutes sortes endurés sur terre et sur mer, même dans les profondeurs souterraines, pour produire ce peu d'aisance et de bonne chère qui s'y rencontre, de peur d'y étouffer la joie, et d'y faire paraître abominable la délicatesse la moins recherchée, par le souvenir des souffrances physiques et morales dont on y savoure étourdiment les fruits, et de peur encore d'y faire tomber des larmes de compassion et de découragement parmi les coupes.

Aussi la misère de notre condition est partout.

Nous réunissons-nous pour nous égayer un instant en respirant de compagnie : cette misère est là au milieu de nous ; elle se cache d'autant plus grande qu'il y a plus de richesse dans le service, et si nous ne la voyons pas, c'est grâce à la légèreté de notre esprit et parce que nos yeux ne veulent toucher que la superficie des objets.

Mais partout où le luxe nous sourit, ôtons le masque et nous verrons dessous, les visages qui pleurent.

Mais non seulement la production d'un *seul morceau de pain* nécessite le concours d'une multitude de métiers; indirectement, elle nécessite tous les métiers sans exception. Qu'est-ce que l'activité humaine sinon une lutte opiniâtre contre la faim, contre la mort? C'est contre elle que se tournent tous les assauts et tous les efforts, toutes les dextérités et tous les outils du travail.

Le soc du laboureur, le marteau du forgeron, la rame du marinier ne sont occupés qu'à combattre l'éternelle famine souvent apaisée, toujours renaissante; bataille d'où résulte le mouvement de vie des sociétés qui la livrent. *L'aiguillon de la faim* est, on peut le dire, *le sceptre du monde*.

La plante grandit sans avoir faim, et la bête mange sans travail; l'homme seul est à jamais condamné au *travail* pour vivre, à gagner son pain à la sueur de son front.

Ajoutons au souci de la nourriture celui des

vêtements et du logement. Ajoutons-y la lutte contre les intempéries des saisons, contre les *maladies* et *accidents* de toute espèce.

Tel est le nombre, telle est la gravité des maux qui attaquent l'homme dans son corps, que l'art de les guérir suffit à lui seul pour former une des sciences les plus compliquées, dont la pratique exige une profession à part.

Aux maux qui affligent l'homme dans son corps, ajoutons les *maux de l'âme*, les plus à craindre de tous. Excepté peut-être pour quelques douleurs atroces, qui, dans tous les cas, dureraient toujours peu, les maux du corps ne poussent que bien rarement au désespoir.

Il n'en est pas de même des souffrances de l'âme. Il est vrai de dire, sans doute, que ces souffrances se grossissent souvent d'une manière étrange par l'imagination, et par une irritabilité excessive : on est stupéfait, dans un grand nombre de cas, lorsqu'on apprend par les journaux la futilité des causes qui ont poussé au désespoir.

Cependant, quelque futiles que fussent ces causes, l'effet n'en était pas moins vivement senti, et, pour en dominer l'impression, il aurait fallu toute la force des solides convictions religieuses.

Tel est le tableau général des maux de l'humanité, tel en est le résumé.

Comparons maintenant l'homme aux animaux qui ont la nourriture et le vêtement faciles, et surtout qui demeurent étrangers à toutes les *douleurs morales* auxquelles l'homme est sujet, et demandons-nous si celui-ci n'est pas le plus misérable de tous les animaux.

Il est vrai que les progrès incessants de l'industrie humaine améliorent de jour en jour la condition physique de l'homme sur la terre. A en juger par ce qui s'est accompli en ce genre seulement depuis un siècle, on peut croire qu'il viendra un temps, où les hommes, en général, seront à l'abri de mille causes d'incommodité dont on ne sait pas encore se défendre.

Mais ce progrès tout matériel, bien tardif pour l'ensemble de l'humanité, n'affranchira pas les hommes des maladies, des chagrins, de la mort par-dessus tout, etc., et cette prospérité serait loin de répondre aux besoins de notre âme; nous le constaterons davantage un peu plus loin.

De plus, quelque développé que soit le bien-être sur la terre, il ne cessera jamais d'avoir pour condition nécessaire le *travail*, puisque la nature ne pourvoit pas d'elle-même à nos besoins.

Or, le travail, étant donnée notre faiblesse

naturelle, amène nécessairement la fatigue, et, par conséquent, il sera toujours pour nous *une peine*.

Sans doute, nous sommes essentiellement faits pour *agir*: l'action est notre premier besoin; mais, encore une fois, l'exercice de notre puissance d'action, par un travail tel que celui qu'exige notre condition sur cette terre, n'est pas le *bien suprême*. En même temps qu'il est un *bien*, le travail par suite du péché est devenu une *peine*.

Ayant considéré les « maux » de l'humanité, il faut maintenant en considérer les biens.

Biens de l'Homme

L'homme étant homme par son *esprit* ou sa *raison*, sa *perfection* ou son *bien*, avons-nous dit, consiste évidemment dans la possession de ce *pour quoi* un esprit est créé, c'est-à-dire de l'**Être-Vérité : Dieu.**

La *Vérité, cette viande des esprits*, est si délicieuse et donne à l'âme tant d'ardeur, lorsqu'on en a goûté, que lorsqu'on se lasse de la rechercher, on ne se lasse jamais de la désirer et de recommencer ses recherches, car c'est *pour Elle* que nous sommes faits. (MALEBRANCHE)

La Vérité est tellement la nourriture première

de l'homme qu'il renoncerait plutôt à la jouissance de tous les biens de la terre, que de perdre l'usage de la *raison* qui le rend capable de la connaître : sublime sentiment, dit St Augustin, dont lui seul est doué, qui montre combien la *Vérité* est sa vraie *Vie*.

C'est donc par l'entretien de son âme dans la connaissance de ce *Bien souverain*, que l'homme doit atteindre son bonheur.

C'est par la *Vision* de *toute vérité* qu'il pourrait arriver au bonheur *parfait* en ce monde, s'il pouvait atteindre *toute la vérité* en cette vie elle-même.

Voyons donc ce qu'il est possible d'en découvrir.

Si une satisfaction réelle pouvait être donnée à l'intelligence dans la *vie présente*, ce serait surtout chez les hommes qui marchent à la tête de la science humaine. Or, il est sûr qu'il n'en est pas ainsi.

Les travaux des plus illustres savants ou philosophes témoignent à la fois d'un insatiable désir de savoir et des bornes étroites de l'esprit humain dans sa condition actuelle.

De tout temps, on a cherché l'explication des problèmes et des mystères de ce monde, et on la cherche encore.

La fameuse thèse de la science de toute chose *de omni re scibili*, nous fait sourire par la naïveté d'une telle prétention dans une telle ignorance.

A l'époque moderne, après tant de siècles d'étude, les plus grands philosophes sont encore à proposer une *Méthode* à suivre dans les sciences ; leurs ouvrages principaux ont pour titres :

De la Recherche de la Vérité,
Essai sur l'Entendement (esprit) humain,
Nouveaux Essais,
Essais sur les Facultés de l'esprit humain,
Recherches philosophiques, etc...

Ces recherches, ces essais n'ont pas été tout à fait infructueux, sans doute ; mais ce qu'on a trouvé, qu'est-ce en comparaison de ce qu'on ignorera toujours dans ce monde où on ne voit la vérité éternelle qu'en *énigme* et comme dans un *miroir*, pour parler comme l'apôtre St Paul ?

Qu'est-ce surtout, en comparaison de ce que l'esprit humain désire savoir pour être *pleinement* satisfait ?

Mais d'où vient cette impossibilité absolue d'atteindre ce but tant désiré ?

Sans plus tarder, il faut le dire, notre âme aspire à **l'Infini**.

Tandis que l'animal étant dépourvu de raison demeure à jamais dans les limites infranchissables d'un *état de perfection déterminée*, l'homme tend au *progrès indéfini*.

Par son intelligence, il entrevoit *un idéal* qu'il poursuit sans relâche, ne pouvant jamais qu'en réaliser une bien faible partie.

De là, l'inquiétude perpétuelle qui agite l'esprit humain et ses efforts incessants pour agrandir la mesure de ses progrès.

Chaque siècle se croit grand parce qu'il ajoute quelque chose à ceux qui l'ont précédé ; mais bientôt des lumières inattendues font pâlir les merveilles dont on était si fier, et ces nouveaux prodiges ne tardent pas à être dépassés aussi à leur tour, sans que jamais l'on puisse approcher de *l'idéal* que notre esprit conçoit.

En dépit de tous les efforts, ces conquêtes et ces progrès de la science demeureront toujours infiniment loin de cet idéal.

« L'homme vraiment savant n'arrive jamais qu'à une savante ignorance. » (Pascal)

« La vérité est une pierre précieuse qui aime le séjour des abîmes. » (Byron)

« Ce que nous connaissons est peu de chose ; ce que nous ignorons est inimaginable. » (Laplace)

Écoutons ces étonnantes paroles de Newton mourant :

« Je ne sais ce que le monde pensera de mes travaux; mais pour moi il me semble que je n'ai été autre chose qu'un enfant jouant sur le bord de la mer et trouvant tantôt un caillou un peu plus poli; tantôt une aiguille un peu plus brillante, tandis que le grand *Océan* de la *vérité* s'étendait inexplicable devant moi. »

En supposant réunies toutes les meilleures conditions possibles, quels sont les progrès qu'il peut être permis à l'homme de réaliser sur la terre? Tout ce que peuvent faire les conquêtes successives de la science, c'est de *diminuer* les ténèbres de notre ignorance et la rigueur de notre dépendance des forces de la nature.

On parle beaucoup des progrès de notre âge moderne, et certes, ce n'est pas sans raison; cependant le progrès n'est point absolu.

D'abord, l'homme paraît avoir perdu de sa vigueur et de son énergie vitale, à en juger d'après ce qui nous a été transmis des âges héroïques de notre histoire, ou seulement par ce que nous savons des générations qui viennent de s'éteindre.

Or, personne n'ignore qu'un affaiblissement général dans les constitutions physiques, s'il allait toujours en s'aggravant, rendrait les hommes incapables de soutenir les grands travaux de l'esprit comme ceux du corps.

Le génie créateur, dans les arts, semble avoir perdu sa puissance ; les chefs-d'œuvre deviennent rares en tout genre. On dispute et on disputera encore longtemps si nous surpassons les anciens dans la *philosophie* et la *littérature*.

Il est incontestable sans doute que pour ce qui regarde la science et l'usage des *substances matérielles*, c'est-à-dire des corps, notre temps est entré dans une voie de progrès, dont rien n'approche dans les époques antérieures.

Qu'il nous suffise d'indiquer la *vapeur* et *l'électricité*, avec toutes les merveilles qui s'y rattachent, la *chimie* appliquée aux arts, la *photographie*, les *aérostats*, les constructions de *machines*, les procédés nouveaux dans la perfection des armes, etc., en un mot mille inventions de toute nature, dont la connaissance est familière à tout le monde.

Mais quel vaste champ à explorer encore, soit dans les sciences les plus avancées, soit surtout dans celles qui ne sont qu'ébauchées à peine, comme la *géologie*, la *météorologie*, l'étude des *infiniment petits*, etc. !

Il faut dire, en outre, que ce ne sont peut-être

pas les sciences dans lesquelles l'esprit humain s'est signalé par les plus belles découvertes, qui lui révèlent le moins les limites de sa connaissance dans ce monde.

Remarquons d'abord qu'un grand nombre de découvertes sont dues plutôt à un heureux hasard qu'à la puissance du génie de l'homme.

Quant à ce qui s'est obtenu par le génie lui-même et à l'aide du *calcul*, même alors toute la science se borne à constater les *faits* et leurs *lois* ; elle ignore la vraie *cause* des faits.

On connaît les effets de la chaleur, de l'électricité, etc., mais on n'en connaît pas le *fond essentiel* ; on ne connaît le *tout* de *rien*.

Jamais, on n'a pu définir la *matière* des corps, encore moins un *esprit*, et surtout expliquer le mystère de *l'union de l'un avec l'autre* : ce qui existe dans l'homme.

Mais admettons, si l'on veut, l'existence d'une marche progressive sous tous les rapports ; admettons le progrès indéfini sans variation ni mouvement en arrière, pour toutes les générations qui se succèdent dans les diverses parties du globe (on sait ce qu'il faut en rabattre) ; admettons qu'on parvienne à dominer complètement toutes les forces de la nature, à la pénétrer tellement qu'il n'y ait plus pour nous aucun mystère en elle.

Supposons un homme d'une science ou savoir si étendu, qu'il connût non seulement ce qu'il est possible de savoir au sujet de la terre que nous habitons, mais encore la grosseur, la distance, les conditions, les rapports de ces mondes qu'on ne peut pas compter au-dessus de nos têtes. Admettons qu'il sait si ces mondes, dont on ne peut pas mesurer la distance, sont peuplés comme le nôtre ; qu'il connaît les caractères, les coutumes, les lois, les langues de tous leurs habitants ; qu'il possède aussi tout leur savoir ; qu'il a étudié les plantes, les animaux et tout ce qu'il y a dans chaque étoile du ciel ; qu'il connaît le nom de chacune d'elles et tout ce qui lui concerne aussi bien qu'il connaît sa maison et ceux qui l'habitent.

Assurément, cet homme serait mille fois plus savant que ne l'ont été ensemble tous les savants qui ont existé depuis le commencement du monde jusqu'à nos jours.

Eh bien ! pouvons-nous penser que la *faim*, la *soif de savoir* seraient enfin rassasiées dans cet homme ? Non, certainement non.

Pour un être capable de connaître Dieu, tous les mondes ne sont presque rien.

A l'aide de l'imagination, nous pouvons très facilement nous représenter la grandeur de la terre. Mais ce n'est rien encore que la terre, quoiqu'elle ait 40 millions de kilomètres de circonférence : nous savons qu'elle n'est elle-même qu'un *atôme* dans l'immensité.

Eh bien ! voyageons toujours par la pensée, d'étoiles en étoiles, de soleils en soleils, figurons-nous ces grands corps aussi vastes que la terre, séparés par des espaces sans fin et plus nombreux que les sables de la mer. Quand nous avons ainsi accumulé toutes ces grandeurs et tous ces nombres, épuisé toutes les ressources de la science et du calcul, nous sentons encore une force qui nous pousse en avant, au delà de ce qui existe, au delà de l'imaginaire, au delà du possible.

Malgré tous les efforts que nous pourrions faire pendant des milliers et des milliers d'années, il nous serait impossible de ne pas concevoir un espace toujours *plus* grand qui contiendrait le précédent.

Qu'est-ce à dire ? notre esprit conçoit l'**Etre** qui n'a pas d'espace, ni de mesure : l'**Infini**. C'est l'infini qui fait le fond de notre esprit.

L'immense univers n'est rien devant notre âme.

Avec un seul mot elle l'exprime. Elle le renferme dans une pensée qui peut encore en renfermer des milliards et des milliards d'autres encore plus grands que celui-ci. Car tout ce qui a des bornes ou limites comme les corps, quelque grand que ce soit, peut être renfermé, compris, contenu, emprisonné dans la pensée de l'homme, tandis que la pensée qui n'a pas de limites ne peut être renfermée, emprisonnée par rien.

Une sainte âme disait avec raison qu'elle comprenait, qu'elle embrassait, qu'elle débordait l'univers, mais que l'univers ne pouvait la comprendre, l'embrasser, la contenir.

Rien de *créé* ne peut satisfaire *l'esprit*. Au delà de tous les êtres créés, limités, bornés, mesurés, il découvre l'**Etre** *non créé*, c'est-à-dire qui a son *être par lui-même*, l'*Etre* qui a la plénitude de l'être, l'*Océan* de tous les êtres, l'*Etre* sans mélange de non-être.

Notre esprit dépasse toutes les limites du *mouvement*, du *temps*, de l'*espace* et du *nombre*.

Au-dessus de tous les *mouvements* innombrables qui se succèdent dans les créatures, il découvre l'Être qui donne le mouvement et ne le reçoit pas d'un autre : l'**Immobile**.

Au-dessus de tous les *temps* passés et futurs, il découvre ce qui n'a pas de changement, pas de succession, le présent, l'**Eternel**.

Au-dessus de tous les *espaces* imaginés et

imaginables, il découvre ce qui n'a pas de mesure, pas de grandeur : l'**Immense** ou Incommensurable.

Au-dessus de la multiplicité du *nombre* qui ne peut être infini, puisqu'il serait Dieu, il découvre ce qui ne peut pas être nombré : l'**Un**.

En un mot, au-dessus de tous les *êtres* qui ont reçu leur être, il découvre Celui-là seul qui a son être *par lui-même*, à savoir : Celui qui est **Tout Etre**.

Or l'*Immobile*, l'*Eternel*, l'*Immense*, l'*Un*, le *tout Etre* ou le *Grand Tout*, ne sont qu'un seul et même Etre : **Dieu, l'Infini**.

Cet Être que nous atteignons par notre pensée, est Celui dont on a pu dire : « Si tout le monde était rempli de livres, si toutes les créatures étaient autant d'écrivains, et si toute la mer était convertie en encre, les livres seraient plus tôt remplis, les écrivains plus tôt lassés, et la mer plus tôt épuisée, que l'on n'exprimerait une seule de ses perfections ».

Sans doute, nous concevons un être qui puisse posséder toutes les perfections des anges, la grandeur des cieux, la vertu des plantes, la beauté des campagnes, l'éclat des fleurs, la fraicheur des vallées, la douceur des saveurs, les délices des odeurs, la sagesse des sages, la force des forts, la sainteté de tous les Saints, l'être de tous les êtres, mais nous concevons un être *supérieur*, un être *au-dessus* de l'être de tous et de chacun des êtres, possédant *tout Etre*.

Cet Être souverain dont nous avons l'idée, n'est ni ce qu'il y a d'agréable dans les saisons, ni l'éclat de la lumière, ni la mélodie des sons, ni l'odeur des fleurs, ni la douceur des parfums, ni la délicatesse des saveurs, ni quoi que ce soit qui puisse tomber sous les sens; mais il est l'*Etre* qui est une lumière au-dessus de toutes les lumières, quoique les yeux ne la puissent voir; une voix au-dessus de toutes les voix, quoique les oreilles ne la puissent entendre; une odeur au-dessus de toutes les odeurs, quoique le nez ne la puisse sentir; une douceur au-dessus de toutes les douceurs, quoique le goût ne la puisse goûter; car cette souveraine lumière éclaire sans avoir de lieu; cette voix résonne sans être portée dans l'air; cette odeur se sent sans être poussée par les vents; et ce goût donne du plaisir où il n'y a point de palais pour le goûter.

Cet Etre souverain, dit Lacordaire, est l'**Unité** absolue, éternelle, infinie en être, l'**Océan** sans rivages, le **Centre** sans circonférence, la **Plénitude** qui se contient elle-même, le **Tout** hors duquel tout ce qui est n'est que son *Ombre*.

En effet, le ciel, la terre, les mers, les hommes même, tout ce que nous voyons, en un mot, tout le monde créé est empreint d'un tel caractère de changement et de petitesse, que nous n'y reconnaissons rien de la grandeur renfermée dans ce mot puissant : **Etre**, le plus puissant que nous puissions appliquer à Dieu ; car *aucun nom* ne peut l'exprimer.

Les langues humaines ont épuisé toute leur énergie pour exprimer le néant des choses visibles.

Quelle que soit la bonne volonté du plus grand génie qui veut exprimer au juste l'excellence de la réalité du monde créé, tout ce qu'il peut faire de plus en sa faveur, est d'y découvrir *une ombre* de l'**Etre** de Dieu.

Le poids d'une montagne n'est ni augmenté ni diminué par son ombre : tel est Dieu par rapport à toutes ses créatures, et tel est cet **Etre Souverain, Ineffable, Incomparable**, dont nous avons « l'idée », dont nous découvrons « l'existence ».

Mais allons plus loin.

Ce n'est pas seulement toute la science qu'on peut acquérir en ce monde avec la seule raison et la seule expérience, qui serait incapable de contenter pleinement l'intelligence de l'homme qui la posséderait, mais aussi *toute la connaissance de « l'Infini » ou Dieu*, autant qu'on peut l'augmenter en ce monde, à l'aide de tout ce que Dieu lui-même nous « *a révélé* » *de Lui dans la Sainte Ecriture qui est sa* « *parole écrite* », et à l'aide de tous les raisonnements qu'on peut faire en s'appuyant sur sa propre Parole.

Toutes les connaissances que l'on pourrait acquérir ainsi, ne pourraient jamais faire dire à une âme : *c'est assez ; je ne désire plus rien connaître.*

Au contraire, plus on connaît Dieu, plus on désire Le connaître davantage, et surtout ici il s'agit de dire : *Beaucoup de science rapproche de Dieu, peu en éloigne.*

Les plus hautes ou sublimes vérités sont celles qui réjouissent le plus notre esprit, et voilà pourquoi la moindre *connaissance* de l'*Infini*, c'est-à-dire de *Dieu*, nous procure plus de satisfaction spirituelle que toutes les connaissances qui se rapportent aux choses de ce monde, de même que le moindre rayon de soleil est plus clair que le plus grand de la lune ou des étoiles, et même plus lumineux que la lune et les étoiles ensemble.

Plus les Saints connaissaient Dieu, plus ils brûlaient du désir de mieux Le connaître ; ils allaient jusqu'à se passer de sommeil pour méditer sur ses perfections infinies. La science de Dieu embrase l'esprit bien plus que le feu embrase tout le bois qu'on lui donne.

Plus on entretient le feu, plus il brûle ; ainsi plus on étudie Dieu, plus on brûle de L'étudier.

Les Saints ont approfondi, ont sondé, pour ainsi dire, un grand nombre de mystères que Dieu nous a fait connaître, mais ce qu'ils ont pu comprendre avec sa grâce, c'est-à-dire avec son secours, *n'est qu'une goutte d'eau dans l'Océan infini* de ses perfections.

On aurait beau étudier, prier, méditer en ce monde, on ne pourrait jamais connaître Dieu que comme *dans un miroir*, selon l'expression de St Paul.

Cette parole sera toujours vraie.

Ce mot de *miroir* qu'emploie St Paul, nous indique que nous connaissons Dieu non pas comme à travers un verre ou à l'aide d'une lunette d'approche, mais comme une chose « *renvoyée* », *reproduite* en *image* dans un miroir.

Supposons un homme qui n'a jamais vu le soleil ni ses rayons autrement que reproduits, renvoyés sur la lune ; car nous savons que la lune n'a pas sa lumière d'elle-même : c'est la lumière du soleil renvoyée sur la lune qui nous éclaire pendant la nuit, de sorte qu'en réalité c'est le *soleil* qui nous éclaire *par* la lune.

Revenons à notre supposition. Nous supposons qu'un homme n'a jamais vu le soleil lui-même directement, il n'a jamais vu que la lune.

On lui a parlé beaucoup du soleil, de sa grosseur, de sa beauté, de sa splendeur éclatante et radieuse, des effets bienfaisants qu'il produit sur toute la terre.

Pour cet homme, la lune est réellement un *miroir*, où la lumière du soleil est renvoyée, réfléchie ; il ne peut voir celui-ci directement, mais il juge par la lumière et la beauté de la lune que ce soleil dont on lui parle, doit être splendide, radieux au delà de tout ce que l'on peut dire, de même qu'on juge de la beauté d'une chose d'après son image.

Voilà ce qui nous donne une idée juste de la pensée de St Paul qui nous dit : « Ici-bas nous voyons Dieu comme dans un *miroir* ».

Toutes les créatures, le soleil, la lune, les étoiles, la mer, la terre, les arbres, les plantes, les fleurs, les animaux, et l'homme par-dessus tout, sont un *grand miroir* dans lequel les perfections de Dieu sont réfléchies en images.

Elles sont comme autant de parcelles, d'écoulements, de photographies de son *Être infini*.

Nous ne voyons que des reflets, des images de sa Vérité, de sa Beauté, de sa Bonté, de son Être.

Nous ne sommes que de misérables apprentis dans la connaissance de Dieu, selon la parole de Bossuet.

Or cette connaissance commencée, il faut l'avouer, ne suffit pas à notre bonheur *parfait*.

Pour être complètement satisfait, notre esprit ne se contente pas de connaître *l'existence* des choses; d'en voir seulement la représentation ou *l'image*; il veut les *voir directement elles-mêmes*; il veut en connaître *l'essence*, c'est-à-dire la *manière d'être* elle-même.

Ici-bas, nous connaissons *l'existence* de Dieu, nous connaissons *quelques-unes de ses perfections*, mais nous aspirons à Le connaître davantage.

Il ne nous suffit pas de savoir que *Dieu est*; nous voulons savoir *ce qu'Il est*.

De même que nous voudrions *voir le soleil lui-même* si nous n'avions vu que sa lumière réfléchie dans la lune; ainsi, nous voulons *voir Dieu lui-même*, c'est-à-dire *face à face*, comme dit l'Ecriture: il ne nous suffit pas de le connaître *dans les créatures*, c'est-à-dire *comme dans un miroir*.

Toutes les choses *visibles* d'ici-bas nous font connaître l'existence de l'Être *Invisible* qui les a faites. C'est cet Invisible lui-même que nous voulons *voir* et posséder.

> Brise cette voûte profonde
> Qui couvre la création,
> Soulève les voiles du monde,
> Et *montre-toi*, Dieu juste et bon

Tel est notre suprême désir: notre dernière prière.

« L'âme est un *œil ouvert* qui regarde Dieu », a dit St Augustin.

L'âme est un *amour qui aspire à l'Infini.*

Dieu est la patrie des âmes.

Il est le *lieu des esprits* comme l'espace est le *lieu des corps.* (MALEBRANCHE)

C'est à la *vision* de cette éternelle Beauté qu'aspirait Platon.

« Dépassant d'un coup d'aile hardi les beautés d'ici-bas, et les yeux attachés sur la Beauté infinie, on s'y élève sans cesse, en allant, pour ainsi dire, par tous les degrés de l'échelle, d'un seul beau corps à deux, de deux à tous les autres, des beaux corps aux beaux sentiments, des beaux sentiments aux belles connaissances, jusqu'à ce que de connaissances en connaissances on arrive à la *Vision* pleine de ravissement qui n'a d'autre objet que le *Beau lui-même*. »

Dieu caché à mon œil, la nature est ton temple.
L'esprit te voit partout quand notre œil la contemple;
De tes perfections, qu'il cherche à concevoir,
Ce monde est le reflet, l'image, le miroir:
Le jour est ton regard, la beauté ton sourire;
Partout le cœur t'adore et l'âme te respire.
Éternel, Infini, Tout-Puissant et tout Bon,
Ces vastes attributs n'achèvent pas ton Nom;
Et l'esprit, accablé sous ta sublime essence,
Célèbre ta grandeur jusque dans son silence.
Et cependant, ô Dieu! par sa sublime loi,
Cet esprit abattu s'élance encore à Toi,
Et sentant que l'amour est la fin de son être,
Impatient d'aimer, brûle de te *connaître*
    (c'est-à-dire de te *voir face à face*).

LAMARTINE

Oui, l'*Infini* ou *Dieu VU* (1), aimé et possédé éternellement : tel est le *bien souverain* ou *bonheur parfait* de l'homme.

Unir sa *Vie* à la *Vie*, à Celui qui est la *Vérité*, la *Beauté*, la *Bonté*, l'*Être absolu:* voilà tout l'homme.

(1) Nous ne pouvons voir Dieu par nos propres forces, c'est-à-dire par les *seules forces de notre nature*.
La *Vision divine* est une *action surnaturelle* à nous-mêmes, c'est-à-dire *au-dessus* des forces de notre nature.
Dieu, dans sa Bonté, a créé l'homme pour cette *fin surnaturelle*.
Il l'a établi dans *l'ordre surnaturel* (être, moyens, fin surnaturels).

NOTRE BIEN PARFAIT EST : DIEU VU... 173

N'est-ce pas un fait que notre suprême désir est « d'unir notre vie » à un être qui soit toute la **Vie**, toute la **Vérité**, toute la **Beauté**, toute la **Bonté** ?

Nous voulons connaître, posséder non pas seulement telle ou telle vérité, mais la *Vérité totale*; non pas seulement telle ou telle beauté, mais la *Beauté totale*; non pas seulement tel ou tel bien particulier, mais le *Bien total*, universel, souverain; nous voudrions unir notre vie non pas à une vie imparfaite, mais à la *Vie elle-même*.

Le *savant*, passionné pour la science, ne met point de bornes à ses connaissances; il voudrait posséder la *Science elle-même*.

L'*artiste* n'est jamais satisfait de son chef-d'œuvre: il voudrait qu'il fût le *Beau lui-même*.

L'*avare* voudrait tout posséder: il désire non pas telle ou telle richesse, mais la *Richesse elle-même*.

L'*ambitieux* aspire non pas seulement à tel

Cet *ordre nouveau* constitue une *seconde vie* dans l'homme appelée de ces différents noms synonymes:
Vie surnaturelle,
Vie divine,
Vie spirituelle,
Vie de la grâce,
Vie intérieure,
Vie chrétienne.
Cette vie de la *grâce*, qui donne à l'homme le droit de *voir* Dieu pour l'éternité, ayant été perdue par le péché des premiers parents, lui a *été* rendue par les mérites de Notre-Seigneur Jésus-Christ, notre Sauveur.

ou tel honneur, mais à l'honneur suprême, à la *Gloire elle-même*. Alexandre, ayant conquis le monde, soupire à la pensée que les étoiles sont d'autres mondes qu'il ne peut conquérir.

Le *voluptueux* n'est jamais rassasié de plaisirs, la capacité de ses désirs croît avec ses voluptés; il peut se fatiguer mais non se rassasier. Plus il jouit, plus il veut jouir et plus il veut de jouissances grandes et durables; mais ce n'est pas seulement tel ou tel plaisir en particulier qu'il désire, c'est le *Plaisir lui-même*, qu'il veut infini, éternel.

Nos *sens*, nos yeux, nos oreilles peuvent se fatiguer, mais parce qu'ils appartiennent à une âme insatiable de curiosité, ils ne peuvent jamais se rassasier de voir et d'entendre.

Ils veulent voir, entendre des choses toujours plus belles, plus intéressantes, toujours au moins de la nouveauté, afin que la variété amuse un peu ce cœur dont la vaste capacité ne peut être remplie que par un objet infini.

En résumé, nous voulons tout ce qui est parfait : la Vérité *sans voile*, la Beauté, la Bonté ou le Souverain Bien *sans mesure* et *sans fin*.

Nous voulons la vie sans la douleur et sans la mort, la vie entière ou parfaite.

« Qui dit la vie simplement, dit la vie pleine, heureuse et immortelle. » (St Augustin)

Ne faire qu'UN avec la VIE,
Être en COMMUNION avec DIEU :
Voilà notre bonheur parfait !

Communion en Dieu, c'est-à-dire Dieu *tout à tous* et à *chacun*, comme si chacun de nous était seul au Ciel, de même que le soleil est *tout entier* à *toute créature* et à *chacune d'elles*, comme si elle était seule au monde.

« La Beauté divine ne se montre ici-bas à ses amants que *voilée*, dit un auteur, elle s'enveloppe dans les replis de l'univers comme dans un *manteau*, car si un seul de ses regards tombait directement sur le cœur de l'homme, il ne pourrait le soutenir : il se fondrait de délices. »

Nous savons, il est vrai, que dans quelque condition que l'on nous suppose, et même avec des lumières surnaturelles, jamais il nous sera possible de *comprendre l'Infini* puisque nous sommes des créatures et par conséquent des êtres essentiellement *limités*. Y prétendre serait avoir moins de raison que cet enfant qui creusait un trou dans le sable, avec une coquille, pour y renfermer toute l'eau de la mer.

Néanmoins, entre ce qu'il nous est possible d'atteindre ici-bas et l'Infini, il y a de l'espace pour une condition qui ne nous en laisserait pas désirer une autre plus heureuse...

Nous concevons très bien, pour notre âme, un état où elle cesserait d'être entravée, comme elle l'est dans ce monde, par un corps pesant, par des besoins grossiers, par les misères sans nombre qui affligent la vie actuelle, et où elle n'aurait plus rien à désirer.

§ II

L'HOMME NE PEUT ABSOLUMENT PAS ATTEINDRE SA FIN, C'EST-A-DIRE SON BONHEUR PARFAIT, EN CE MONDE ; IL L'ATTEINT DANS UN AUTRE.

Maintenant que nous avons mesuré la capacité infinie de notre âme qui aspire à **voir l'Infini**, *l'Incréé, l'Invisible, il nous est facile de comprendre pourquoi tout ce qui est « créé, limité, visible », ne peut nous rendre « pleinement » heureux.*

Il nous est facile, maintenant, de comprendre pourquoi : plaisirs, honneurs, richesses, en un mot tous les biens de la terre, sont **absolument impuissants** *à nous procurer le bonheur « parfait ».*

La raison en est claire.

Ces biens sont *corporels* et notre âme est *spirituelle* : s'attacher aux biens de la terre n'est-ce pas faire de son cœur divin un *cœur de boue*?

Ils sont *temporels* ou passagers, caducs, et notre âme aspire à un bonheur *Eternel*.

Ils sont *limités*, ils ne sont pas le « bien universel ou souverain » qui contient tout le bien : les richesses sont seulement richesses et ne renferment pas les honneurs ; les honneurs ne renferment pas les plaisirs, et ainsi des autres : ce sont des biens particuliers.

Or notre âme, pour être rassasiée, désire le Bien *universel* et *souverain* qui ait en lui-même la richesse, l'honneur, le plaisir en un mot, le Bien qui soit *tout le bien*.

Notre âme, étant faite *à l'image* de Dieu et par conséquent *infinie* en quelque sorte, ne peut être heureuse que dans la jouissance de cet *Infini* dont elle est *l'image* ou *la copie*.

Un *esprit* ne peut vivre des biens *matériels*, c'est ce qui a fait dire à St Bernard : « les *biens d'ici-bas* ne sont pas la *viande naturelle* de notre âme ».

Un homme affamé ne peut être nourri avec du vent ; qu'il en prenne tant qu'il voudra, ce n'est point la nourriture qui lui est propre : c'est celle du caméléon.

Nous regarderions comme un insensé celui qui attirerait l'air pour s'en nourrir ; mais serait-ce une moindre folie de vouloir rassasier et satisfaire une *âme raisonnable* avec des choses *corporelles?*

Elle en peut être enflée comme celui qui se nourrirait du vent, mais elle n'en est pas rassasiée.

C'est Dieu seul, **Esprit**, **Vérité**, qui est la *viande naturelle* des esprits.

Non seulement notre *foi* et notre *raison*, mais aussi et surtout *l'expérience* nous démontrent que les *biens de ce monde* ne peuvent absolument pas nous donner le bonheur *parfait*.

Détrompé, une fois, deux fois, cent fois, mille fois qu'un homme recommence sa tentative; qu'il ait à son service un génie tout-puissant pour la réaliser, son dernier mot sera toujours : « *Je me suis trompé* ».

Elle a été faite, cette *expérience*, et malheur à qui tente de la recommencer!

Un homme a passé, qui semble avoir été tout exprès élevé au sommet du bonheur terrestre afin de mieux servir d'exemple à l'humanité entière, afin d'être comme un monument à jamais impérissable du néant des choses d'ici-bas.

Salomon (lui-même le déclare) a possédé tout ce qu'on peut désirer ici-bas : richesses, honneurs, plaisirs, sciences : tout cela lui fut donné dans la plus grande mesure, on pourrait presque dire sans mesure.

Si l'homme peut trouver ici-bas, sinon précisément toute la réalité, mais au moins toute l'apparence du bonheur *parfait*, sans doute, Salomon doit se déclarer satisfait.

Or, qu'en est-il ?

Après avoir goûté de tout, joui de tout, possédé tout, épuisé toutes les coupes du plaisir, il s'écrie d'une voix gémissante et plaintive :

« Vanité des vanités et tout n'est que vanité. »

Et tous ceux qui, depuis, ont eu le malheur de tenter la même expérience, tous ont abouti à dévorer le vide, à se nourrir de leurs propres désirs, à se rassasier de leur propre faim.

Cupides, ambitieux, voluptueux, tous les affamés des biens terrestres rendent infailliblement le même témoignage. « *Manducavimus, et non fuimus saturati* »; *nous avons mangé, sans pouvoir nous rassasier.*

Omnia vanitas; tout est vanité. Tous ces biens sont *vains*, qu'est-ce à dire ? ils sont une chose qui s'évanouit dans un instant, une chose qui creuse, qui n'a rien de solide et qui ne peut servir à la fin pour laquelle on l'emploie; une chose qui, avec une belle apparence, trompe ceux qui ne se tiennent pas sur leurs gardes.

En effet, disons tout d'abord que le *bien* de la *vie présente* est ce qu'on a répété tant de fois :

Une *ombre* fugitive,
Une *vapeur* qui se dissipe,
Un *torrent* qui coule,
Une *feuille* que le vent emporte,
Une *flèche* qui fend les airs,
Un *flambeau* que les hommes se transmettent en courant.

Disons ensuite qu'en général, les *biens de la vie présente* ne sont pas le partage abondant de tous les hommes.

Ajoutons qu'ils ont chacun leurs inconvénients propres.

Mettons-nous le bonheur dans les *richesses* ?

Nous les amassons avec peine, nous les conservons avec inquiétude (*il faut plus de vertu pour les conserver que pour les acquérir*) ; nous les perdons avec désespoir.

— Dans les *plaisirs* ?

Ils affaiblissent le corps, énervent l'âme, sont suivis de dégoût, de tristesse, de douleurs, et deviennent une source d'infirmités : plus nous en épuisons la coupe, plus nous sentons que le fond en est amer.

— Dans les *honneurs* ?

Nous aspirons tantôt à monter si nos rivaux nous devancent, tantôt à descendre si nous sommes arrivés au premier rang.

— Dans la *santé ?*

Elle est sans doute une condition indispensable pour le bonheur, mais seule elle ne satisfait pas à tous nos besoins et ne comble pas le vide de notre *esprit* et de notre *cœur*; elle est d'ailleurs chanceuse, à mesure surtout que l'on avance en âge.

— Dans la *sobriété* ou la *médiocrité ?*

Nous n'en sommes guère plus heureux. Quelque obscure que soit notre maison, il y aura toujours un coin pour y faire asseoir quelque douleur, quelque ennui.

« Grattez l'homme satisfait, vous trouverez toujours dessous l'homme inquiet à la recherche du bonheur. » (Mme DE STAËL)

— Dans la *science ?*

Elle ne s'acquiert qu'au prix d'un travail opiniâtre, et en dépit des plus grands efforts ; elle demeure toujours si bornée et mêlée de tant d'obscurités et d'erreurs qu'elle est bien loin de satisfaire le désir de savoir qui est dans notre nature : nous en avons fait la remarque.

Mettons-nous enfin notre bonheur dans la *vertu ?*

Elle nous procure en effet la plus grande somme possible de vrais biens en ce monde, mais c'est à condition qu'elle ait sa récompense dans une *autre vie* ; elle est le *chemin* qui conduit au bonheur, mais elle n'est pas le *terme*, c'est-à-dire elle n'est pas elle-même le *souverain Bien*, puisqu'elle ne se forme et ne se soutient que par une lutte constante plus ou moins pénible contre les mauvais instincts de notre nature.

Donc : toute la vie sur la terre est un *combat*, *militia est vita hominis super terram*.

Combat contre les éléments, combat contre nos semblables, combat contre les êtres de toute nature, combat enfin et surtout contre nous-mêmes.

La terre n'est et ne peut être le lieu de la paix, c'est-à-dire de la tranquille jouissance du bonheur.

Exempts de maux réels, nous sommes ingénieux à nous en créer d'imaginaires.

A défaut des nôtres nous avons ceux d'autrui.

Nous souffrons dans nos parents, dans nos amis, dans notre patrie : aujourd'hui dans notre santé, demain dans la santé de ceux qui nous sont les plus chers.

Avec les autres, nous sommes peut-être con-

damnés à l'envie, à la trahison, aux changements ;
il nous faudra verser bien des larmes et essuyer
bien des tristesses.

Avec nous-mêmes, nous sommes effrayés de
notre propre misère morale, et même en combattant nos penchants mauvais, nous n'osons
nous regarder en face.

L'exagération de la parole suivante renferme
néanmoins une grande vérité :

« Je ne connais pas la conscience d'un coquin, je ne connais que la conscience d'un honnête homme, mais c'est affreux. » J. DE MAISTRE.

En un mot, si nous analysons nos désirs, nos
goûts, nos amours, nos satisfactions, notre vie
tout entière, qu'y trouvons-nous autre chose
qu'une espérance toujours trompée et une déception toujours plus amère.

Vanité des vanités: Voilà le dernier cri qui
sort de notre âme comme de celle du roi qui fut
tout ensemble, le plus savant, le plus riche et
le plus voluptueux des hommes.

Tout n'est que vanité: Cette vérité est toujours ancienne et toujours nouvelle.

L'enfant répète ce cri quand il brise ses jouets ;

Le jeune homme, quand il a eu le malheur de
profaner ses adorations à l'idole de ses caprices ;

L'homme mûr, quand il fait, défait, ou refait
sa fortune ;

Le vieillard, quand il pleure sur le délaissement auquel l'âge le condamne et qu'il se remet à espérer pour être encore déçu jusqu'à la dernière heure et au dernier soupir.

On a beau croire que le progrès de la science nous rend plus humains et plus heureux ; le désir du bonheur demeure à jamais plus inassouvi.

A mesure que la science moderne fait plus de conquêtes, l'homme plus excité que jamais dans tous ses appétits, plus enivré que jamais de plaisirs, de luxe effréné, connaît toujours moins la joie et le repos.

Le dégoût devient plus vaste, le malaise plus profond, l'ennui plus inexorable ; aussi, la manie du suicide devient-elle plus universelle. Ne sait-on pas que le cœur est un gouffre qui ne dit jamais : c'est assez ?

Nous traînons jusqu'au tombeau *la longue chaîne de nos espérances trompées*, bien plus lourde que celle de nos ancêtres, qui mettaient leur bonheur à limiter ces jouissances terrestres pour s'attacher à l'espérance des biens célestes.

Il est donc bien vrai que nous ne sommes pas dans notre élément et que le monde est trop étroit, la vie trop courte, pour combler l'abîme infini de notre cœur.

Le grand conquérant devant qui *la terre se*

tut, **étouffait** dans les limites étroites de ce monde.

« J'ai été *tout* et je sens que *tout* n'est rien », disait un empereur à la fin de sa vie.

Régner n'est donc que cela ! s'écriait un jour Napoléon parvenu au sommet de la gloire.

Oui, les jouissances de la terre sont tellement impuissantes à nous rendre pleinement heureux ; nous sommes si peu faits pour elles, que tous les moralistes chrétiens, ou non, sont unanimes à reconnaître que souvent il y a plus de plaisir à s'en priver totalement que d'en jouir immodérément :

> Là, jamais de pure allégresse,
> L'âme y souffre de ses plaisirs,
> Les cris de joie ont leur tristesse,
> Et les voluptés leurs soupirs.

D'ailleurs, comment être heureux, à la pensée qu'il faudra quitter tous ces biens ?

La mort est le *roi des épouvantements*, surtout pour les amateurs de la terre.

> La crainte est de toutes les fêtes.
> Jamais, un jour calme et serein
> Du choc ténébreux des tempêtes
> N'a garanti le lendemain.

Écoutons encore le poète :

Et qu'est-ce que la *terre?* Une prison flottante,
Une demeure étroite, un navire, une tente
Que Dieu dans l'espace a dressée pour un jour
Et dont le vent du ciel en trois pas fait le tour.
Des plaines, des vallons, des mers et des collines
Où tout sort de la poudre et retourne en ruines,
Et dont la masse à peine est à l'immensité
Ce que l'heure qui sonne est à l'éternité!
Fange en palais pétrie, hélas! mais toujours fange
Où tout est monotone et cependant tout change!

Et qu'est-ce que la *vie?* un réveil d'un moment,
De naître et de mourir un court étonnement,
Songe qui s'échappe, étincelle qui fuit,
Éclair qui sort de l'ombre et rentre dans la nuit,
Minute que le temps prête et retire à l'homme,
Chose qui ne vaut pas le mot dont on la nomme!

Et qu'est-ce que la *gloire?* Un vain son répété,
Une dérision de notre vanité,
Un nom qui retentit sur des lèvres mortelles;
Vain, trompeur, inconstant, périssable comme elles,
Et qui, tantôt croissant, tantôt affaibli,
Passe de bouche en bouche à l'éternel oubli!
Nectar empoisonné dont notre orgueil s'enivre,
Qui fait mourir deux fois ce qui veut toujours vivre!

Et qu'est-ce que *l'amour?* Ah! près à le nommer,
Ma bouche en le niant craindrait de blasphémer!

Lui seul est au-dessus de tout mot qui l'exprime !
Éclair brillant et pur du feu qui nous anime,
Étincelle ravie au grand foyer des Cieux ! [dieux !
Char de feu qui, vivants, nous porte au rang des
Rayon, foudre des sens, inextinguible flamme, [âme!
Qui fond deux cœurs mortels et n'en fait plus qu'une

Amour, être de l'être, âme de l'âme,
Nul homme plus que moi ne vécut de ta flamme !
Nul, brûlant de ta soif sans jamais l'épuiser,
N'eût sacrifié plus pour t'immortaliser,
Nul ne désira plus dans l'autre âme qu'il aime
De concentrer sa vie en se perdant soi-même,
Et dans un monde à part, de toi seul habité,
De se faire à lui seul sa propre éternité.

  Mais quand ces biens que l'homme envie
  Déborderaient dans un seul cœur,
  La mort seule, au bout de la vie,
  Fait un supplice du bonheur !
  Le flot du temps qui nous entraîne
  N'attend pas que la joie humaine
  Fleurisse longtemps sur son cours !
  Race éphémère et fugitive,
  Que peux-tu semer sur la rive
  De ce torrent qui fuit toujours ?

C'est donc un fait positif, constant, universel ;
il est passé en proverbe dans le genre humain,

et toutes les bouches disent tôt ou tard avec amertume :

Le bonheur parfait est impossible en ce monde.

J'ai vécu, j'ai passé ce désert de la vie,
Où toujours sous mes pas chaque fleur s'est flétrie;
Où toujours l'espérance, abusant ma raison,
Me montrait le bonheur dans un vague horizon;
Où du vent de la mort les brûlantes haleines
Sous mes lèvres toujours tarissaient les fontaines.
Qu'un autre, s'exhalant en regrets superflus,
Recommande au passé ses jours qui ne sont plus,
Pleure de son printemps l'aurore évanouie,
Et consente à revivre une seconde vie.
Pour moi, quand le destin m'offrirait, à mon choix,
Le sceptre du génie ou le trône des rois,
La gloire, la beauté, les trésors, la sagesse,
Et joindrait à ses dons l'éternelle jeunesse;
J'en jure par la mort, dans un monde pareil,
Non, je ne voudrais pas rajeunir d'un soleil.
Je ne veux pas d'un monde où tout change, où tout passe;
Où, jusqu'au souvenir, tout s'use et tout s'efface;
Où tout est fugitif, périssable, incertain;
Où le jour du bonheur n'a pas de lendemain.

LAMARTINE

Un *seul* de nos désirs, comme une *seule* de nos pensées, est *plus grand* que l'univers.

Un seul de nos désirs est plus riche que toutes les richesses, s'élève plus haut que tous les honneurs, aspire à plus de jouissances que ne peuvent en procurer toutes les voluptés de la terre.

Non, le bonheur n'est pas ici-bas : il n'est que dans l'**Espérance** d'En-Haut.

Les jouissances terrestres qui font le *chantre du désespoir* de ces faux biens, le forcent à se faire aussi le *chantre de* l'**Espoir** des seuls vrais biens célestes.

Ces beaux vers en sont la preuve :

Si mon cœur, fatigué du rêve qui l'obsède,
A la réalité revient pour s'assouvir,
Au fond des vains plaisirs que j'appelle à mon aide,
Je trouve un tel dégoût que je me sens mourir.

Aux jours mêmes où parfois la pensée est impie,
Où l'on voudrait nier pour cesser de douter,
Quand je posséderais tout ce qu'en cette vie,
Dans ses vastes désirs, l'homme peut convoiter :

Donnez-moi le pouvoir, la santé, la richesse,
L'amour même, l'amour, le seul bien d'ici-bas ;
Que la blonde Astarté, qu'idolâtrait la Grèce,
De ses îles d'azur sorte en m'ouvrant les bras :

Quand je pourrais saisir dans le sein de la terre
Les secrets éléments de sa fécondité,
Transformer à mon gré la vivace matière,
Et créer pour moi seul une unique beauté ;

> Quand Horace, Lucrèce et le vieil Epicure,
> Assis à mes côtés, m'appelleraient heureux;
> Et quand ces grands amants de l'antique nature
> Me chanteraient la joie et le mépris des dieux;
>
> Je leur dirais à tous : Quoique nous puissions faire,
> Je souffre, il est trop tard! le monde s'est fait vieux!
> *Une immense Espérance a traversé la terre :*
> *Malgré vous, vers le* **Ciel** *il faut lever les* **Yeux.**
>
> MUSSET : *Espoir en Dieu.*

Borné dans sa nature, infini dans ses vœux,
L'homme est un dieu tombé qui se souvient des Cieux.

Ajoutons le complément de cette pensée :

L'homme descend du ciel et veut y remonter.

Dieu et Dieu seul nous est le terme comme à toute créature, au delà duquel nous n'avons plus rien à chercher.

Une comparaison.

Considérons l'aiguille d'une boussole :

Le propre de cette aiguille aimantée est de toujours regarder le Nord. Combien elle souffre, combien elle fait de tours et de retours jusqu'à ce qu'elle soit entièrement dirigée vers le Nord !

Mais dès qu'elle l'a atteint, elle demeure fixe comme si elle était clouée.

Ainsi est-il de *l'homme vis-à-vis de Dieu.*

Celui-ci est son vrai Nord, son centre et sa dernière fin.

Faisons le tour de toutes les terres et de toutes les mers; allons où nous voudrons, en avant, en arrière; à droite, à gauche; de quelque côté que nous dirigions nos pas, soyons certains que nous serons misérables aussi longtemps que nous chercherons d'autres biens que Dieu, aussi longtemps que nous n'aurons pas orienté toute notre vie vers *Lui.*

« Vous nous avez fait *pour Vous*, Seigneur, et notre cœur est dans le *trouble* ou *l'agitation*, jusqu'à ce qu'il *repose* en *Vous.* » (St. Augustin)

    Puisque nos heures sont remplies
    De trouble et de calamités;
    Puisque les choses que tu lies
    Se détachent de tous côtés;

    Puisque nos pères et nos mères
    Sont allés où nous irons tous;
    Puisque des enfants, têtes chères,
    Se sont endormis avant nous;

    Puisque la terre où tu t'inclines
    Et que tu mouilles de tes pleurs
    A déjà toutes nos racines
    Et quelques-unes de nos fleurs;

Puisqu'à la voix de ceux qu'on aime
Ceux qu'on aima mêlent leurs voix;
Puisque nos illusions même
Sont pleines d'ombres d'autrefois;

Puisqu'à l'heure où l'on boit l'extase,
On sent la douleur déborder;
Puisque la vie est comme un vase
Qu'on ne peut emplir ni vider;

Puisqu'à mesure qu'on avance,
Dans plus d'ombre on se sent flotter;
Puisque la menteuse espérance
N'a plus de conte à nous conter;

Puisque le cadran, quand il sonne,
Ne nous promet rien pour demain;
Puisqu'on ne connaît plus personne
De ceux qui vont dans le chemin;

Mets ton esprit hors de ce monde!
Mets ton rêve ailleurs qu'ici-bas!
Ta perle n'est pas dans notre onde!
Ton sentier n'est point sous nos pas!

Victor Hugo.

Tout n'est qu'image fugitive,
Coupe d'amertume ou de miel.
Chansons joyeuses ou plaintives
Abusent des lèvres fictives.
Il n'est rien de vrai que le Ciel.

Tout soleil naît, s'élève et tombe ;
Tout trône est artificiel ;
La plus haute gloire succombe ;
Tout s'évanouit pour la tombe ;
Et rien n'est brillant que le Ciel.

Navigateur d'un jour d'orage,
Jouet des vagues, le mortel,
Repoussé de chaque rivage,
Ne voit qu'écueils sur son passage ;
Et rien n'est calme que le Ciel.

Deus meus et omnia!
« **Mon Dieu est mon tout!** »
Voilà le tout de tous nos vœux.
Mais nous le voulons pour toujours!
En effet, ce n'est pas un bonheur *passager* que nous désirons, mais un bonheur *éternel.*

Vivre, vivre encore, vivre toujours : tel est le sentiment premier, le plus incrusté, le plus inné en nous, et voilà pourquoi nous n'avons rien tant en *horreur* que la *mort*, qui nous prive d'une partie de notre vie :

Qu'on me rende impotent, goutteux,
..... Pourvu qu'en somme
Je vive, c'est assez ! je suis plus que content. (1)

Comment le bonheur pourrait-il *exister* s'il ne devait être *éternel?*

(1) La Fontaine.

> Qu'importent la lumière, et l'aurore et les astres,
> Fleurs des chapiteaux bleus, diamants des pilastres
>   Du profond firmament!
>
> Et mai qui nous caresse, et l'enfant qui nous charme,
> Si tout n'est qu'un soupir, si tout n'est qu'une larme,
>   Si tout n'est qu'un moment!!

« *Ce qui n'est pas éternel n'est rien* », a dit Saint Augustin. Il n'y a que ce qui *demeure* qui ait une *valeur* réelle.

Cicéron, quoique païen, a écrit : « *Si la vie heureuse peut se perdre, elle ne peut pas être heureuse* ».

De fait, un simple doute à cet égard suffirait pour empoisonner le plus parfait bonheur par la crainte de le perdre, crainte qui serait d'autant plus vive que les biens à perdre seraient plus grands. Avec une telle crainte, comment serait-il possible d'être vraiment heureux?

C'est *l'éternité* qui consacre, couronne, consomme le *bonheur*.

Conclusion

La terre, la mer et les autres éléments ;

Tous les astres, depuis le soleil jusqu'à l'étoile la plus petite ;

Toutes les plantes, depuis le chêne jusqu'au brin d'herbe ;

Tous les animaux, depuis le lion qui rugit au fond du bois jusqu'à l'insecte qui se cache dans l'herbe, ont ici-bas leur vie, leur fin, leur *bien total*.

Seul l'homme cherche inutilement ici-bas sa fin, l'achèvement, le bonheur parfait de sa nature.

Seul il meurt, sans jamais l'obtenir.

Sans cesse il aspire à *voir*, aimer, posséder *l'Infini*, et s'il peut l'aimer ici-bas, jamais il ne lui est donné de le *voir*, de le *posséder*.

En un mot :

Le bonheur n'est pas et ne peut pas être en ce monde : voilà ce que nous venons de constater.

Or, quelle a été notre conclusion ?

D'accord avec notre *Foi*, notre *raison* nous a fait dire :

Le bonheur n'est pas de ce monde :

Donc : il est dans UN AUTRE, il est dans L'ESPÉRANCE :

Malgré nous, vers le Ciel il faut lever les yeux.

Cette conclusion s'impose rigoureusement.
En effet, eh quoi ! toutes les œuvres de Dieu seraient parfaites, toutes aboutiraient à leur fin, leur *bien total*, excepté une seule, *l'homme*, le *roi* de la création !

Il serait le seul être *imparfait, tronqué, inachevé, incomplet !* Lui seul aurait été créé pour se repaître de vains désirs et de soif inassouvie !

Dieu aurait ainsi *manqué son chef-d'œuvre !*
Non, mille fois non, cela ne se peut.
Dieu n'a pas créé la *vie* pour la *mort* ; il n'a pas créé la faim et la soif pour la faim et la soif, mais pour la *nourriture* et la *boisson.*

Il n'a pas créé vide le vaste océan de notre âme, pour ne jamais le remplir des *eaux* du bonheur.

Dieu ne fait rien d'inutile, rien d'imparfait, rien de tronqué.

Rien n'existe pour *rien.*
Toute chose tend à un *but.*
Toute chose *aboutit* à son but.
S'il en était autrement, ne serions-nous pas en droit de proférer ces plaintes d'un poète :

De tout bien qui fuit, mon âme est mécontente;
Grand Dieu! c'est donc à toi de remplir son attente.
Si je dois me borner aux plaisirs d'un instant,
Fallait-il pour si peu m'appeler du néant?
Et si j'attends en vain une gloire immortelle,
Fallait-il me donner un cœur qui n'aimât qu'elle?

— *Dira-t-on que ce n'est pas une raison d'attendre ou d'espérer un bonheur infini et éternel, par le seul fait qu'on le* désire?

— Mais ce *désir* ne nous est-il pas *naturel*? Sans doute nous n'aurions pas le droit d'espérer une chose pour cette seule raison qu'on la désire, si cette chose n'était pas conforme à notre nature.

Mais il n'en est pas ainsi : le désir n'est pas un désir que nous nous sommes *forgé* nous-mêmes.

Encore une fois, il nous est *naturel*; il fait partie de notre être; il est l'œuvre de Dieu en nous; ce n'est pas nous qui l'avons créé, mais c'est Dieu.

Nous le savons, la nourriture et le sommeil sont la première et principale condition de l'entretien de la vie de notre corps.

Or, ce besoin de manger, de boire et de dormir, ne dépend pas de nous.

Nous ne sommes pas les auteurs de la faim, de la soif et du sommeil de notre corps.

Ces désirs nous sont *naturels*.

Ainsi en est-il de la vie de notre âme.

Nous avons faim et soif de *l'Être-Vérité* qui est Seul notre vraie *viande naturelle*. Or, cette faim et cette soif de *voir*, *aimer*, posséder cet *Être infini* qui seul peut rassasier notre âme, dépendent-elles de nous ? Dépend-il de nous d'aspirer au repos éternel dans la tranquille possession de ce *Bien souverain ?*

Ce désir nous est également *naturel*.

De même que notre *corps, tel que nous l'avons ici-bas*, ne peut absolument pas se passer de manger, boire et dormir ; ainsi notre *âme*, telle que nous la possédons, ne peut se passer d'avoir faim et soif de la *Vérité infinie*, de soupirer après Elle.

De même que nous communiquons avec la nature et l'humanité par la faim et la soif, de même nous communiquons avec Dieu par une faim et une soif *sacrées de Lui-même*.

La nourriture de ce Souverain Bien est nécessaire à notre âme, pour être *entière*, *complète*, *achevée*, *terminée*, *consommée*, *parfaite*, *finie*, en un mot **bienheureuse**.

On ne peut le nier, dans la vieillesse ou dans la jeunesse, l'homme meurt toujours avant d'avoir atteint sa fin, son bonheur.

Bien des animaux, il est vrai, meurent aussi prématurément et souvent de mort violente : c'est même le plus grand nombre qui n'atteint pas au terme naturel de sa vie.

Mais il y a une différence essentielle en ce point entre l'homme et l'animal, c'est que l'animal n'aspire point au progrès, c'est qu'il ne sent point la poignante amertume d'être frustré dans ses espérances d'avenir, c'est que rien ne montre en lui l'existence du sentiment réfléchi d'une destinée supérieure à la vie présente. A quelque moment qu'il termine sa carrière, il a rempli sa tâche ; il a accompli sa destinée qui n'était autre que le service de l'homme ou l'accomplissement de la loi générale de notre monde, celle de l'entretien de la vie par la mort dans le fait de la nutrition.

Les morts d'animaux avant l'âge ne prouvent donc rien contre ce que nous sommes en droit de conclure de la mort des hommes, qui a toujours lieu avant l'accomplissement de leur *fin* ou de leur *bien*.

Dans tout le cours de sa vie, sauf l'extrême vieillesse (et même alors l'âme, quoique paralysée dans son action, se sent toujours la même valeur personnelle), la *raison* de l'homme se développe et se mûrit toujours de plus en plus par l'expérience et par la réflexion.

Thémistocle, se voyant sur le point de mourir à l'âge de cent sept ans, disait qu'il regrettait de quitter la vie au moment où il commençait à posséder la sagesse.

Platon, dont les écrits sont des chefs-d'œuvre, mourut la plume à la main, à l'âge de quatre-vingt-un ans.

Socrate enseigna et écrivit jusqu'à quatre-vingt dix-neuf ans, c'est-à-dire pendant toute sa vie.

Combien de génies modernes n'ont produit leurs chefs-d'œuvre que dans un âge mûr !

Le grand Bossuet se surpassa lui-même, dans cette oraison funèbre du prince de Condé, où il parle des restes de sa voix *qui tombe* et de ses cheveux blancs qui *l'avertissent de sa mort*.

Et ce serait au moment où l'homme entre à peine en pleine possession des puissances principales de son âme, que l'existence lui serait ravie pour toujours ! bien plus, ce serait au moment où il se sent en quelque sorte survivre au corps, puisque son âme est encore pleine de vie dans un corps qui se meurt !

Ce serait pour une ombre de vie que l'homme aurait reçu des qualités si éminentes, une intelligence qui s'élève jusqu'à l'idée de l'infini et qui se sent à l'étroit dans les limites de ce monde !

Cette puissance de l'âme, au moment de la vieillesse et de la mort, nous montre assez qu'à cet instant elle n'est pas arrivée à sa *fin*.

Nous ne sommes qu'un *commencement de la créature de Dieu*, dit l'apôtre St Jacques.

Il nous reste infiniment plus à recevoir que nous n'avons reçu.

Le Dieu qui a voulu créer l'homme à son *image* et graver sur lui tous ses traits divins, n'a pas voulu faire tout d'un seul coup son ouvrage.

En le créant, il s'est contenté de lui donner les premières couleurs, pour l'obliger à reconnaître ce qui lui manque et à rechercher par sa propre volonté, son propre mouvement, la main toute-puissante qui l'a ébauché.

Mon Dieu! disait David, c'est vous qui m'avez placé sur la terre pour me transporter un jour au ciel.

A quel autre puis-je m'adresser, sinon à vous qui m'avez commencé? Vous seul, l'Auteur de mon être, pouvez lui donner sa *perfection*.

Je ne possède encore qu'un commencement de biens, je ne serai une créature *parfaite* que quand vous m'aurez admis dans le séjour de votre gloire.

Vous qui m'avez donné si gratuitement ce que j'ai, vous ne me refuserez pas ce qui me manque.

Les agneaux, aussitôt qu'ils sont nés, s'attachent aux flancs de leurs mères, les accompagnent et les suivent partout ; chacun d'eux distingue la sienne d'avec toutes les autres et se tient nuit et jour auprès d'elle ; ayant reçu d'elle la naissance, il en attend sa nourriture.

Les poissons ne sortent point de l'eau parce qu'ils y ont reçu l'être ; et quand on les en retire ils meurent si on ne les y rejette bientôt.

Les plantes s'étendent bien avant dans la terre par leurs racines et élèvent continuellement leurs branches vers le soleil, parce que ce sont les deux causes naturelles qui les ont fait germer et qui leur donnent la dernière perfection.

Si une peinture inachevée pouvait parler, à qui s'adresserait-elle pour l'achever sinon à un peintre ?

Si une statue n'était encore que grossièrement ébauchée, sans pieds, sans mains, et si elle pouvait connaître ce qui lui manque, s'adresserait-elle à des orateurs pour les prier de l'achever ?

Ainsi donc, Dieu qui nous a créés doit nous achever, c'est-à-dire nous donner ce qui nous manque, le bonheur *parfait* qui n'est pas sur la terre.

Dieu qui est l'Auteur, le Créateur, le Père de toutes les créatures, ne peut en faire d'*imparfaites*, de *tronquées*, d'*avortées*.

Si du simple germe du sein de la mère peut sortir un être qui avec le temps devient un objet si merveilleux, un homme parfait, vrai *petit monde*, à plus forte raison du sein de cette terre, où il semble être englouti, ce chef-d'œuvre doit sortir plus merveilleux encore.

S'il avait conscience de lui-même dans le sein de sa mère, cet enfant, qui possède toutes les facultés de l'âme et du corps en germe, ne jugerait-il pas certainement qu'il est destiné à naître d'une vie nouvelle, à se développer, à exercer les facultés qu'il a reçues?

Pourrait-il ne pas penser qu'il a reçu des yeux, des oreilles, une langue, une bouche, des pieds, etc., pour s'en servir un jour?

Ainsi en est-il de notre vie ici-bas.

Notre âme est faite pour la jouissance de la *Vérité totale*, pour le *Vrai*, le *Bien*, le *Beau absolu*.

Pouvons-nous concevoir qu'elle soit *vaine*, cette capacité qu'a notre âme, de connaître, de sonder l'*Infini*?

Si tout en nous se terminait à la mort, ne pourrions-nous pas dire que nous avons reçu des yeux pour ne pas voir, des oreilles pour ne pas entendre, une intelligence pour ne rien comprendre, une volonté, un cœur pour ne rien vouloir et rien aimer, en un mot des facultés sans *objet*, sans *but*?

Eh quoi! tout ce que nous voyons, tout ce que nous touchons dans la création a son *but*, sa destination, sa raison d'être, et nous qui, dans le plan divin, occupons le sommet de la création, qui seuls avons reçu du Créateur *l'Idée* de notre fin, qui seuls avons l'ambition de l'atteindre, nous n'aurions pas cette fin dont nous avons *l'Idée* ou la conscience en nous-mêmes! nous n'aurions que des aspirations sans but, de vaines facultés ou puissances! nous serions le seul être qui n'ait pas été créé pour *quelque chose*! nous aurions été créés *pour rien*!

A quoi sert, alors, cette *royauté* de *l'homme* sur *tous les êtres*?

Qu'est-il dans cet immense mouvement du monde qui l'emporte avec toutes choses?

Qu'est-il? un fantôme? une ombre? un rêve entre deux néants?

Notre âme qui seule connaît et se connaît, qui veut, qui aime, notre âme faite à l'*image* de Dieu, infinie comme Lui, serait moins que le souffle qui effleure notre visage! moins que la fleur qui s'épanouit pour donner son parfum! moins que l'arbre qui végète pour produire un fruit! moins que l'eau qui coule pour féconder la terre! moins que l'insecte qui bourdonne et l'oiseau qui vole!

— Pourquoi donc?

— Parce que tout cela a un sens, un *but*, que nous comprenons, que nous voyons, tandis que nous-mêmes nous sommes un être incompréhensible s'il n'y a pas pour nous une autre vie.

L'homme est mille fois plus inexplicable sans une autre vie immortelle, que cette autre vie elle-même ne l'est avec lui.

Toute chose a un but.

Rien n'existe pour rien.

Or, quoi qu'on puisse dire ou faire, il est impossible de nier que cette loi merveilleuse de la nature ne se confonde pas avec celle-ci :

Toute chose aboutit,

C'est-à-dire toute chose *atteint* son but, sa fin.

Rien ne se meut pour se mouvoir, mais bien pour arriver. Tout ce qui marche arrive ; tout ce qui cherche trouve ; le mouvement n'est pas inutile ; l'espérance n'est pas sans fondement ; la poésie ou le culte du beau est vrai ; la prière obtient ; la réalité correspond à l'Idéal.

Le monde marche et il arrive ; et nous qui dominons ce monde, nous n'arriverions pas!

Les irrésistibles tendances de notre nature réelle ne peuvent pas ne pas aboutir.

La vie veut vivre : donc elle vivra.

Notre pensée pauvre, chercheuse, inquiète, dispersée çà et là sur mille parcelles de vérité, sur mille miettes de son pain, tend à se rassembler, à se posséder et à posséder l'objet qui puisse à jamais la reposer de toutes recherches, apaiser sa faim, étancher sa soif sacrée.

Pourquoi donc cette tendance n'aboutirait-elle pas ?

La soif de la justice n'est-elle point une tendance aussi ?

Pourquoi donc serait-elle frustrée ?

L'amour qui comprend tout l'homme, qui est *l'unique tendance* de notre être, pourquoi n'aboutirait-il pas ?

Les tendances aboutissent, c'est une loi divine et universelle.

Tout ce que nous sommes capables de *concevoir*, nous devons le *recevoir*.

Nous *concevons*, nous connaissons, nous désirons ce qui demeure, ce qui déborde le temps et l'espace, ce qui n'a pas de limites, en un mot, nous aspirons à l'*Infini*, au *Souverain Bien* : nous l'avons dit et redit.

Or, si nous étions impuissants à le saisir jamais, alors on verrait cette chose impossible : par notre âme qui connaît, qui aime et qui désire l'Infini, nous serions d'une capacité *plus grande* que notre *destinée*!

Tous les êtres aboutissent à leur fin ; si l'homme seul n'aboutissait pas à la sienne, la plus grande des créatures serait donc la plus maltraitée!

S'il devait demeurer incomplet et inachevé, s'il ne devait pas atteindre la fin que toutes ses puissances réclament, il serait, comme toute créature qui se trouverait dans ce cas, *un monstre éternel* ! problème autrement difficile à résoudre que les difficultés qu'on élève contre l'immortalité de l'âme.

Nous avons amplement constaté que l'homme était la seule créature au monde qui *n'ait pas à elle-même son* **tout**.

« Le bœuf, dit Chateaubriand, peut se coucher sur la verdure, lever la tête vers les cieux et appeler par ses mugissements l'Etre inconnu qui remplit cette immensité. Mais non ; préférant le gazon qu'il foule, il n'interroge point au haut du firmament les soleils qui sont la grande évidence de l'existence de Dieu. Les animaux ne sont point troublés par ces espérances que manifeste le cœur de l'homme ; ils atteignent aussitôt leur suprême bonheur. Un peu d'herbe satisfait l'agneau ; un peu de sang rassasie le tigre; la seule créature qui cherche au dehors et qui n'ait pas à soi-même son tout, c'est l'homme.»

Pourquoi seul celui-ci n'aboutirait-il pas à sa fin, à *son tout*? Pourquoi serait-il ce monstre éternel?

Nous sommes en marche vers l'Infini : nous arriverons.

Les tendances aboutissent.

Nous *tendons* à Dieu : donc nous *aboutirons* à Dieu.

En vain dira-t-on que nous nous faisons illusion à nous-mêmes; que notre rôle ici-bas n'est pas si beau que nous le croyons ; qu'atômes perdus au sein des grandeurs divines, nous ne méritons ni le regard si particulier, ni l'attention persévérante de Dieu; et que nous pourrions bien retourner au néant d'où nous avons été tirés.

— Pouvons-nous oublier que Dieu ne gouverne pas avec moins d'empire l'immensité des mondes qui sont sur nos têtes que les myriades d'êtres qui se dérobent sous nos pieds? Pouvons-nous oublier que notre âme est plus à elle seule que toutes les créatures?

Non, Dieu n'a pas marqué à l'homme une destination sublime pour la lui retirer si tôt! Il ne lui a pas montré un but pour ne pas l'y faire arriver! Il ne l'a pas fait si grand pour le rabaisser au néant! Il ne lui a pas attribué à lui seul, dans la création, la conscience de soi-même, la connaissance de ses propres facultés pour lui retrancher l'usage de ces dons si éminents! Il ne l'a pas comblé de tant de bienfaits pour lui en enlever jusqu'au souvenir! Enfin, il ne lui a pas donné une vie semblable à la sienne pour le conduire à la mort du néant!

Non, notre âme ne périra pas, parce qu'elle est d'une nature immortelle. Elle ne périra pas, parce que l'immortalité de l'homme est la conséquence de la création, le complément de l'œuvre de Dieu, la réalisation achevée du plan divin: tout pour l'homme, l'homme pour Dieu.

En définitive, observons que ce qui nous montre le plus visiblement l'Immortalité de notre âme, c'est l'idée ou le but que Dieu s'est proposé en la créant.

Encore une fois, disons-le: nous aspirons à la jouissance infinie de la *vision* de Dieu lui-même.

Or, on ne conçoit pas qu'une âme, que Dieu a voulu remplir de l'idée de son Être infini et souverainement parfait, doive être anéantie.

En créant des êtres d'une capacité aussi étendue, le Créateur n'a pu avoir d'autre but que de la remplir un jour.

Notre âme qui est assez vaste pour concevoir le grand *Océan* de l'Etre, de la Vérité, du Bien, ne peut pas avoir reçu cette immense capacité pour rester sur le *rivage* de cet Océan.

Elle a été destinée à y vivre comme dans son élément, ainsi que le poisson dans l'eau.

Etant donné que, pendant cette vie, nous ne connaissons Dieu que par la *Foi*, nous devons ensuite Le connaître par la *Vision*.

La seconde est le complément de la *première*.

On ne comprend pas que Dieu fasse et défasse son ouvrage, sans jamais réaliser le but qu'il s'est proposé en le créant.

Cette inconstance serait indigne de sa Sagesse et de sa Bonté.

Il se doit à Lui-même d'achever ce qu'il a créé.

Nous sommes; donc, nous *serons toujours* parce que Dieu est immuable, c'est-à-dire: Il ne peut changer dans ses desseins et dans sa bonté.

Dieu a créé les choses pour qu'elles fussent: « *Creavit res ut essent* », a dit profondément St Thomas.

Etre ou n'être pas: toute la question est là.

Si Dieu n'avait pas voulu nous créer *pour toujours*, il ne nous aurait pas créés.

Celui qui peut créer, dédaigne de détruire.

Est-ce qu'un génie crée un chef-d'œuvre, à savoir : un monument, un tableau, une statue, un livre, pour l'anéantir quand il l'aura achevé ?

La même Volonté ou Bonté qui nous a donné l'existence nous garantit que cette existence doit être éternelle.

Elle ne peut se contredire. Elle ne peut vouloir et ne pas vouloir, aimer et ne pas aimer. Elle ne se reprend pas, elle ne se dément pas, elle ne se repent pas. « La volonté divine est immobile » a dit, St Thomas.

Un père ne peut vouloir l'anéantissement de ses enfants ; il les a appelés à la vie, il les a élevés, fortifiés, sauvés.

Or, on supposerait qu'un jour Dieu, ce Père qui, à vrai dire, est *Seul Père*, correspondît au sourire, à l'amitié, aux élans de ses enfants, par la destruction, par l'anéantissement !

Nous ignorons bien des choses, mais nous savons qu'aimer c'est en premier lieu *se donner pour toujours* :

L'amitié qui finit, ne commença jamais.

Dieu nous aime et il est Éternel ; il ne peut donc que nous aimer d'un amour Éternel ; d'ailleurs, il nous le dit : « *perpetua dilectione dilexi te*, je vous ai aimés de toute éternité ».

En nous disant que nous avons été créés à l'image de Dieu, Moïse nous a plus instruits sur l'homme que tous les discours et tous les livres des savants et des philosophes, remarque Bossuet.

En effet, rien ne fait mieux connaître la nature de l'homme que la nature de Dieu, comme aussi rien ne fait mieux connaître la nature de Dieu que la nature de l'homme.

Regarder l'un, c'est regarder l'autre.

Enumérons les principales ressemblances de notre âme avec Dieu :

Dieu est *esprit;* notre *âme* est *esprit,* elle connaît et se connaît.

Dieu est *un* en nature et *triple* en personnes : le Père, le Fils et le Saint-Esprit ; notre *âme* est *une* en nature, et *triple* en ses facultés : mémoire, intelligence et volonté.

Dieu est *libre;* notre *âme* est *libre.*

Dieu connaît le *passé,* le *présent* et *l'avenir ;* notre *âme* se *souvient* du passé, *connaît* le présent et *prévoit* l'avenir.

Dieu est présent *partout;* notre *âme* est présente à *toutes les parties* de notre corps, et, en un clin d'œil, elle fait le *tour du monde.*

Dieu est *juste,* saint, vrai, bon, miséricordieux; notre *âme* a l'idée et le sentiment de la vérité, de la justice, de la sainteté, de la bonté et de la miséricorde.

Dieu est *infini*; notre *âme* est *infinie dans ses désirs* : rien de créé ne peut la contenter.

Dieu est *infiniment parfait*, le plus parfait de tous les êtres; *l'homme* est la *plus parfaite* de toute les créatures visibles.

Dieu ne *dépend* de personne; *l'homme* ne dépend *de personne que de Dieu*.

Dieu est le maître *souverain* du ciel et de la terre; l'*homme* est le *roi* de tout ce qui l'environne.

Tout se rapporte à *Dieu*; *tout* se rapporte à l'*homme* et l'homme à Dieu.

Mais arrivons enfin à la perfection divine qui se rapporte à notre sujet.

Dieu est **éternel**.

Quel est donc en nous le *trait de ressemblance* qui correspond à l'*éternité* divine, sinon l'*Immortalité*?

Qu'y a-t-il de plus ressemblant à l'*Eternité* que l'*Immortalité*?

Si nous ne sommes pas *immortels*, nous ne sommes plus une *parfaite image* de Dieu, nous ne sommes qu'une *image tronquée*. Il manque un des principaux traits de ressemblance.

Toutes les créatures, nous l'avons fait observer, sont des représentations, des ressemblances de l'*Etre* de *Dieu*; mais notre âme est la plus *parfaite image* de ses perfections. Nous venons de constater qu'elle en est le plus *parfait miroir*.

Et ce *miroir* serait brisé!

Non, jamais!

Ce miroir est le témoin de la Puissance, de la Gloire, de la Bonté de Dieu; et ce témoin se tairait un jour!

Jamais! jamais!

Dieu n'est pas le *Dieu des morts*, mais des *vivants*, dit l'Evangile.

D'ailleurs, peut-on concevoir que ce qu'il y a de plus grand au monde, l'*esprit*, puisse être anéanti, tandis que ce qu'il y a de moindre, le *corps*, ne l'est pas?

Les corps se décomposent, se dissolvent, se corrompent, mais ne sont pas *anéantis*.

L'être d'un *brin d'herbe* est plus excellent que celui de tous les éléments: de l'eau, de l'air, de la terre, du feu, parce qu'il a la *vie*.

L'être d'un *insecte* est plus excellent que celui de toutes les plantes, parce qu'il a une vie *sentie*.

L'être d'une *seule pensée* est plus excellent que celui de toutes les créatures visibles, parce qu'elle est la *vie de l'intelligence*.

« L'homme n'est qu'un **roseau**, le plus faible de la nature, mais c'est un roseau *pensant*. Il ne faut pas que l'univers entier s'arme pour l'écraser: une vapeur, une goutte d'eau suffit pour le tuer. Mais quand l'univers l'écraserait, l'homme serait encore plus noble que ce qui le tue, parce qu'il *sait* qu'il *meurt*, et l'avantage que l'univers a sur lui, l'univers n'en *sait rien*. » (PASCAL n'a rien écrit de plus beau que ces quelques lignes.)

Or, l'âme qui pense en nous, cet être le plus grand, le plus excellent de l'univers, cet être si sublime qui seul *se sait*, serait *anéanti*, à l'exception de tous les autres !

Dans le monde des corps rien n'est *anéanti*.

Rien ne se perd, rien ne se crée : c'est un fait *acquis* à la science.

*
* *

Peut-on supposer que tout finit à la mort sans tomber dans le plus impie des blasphèmes, sans attaquer cette perfection qui fait le fond de la nature même de Dieu : *la Bonté?*

Eh quoi ! notre fin serait de rouler à la surface de cette terre, de nous traîner dans ses obscurités et dans ses fanges, sans savoir même la raison de notre existence ! de marcher et d'agir errants et perdus dans cette vie, comme en un sentier ténébreux où nulle lumière ne nous guiderait et ne nous laisserait entrevoir un avenir !

Eh quoi ! on pourrait mettre dans la bouche de Dieu infiniment bon ce chant mis sur les lèvres du désespoir :

> Lorsque du Créateur la parole féconde,
> Par sa toute-puissance, eut enfanté le monde
> Des germes du chaos,
> De son œuvre imparfaite il détourna sa face ;
> Et, d'un pied dédaigneux, la lançant dans l'espace,
> Rentra dans son repos.
> — « Va ! dit-il, je te livre à ta propre misère.
> Trop indigne à mes yeux d'amour ou de colère,
> Tu n'es rien devant moi !
> Va-t-en rouler sans fin dans les déserts du vide !
> Qu'à jamais loin de moi le hasard soit ton guide,
> Et le malheur ton roi ! »

Eh quoi ! Dieu nous aurait créés pour nous faire souffrir ! Il nous aurait donné un si invincible amour de la vie et du bonheur, une si grande horreur de la mort, pour s'en jouer !

Il nous aurait faits à la fois pour aimer la vie et pour la perdre de la manière la plus agonisante ! en un mot, il nous aurait soumis à cette dure épreuve de la vie, sans but !

Mais cela est atroce et par conséquent impossible : Dieu n'a pu nous créer pour maudire l'existence.

S'il en était autrement, le malheureux ne serait-il pas en droit de le blasphémer ?

> Ainsi, prêt à fermer mes yeux à la lumière,
> Nul espoir ne viendra consoler ma paupière !
> Mon âme aura passé, sans guide et sans flambeau,
> De la nuit d'ici-bas dans la nuit du tombeau !
> Et j'emporte au hasard, au monde où je m'élance,
> Ma vertu sans espoir, mes maux sans récompense ?
> Réponds-moi, Dieu cruel ! S'il est vrai que tu sois,
> J'ai donc le droit fatal de maudire tes lois !
> Après le poids du jour, du moins le mercenaire
> Le soir, s'assied à l'ombre et reçoit son salaire ;
> Et moi, quand je fléchis sous le fardeau du sort,
> Quand mon jour est fini, mon salaire est la mort !
>
> . . . .
>
> . . . .
>
> Seule, une autre vie explique la vie présente.
> Mais, tandis qu'exhalant le doute et le blasphème,
> Les yeux sur mon tombeau, je pleure sur moi-même,
> La foi, se réveillant comme un doux souvenir,
> Jette un rayon d'espoir sur mon pâle avenir,
> Sous l'ombre de la mort me ranime et m'enflamme,
> Et rend à mes vieux jours la jeunesse de l'âme.
> Je remonte, aux lueurs de ce flambeau divin,
> Du couchant de ma vie à son riant matin,

> J'embrasse d'un regard la destinée humaine,
> A mes yeux satisfaits tout s'ordonne et s'enchaîne,
> Je lis dans l'avenir la raison du présent,
> L'espoir ferme après moi les portes du néant,
> Et, rouvrant l'horizon à mon âme ravie,
> M'explique par la mort l'énigme de la vie.

Mystère révoltant ! Si l'homme n'a pas une autre vie à attendre, sa condition est d'être la plus misérable des créatures ; car l'animal étant sans raison, borné, et stupide, n'a jamais à sonder l'abîme horrible du néant.

Qu'est-elle, en effet, la « vie présente »?

Etre obligé, pour entretenir cette vie, de s'imposer à chaque instant des privations, des sacrifices ; être sans cesse en butte à toutes sortes de malaises ; se voir obligé constamment d'accomplir des devoirs, des travaux, des formalités qui coûtent ou répugnent ; ne posséder aucun bien dont on ne se lasse, et se fatiguer à en rechercher d'autres ; s'agiter au milieu des hochets de ce monde sur la valeur desquels on s'entretient dans l'illusion, de peur d'être dégoûté de son existence ; s'absorber dans des occupations vulgaires et d'une monotonie désespérante ; être souvent délaissé par les siens, trompé par des amis, maltraité par des ingrats ; ne pas obtenir un succès qui n'excite quelque dépit chez des rivaux; ne pas jouir d'un bien dont on n'ait à craindre qu'il ne se change le lendemain en un mal; ne pas goûter une joie qu'il ne faille expier par quelque tourment...

En un mot : être sans cesse à la poursuite du *bonheur* sans pouvoir *jamais* l'atteindre, et de plus être accablé de toutes sortes de misères, n'est-ce pas toute la vie d'ici-bas ?

Et il n'y aurait plus rien *après* !

Mais, alors, comment concilier ce *cruel état de choses* avec la *Bonté infinie* de Dieu?

Mais de plus :

N'y a-t-il pas de la **cruauté** *à dire à l'homme*: « *Tu n'es pas heureux ici-bas, tu ne le seras pas davantage dans l'avenir*; *un joug de fer pèse sur toi pour jamais!* »

N'est-ce point le comble de la barbarie que de lui arracher L'ESPÉRANCE?

En effet : cesser d'être, pour jamais, après avoir possédé et compris l'existence, comment, si l'on n'est pas une brute, s'empêcher d'y songer et d'en frémir ?

N'est-ce pas *affreux* ?

Si le *tout de la vie n'était que ce que nous en voyons* : une suite d'ennuis, de déceptions, de dégoûts, de fatigues, de combats, de défaites, d'oppressions, de découragements à peine entremêlés de quelques gouttes de joie pour nous donner au juste la force de la supporter ; si le tout de la vie présente n'était que cela ; si elle ne nous conduisait pas à *une autre vie* parfaitement heureuse, *vaudrait-elle la peine d'être vécue*? assurément non.

Dans ce cas, pourrions-nous jamais empêcher le pauvre de s'écrier : *Pourquoi ne suis-je pas mort, le jour de ma naissance*? Son sort ne nous touche donc pas ?

N'avons-nous jamais pensé à ses travaux, à ses détresses, à ses humiliations, à son dénûment, à toutes ses misères dont l'une des plus irritantes est d'être condamné à travailler sans relâche à côté d'un oisif, à endurer de rudes privations à côté d'un prodigue, à être dédaigné à côté de celui qu'il considère comme un heureux de ce monde !

Oserait-on soutenir à cet homme, qui n'est toujours qu'un *être de malheur* qu'il ne sera jamais un *être de bonheur* !

Oserait-on soutenir qu'il n'y a pas une *autre vie* à cette âme qui a consumé chaque minute d'une existence déshéritée à un travail ingrat, dont elle meurt dans un coin oublié d'une froide maison !

Oserait-on essayer de le persuader à ce pauvre

infirme sur ce grabat où la misère l'a jeté, et où son âme poursuit l'espérance dans quelques mots divins !

En présence de ce malheureux cloué à son lit d'agonie, dévoré par la maladie qui laboure son corps, torturé par les angoisses qui déchirent son âme; en présence de ces douleurs, de ces larmes, nous serions condamnés à nous taire ! Nous n'aurions aucune espérance à faire attendre, aucune lumière à faire briller dans cette tristesse noire, aucune vie nouvelle à promettre à ce malheureux condamné à mort !

Nous oserions supposer que Dieu, dont la nature essentielle est *bonté*, regarderait impassible ces maux, ces larmes, ces douleurs poignantes !

Mais quand même il n'y aurait aucun malheureux sur la terre, quand même tous les bois de la terre seraient des myrtes et des roses ; toutes les vallées, des vallées de réjouissances ; tous les pays, des pays fortunés ; tous les jardins, des Élysées ; et quand même la joie sereine y brillerait dans tous les yeux, oui même alors il faudrait espérer dans *l'immortalité*, parce que (nous ne l'éprouvons que trop) tous les bonheurs terrestres possibles, réunis ensemble, ne sont que *l'ombre* du bonheur que nous rêvons.

Mais, hélas ! lorsque tant de maisons sont des maisons de deuil, tant de champs des champs de bataille, lorsque la pâleur couvre tant de visages, et que nous passons chaque jour devant tant de pauvres yeux flétris, rouges, déchirés, éteints, ah ! mon Dieu ! se pourrait-il que la tombe fût le gouffre où tout doit s'abîmer ?

* *

Peut-on douter sur un tombeau ?

Oui, *le cœur est plus fort que la mort*; l'amour se refuse au néant. « La créature aimante exige la créature immortelle », a dit un grand poète sur la tombe de sa fille.

Faisons appel à nos souvenirs les plus chers, les plus sacrés : au cœur profond des mères ; au cœur virginal à peine entr'ouvert de la jeune fille ; au cœur viril des pères ; au cœur enthousiaste du jeune homme, y a-t-il autre chose que des battements qui rendent le son de l'immortalité, des palpitations d'éternel amour de l'être aimé ? *A toi, pour toujours* ! voilà le fond du cœur aimant.

Prenons par la main la mère éperdue de douleur par la mort de son enfant chéri, et conduisons-la sur le tombeau de celui-ci.

Disons-lui : venez, venez là et sur cette tombe sur laquelle vous ne pouvez retenir vos larmes, osez étendre la main, et jurez! Jurez que tout est néant, même votre amour ! que ces cendres froides ne seront jamais rendues à la vie, que tout ce qui est mort est bien mort !

C'est là un rendez-vous triomphant. Les plus incrédules s'y avouent vaincus. S'ils osaient nier encore, leur amour s'élèverait de leur cœur pour paralyser leur langue.

Malgré eux, s'adressant aux parents, avec le poète ils leur disent :

. . . .
Vivant, l'enfant fait voir le devoir à vos cœurs ;
Mort, c'est la vérité qu'à votre âme il dévoile;
Ici, c'est un flambeau; là-haut, c'est une étoile.

Notre amour des morts ne peut être vain : *on n'aime pas ce qui n'existe pas.*

Ah! vous aimer est le bonheur suprême,
Défunts chéris, de quiconque a des pleurs.
Vous oublier, c'est s'oublier soi-même :
N'êtes-vous pas un débris de nos cœurs ?

En avançant dans notre obscur voyage,
Du doux passé l'horizon est plus beau,
En deux moitiés notre âme se partage,
Et la meilleure appartient au tombeau.

LAMARTINE.

«La bête connaît-elle le cercueil et s'inquiète-t-elle de ses cendres ? Que lui font les ossements de son père ? Ou plutôt sait-elle qui est son père, après que les besoins de l'enfance sont passés ? Parmi tous les êtres créés, *l'homme seul* recueille la cendre de son semblable, et lui porte un respect religieux ; à nos yeux le domaine de la mort a quelque chose de sacré. D'où nous vient donc la puissante idée que nous avons du trépas ? Quelques grains de poussière mériteraient-ils nos hommages ? Non, sans doute : nous respectons la cendre de nos ancêtres, parce qu'une voix secrète nous dit que tout n'est pas éteint en eux ; et c'est cette voix qui consacre le culte funèbre chez tous les peuples de la terre. Tous sont également persuadés que le sommeil n'est pas durable, même au tombeau, et que la mort n'est qu'une transfiguration glorieuse. (CHATEAUBRIAND)

Jamais il n'a été porté atteinte au respect des morts, si ce n'est aux époques de décadence et de révolution, comme on l'a vu il y a cent ans.

Et alors encore on s'est écrié :

Malheur aux temps, malheur aux nations profanes
Chez qui, dans tous les cœurs affaibli, par degré,
Le culte des tombeaux cessa d'être sacré !

Considérons encore le fait universel *d'amour et de vénération des tombeaux.*

« Il y a six mille ans, dit Mgr Besson, que l'homme enterre son semblable, et six mille qu'il déclare en face du soleil que l'âme s'est échappée du corps et que le tombeau ne garde que la moindre partie de lui-même.

» Il y a six mille ans que nos yeux ne voient qu'une machine décomposée, une ruine qui s'écroule, un cadavre qui ne peut pas même conserver son nom, et six mille ans que notre voix s'élève contre ce spectacle, pour dire à nos proches et à nos amis dont nous avons recueilli la dépouille mortelle : *Au revoir! A demain! nous sommes séparés, mais unis... Nous nous reverrons dans un monde meilleur.*

» Le fils se console d'avoir perdu son père ; il se dit avec une douce espérance : *Mon père est immortel.* Mais si c'est le père qui survit, si c'est la mère qui porte le deuil de ses propres enfants, avec quel accent, avec quelle foi ce cri part du fond des cœurs déchirés par le glaive : « Mon fils vit encore, je le sens, je le vois, je l'entends... Ma fille n'est pas morte, elle dort, elle m'écoute, elle m'exaucera, ma fille est immortelle ».

» Ainsi le monde a beau devenir un vaste

cimetière, on a beau en retourner le sol pour y enfouir une chair morte et y disperser des ossements blanchis, plus ce spectacle dure, plus l'humanité s'obstine à n'en pas croire ses yeux et à pousser, du seuil de la mort, du milieu des ruines, un cri de délivrance et d'immortalité. »

. . . .
Le rossignol caché dans la feuillée épaisse
S'inquiète-t-il s'il est, dans le lointain des bois,
Quelque oreille attentive à recueillir sa voix ?
Non, il jette au désert, à la nuit, au silence,
Tout ce qu'il a reçu de suave cadence.
Si la nuit, le désert, le silence sont sourds,
Celui qui l'a créé l'*écoutera* toujours.

La voix immense de l'amour de tous les hommes réclamant l'immortalité, luttant pour la vie, jusqu'au dernier soupir, ne peut résonner dans le vide :

Celui qui l'a créé l'*exaucera* toujours !

. . . .
Je suis né pour la vie et n'obéirai pas,
Mort ! Au fond du sépulcre où tu me fais descendre,
Mon amour donnera une voix à ma cendre.
Je laisse en m'en allant de quoi t'anéantir,
Je t'ai tuée, ô mort, avant que de mourir !

. . . .
Ah ! si dans ces instants où l'âme fugitive
S'élance et veut briser le sein qui la captive,

Ce Dieu, du haut du Ciel répondant à nos vœux,
D'un trait libérateur nous eut frappés tous deux !
Nos âmes, d'un seul bond remontant vers leur source,
Ensemble auraient franchi les mondes dans leur
A travers l'infini, sur l'aile de l'amour,   [course ;
Elles auraient monté comme un rayon du jour
Et, jusqu'à Dieu lui-même arrivant éperdues,
Se seraient dans son sein pour jamais confondues !
Ces vœux nous trompaient-ils ? Au néant destinés ?
Est-ce pour le néant que les êtres sont nés ?
Partageant le destin du corps qui la révèle,
Dans la nuit du tombeau l'âme s'engloutit-elle ?
Après un vain soupir, après l'adieu suprême
De tout ce qui t'aimait, n'est-il plus rien qui t'aime ?...
Ah ! sur ce grand secret n'interroge que toi !
Vois mourir ce qui t'aime, Elvire, et réponds-moi.

LAMARTINE

Oui, l'amour est plus fort que la mort ; aimer c'est croire, *aimer c'est voir*, dit St Augustin.

Que faut-il donc conclure des *douleurs et deuils de la vie présente* ? Ceci :

La vie présente est à jamais inconcevable ou inexplicable, si on la regarde comme un but définitif.

Au contraire, tout s'explique, si on la considère comme elle est, c'est-à-dire comme une épreuve méritoire d'une autre vie.

Ce n'est ni la Providence ni la vie qui nous trompent, a dit un philosophe, c'est *nous* qui nous trompons parfois sur les *intentions* de l'une et sur le *but* de l'autre.

En effet, examinons de près le *pourquoi* de la *douleur* qui est la grande loi de la vie.

Quel est son **but**?

Elle ne peut pas être une *simple torture*.

Que signifie-t-elle donc, appliquée à une créature intelligente et raisonnable?

A quelque point de vue qu'on envisage l'homme, dans le passé, dans le présent ou dans l'avenir, la douleur ne peut se concevoir en lui que comme une **épreuve** ou comme une **expiation**.

Si elle est une *épreuve*, il faut sans doute qu'elle ait une durée qui la *termine* et une récompense au *terme*.

Or, est-il un temps en cette vie où la douleur s'interrompt pour donner lieu au repos, au bonheur, à la gloire qui doit la suivre?

Elle ne se termine ni à la *jeunesse*, ni à *l'âge mûr*, ni même à la *vieillesse* qui cependant semblerait devoir être le temps de la moisson.

Si donc la vie tout entière n'est que la durée même de l'épreuve, elle n'en est pas le *but*.

Si elle est l'*action*, elle n'est pas l'*ouvrage* de l'action.

Il faut donc ailleurs et *au delà* une autre vie qui explique, complète, achève celle d'ici-bas, qui fixe à l'épreuve sa valeur, détermine son prix, assure à jamais la possession de son mérite.

En présence de la *douleur humaine* on ne peut s'empêcher de se dire:

Si les animaux sont si abondamment pourvus dans leurs satisfactions, c'est qu'ils vivent et meurent tout entiers ici-bas.

Si la douleur, la fin, la maladie, la crise de la mort épouvantent l'*homme*, c'est qu'il doit mériter une *autre vie* bienheureuse.

Ainsi et ainsi seulement s'explique la vie présente; ainsi, elle a un sens absolument précis, et il n'y a plus à douter de la Bonté de Dieu qui fait précéder d'une *courte épreuve* un bonheur *sans fin*.

Dans ce cas on comprend la douleur: elle est digne de Dieu; elle est digne de l'homme.

Sans doute la douleur est le fruit du péché; toutefois, l'immortalité seule, le bonheur éternel seul, étant donné le lamentable spectacle des misères humaines, peut nous empêcher de douter de la Miséricorde et de la Bonté de Dieu.

Nous venons de considérer la douleur comme *épreuve* méritoire d'une autre vie.

Considérons-la maintenant comme *expiation* du péché.

Si la *douleur* est une *expiation*, on la comprend encore, mais c'est à la condition que l'expiation *rachète* le péché.

Si la douleur dure toujours, si elle se prolonge jusqu'à la mort sans procurer en cette vie le *but* même qu'elle recherche, c'est-à-dire la *réparation du mal*, le bonheur dû à la *vertu recherchée*, on conclut avec raison que l'expiation, ne se terminant point *en ce monde*, doit produire son effet *au delà* de la vie présente.

En effet, l'homme redevenu *pur* ne peut être anéanti. Dieu ne peut lui retirer l'*être* au moment même où il en devient le plus digne !

Au nom de ce *Dieu infiniment Bon*, la *douleur* ne peut être, comme telle, l'occasion de la ruine de l'homme.

En toute vérité elle est une sorte de *sacrement naturel* qui signifie et produit le bonheur éternel.

Les Anciens l'avaient compris avec les seules lumières de la raison : ils appelaient la *douleur* : une *chose sacrée* : « res sacra, miser ».

Comme *épreuve*, elle est une *chose sainte* ; elle l'est encore comme *expiation* du péché, car, à ce dernier point de vue, se vérifie cette belle parole d'une Sainte : « *Dieu a châtié l'homme avec de la gloire, de la gloire éternelle.* »

En résumé : seule, une *autre vie* donne un sens à la *douleur*.

Non, *l'Etre infiniment Bon ne nous a pas créés pour maudire l'existence.*

Les hommes mêmes tout imparfaits qu'ils sont, lorsqu'ils possèdent la puissance souveraine, excepté quelques monstres qui font horreur, se font gloire de rendre leurs peuples heureux.

La prospérité de leurs sujets fait partie de leur grandeur, et chez eux, la bonté ne se sépare pas de la puissance ; à plus forte raison, doit-il en être de même chez l'Etre infiniment parfait.

* *

Dernière considération.

Examinons les délirantes absurdités dans lesquelles on tombe, si on n'admet point d'autre vie après la vie présente.

En vérité, nous sommes obligés de reconnaître que l'*âme* est la principale partie de l'homme.

Or si celui-ci n'est pas immortel, si son **âme** *n'a pas d'autre vie que la vie présente, son* **corps** *devient la principale partie de lui-même.*

En effet, dans ce cas, l'homme, cet être si grand, si sublime, qui pénètre les Cieux invisibles, ne serait plus qu'un cadavre organisé qui marche à grands pas vers le néant, n'ayant pas d'autre but dans la création que de dévorer quelques mesures de blé !

Quoi! nous verrions le travail des muscles, des os, des nerfs, des tendons, des membranes, des vaisseaux, des fibres, des viscères et des intestins; nous contemplerions avec admiration le travail de cette mécanique, le jeu des articulations, des syphons et des poulies, la sécrétion des humeurs, la séparation du chyle de la bile et du sang, et tous ces merveilleux ressorts qui font agir ce cadavre, et nous admettrions que dans l'homme cette âme qui le fait *penser* n'aurait pas une vie supérieure au corps! Elle ne serait donc que la frêle enveloppe du *sac alimentaire;* elle n'aurait plus qu'un but : *digérer!*

Le roi de la création ne serait qu'un *tube digestif!*

Cette âme sublime par laquelle on est : causeur, écrivain, orateur, philosophe, poète, sculpteur, peintre, musicien, acteur, mathématicien, etc., n'aurait d'autre but que de *servir à la digestion!* travaux, héroïsme, vertus, et pensées aboutiraient là!

Eh quoi! manger, boire, dormir, travailler, souffrir surtout, et finir dans une fosse, serait toute la destinée de l'homme, c'est-à-dire : le *néant!*

A bas vertu, devoir et foi ! l'homme est un ventre !

Naître, vivre, mourir *dans la boue, serait donc tout l'homme!*

Entendons ces véhémentes paroles que le P. Lacordaire adressait à l'auditoire de Notre-Dame :

« Eh quoi! vous m'attaquez jusque dans ma nature! vous me rejetez aux limites de l'animalité! vous me traitez à l'égal du chien! Que dis-je! vous oseriez dire : *l'homme est un tube digestif percé des deux bouts !*

» Ah! ne riez pas, je m'en voudrais mortellement d'exciter votre rire : écoutez cette chose avec le silence de l'exécration.

» Que disais-je ? on oserait me mettre au rang des animaux, et je n'aurais pas le droit, usant de toute la hauteur de la vérité contre l'imposture, de me retourner avec mépris et d'écraser du talon cette *canaille* de doctrine! »

On a beau *s'encanailler* dans cette doctrine, tôt ou tard on est forcé de s'écrier avec le poète :

Je voudrais vivre, aimer, m'accoutumer aux hommes
Et regarder le ciel sans m'en inquiéter.
Je ne puis ; malgré moi l'infini me tourmente,
Je n'y saurais songer sans crainte et sans espoir,

Et, quoi qu'on en ait dit, ma raison s'épouvante
De ne pas le comprendre et pourtant de le voir.
Qu'est-ce donc que le monde et qu'y venons-nous faire
Si, pourqu'on vive en paix, il faut voiler les cieux,
Passer comme un troupeau, les yeux fixés en terre,
Et renier le reste, est-ce donc être heureux ?
Non, c'est cesser d'être homme et dégrader son âme !

MUSSET

Oui, je croyais, les yeux fixés sur nos aïeux,
Que l'homme avait prouvé superbement son âme.
Aussi, lorsqu'à cette heure un Allemand proclame
Zéro pour but final et me dit : « O néant,
Salut ! », j'en fais ici l'aveu, je suis béant.   [linge
Et quand un grave Anglais, correct, bien mis, beau
Me dit : « Dieu t'a fait homme et moi je te fais singe,
Rends-toi digne à présent d'une telle faveur ! »
Cette promotion me laisse un peu rêveur.   V. H.

*
* *

L'ATHÉE

Il n'y parviendra pas ; il a beau, dans sa course,
  Se serrer à deux mains le cœur,
  Comme pour comprimer la source
  De l'intarissable douleur;

La douleur ! elle gonfle, elle bat ses artères,
  Elle l'étreint de tous côtés
  Dans les lieux les plus solitaires,
  Sur les bords les plus fréquentés.

Qu'il aille au haut des monts, qu'il aille sur la crête
  Du roc le plus retentissant,

Dans le calme et dans la tempête,
Sur la terre ou sur l'Océan ;

Il entendra toujours le grand mot qu'il redoute,
Partout, à toute heure, en tout lieu.
Les pierres même de la route
Lui redisent le Nom de Dieu.

Oh ! oui, c'est en vain qu'il espère,
Qu'il implore un sommeil sans fin ;
Une voix sourde à sa prière
Lui jette le mot de *demain*.
C'est en vain qu'il se réfugie
Dans les ténèbres de l'orgie ;
Dans les ténèbres de la nuit,
Comme une ardente chasseresse,
Son immortalité le suit.
Et quand sa paupière alourlie
Se ferme au soleil d'ici-bas,
Quand sa voix mourante mendie
Un jour de plus qu'il n'aura pas.
C'est là qu'il tremble et qu'il recule !
C'est là qu'un affreux crépuscule
Lui fait pousser un cri profond :
« A moi, j'ai peur ! à moi, je tombe ! »
Car il s'aperçoit que la tombe,
Froide au bord, est brûlante au fond

TURQUETY

LA MORT

Je vis cette faucheuse. Elle était dans son champ.
Elle allait à grands pas moissonnant et fauchant,

Noir squelette, laissant passer le crépuscule.
Dans l'ombre où l'on dirait que tout tremble et recule,
L'homme suivait des yeux les lueurs de la faux.
Et les triomphateurs sous les arcs triomphaux
Tombaient. Elle changeait en désert Babylone,
Le trône en échafaud et l'échafaud en trône,
Les roses en fumier, les enfants en oiseaux,
L'or en cendre, et les yeux des mères en ruisseaux.
Et les femmes criaient : « Rends-nous ce petit être !
Pour le faire mourir, pourquoi l'avoir fait naître ? »
Ce n'était qu'un sanglot sur terre, en haut, en bas ;
Des mains aux doigts osseux sortaient des noirs gra-
[bats ;
Un vent froid bruissait dans les linceuls sans nombre,
Les peuples éperdus semblaient sous la faux sombre
Un troupeau frissonnant qui dans l'ombre s'enfuit ;
Tout était sous ses pieds : deuil, épouvante et nuit !
Derrière elle, le front baigné de douces flammes,
Un ange souriant portait la gerbe d'âmes.

La tombe dit à la rose :
« Des pleurs dont l'aube t'arrose
Que fais-tu, fleur des amours ? »
La rose dit à la tombe :
« Que fais-tu de ce qui tombe
Dans ton gouffre ouvert toujours ? »

La rose dit : « Tombeau sombre,
De ces pleurs je fais dans l'ombre
Un parfum d'ambre et de miel. »
La tombe dit : « Fleur plaintive,

De chaque âme qui m'arrive
Je fais un ange du ciel ! »

V. Hugo

LES YEUX QU'ON FERME VOIENT ENCORE

Bleus ou noirs, tous animés, tous beaux,
Des yeux sans nombre ont vu l'aurore ;
Ils dorment au fond des tombeaux,
Et le soleil se lève encore.

Les nuits plus douces que les jours
Ont enchanté des yeux sans nombre ;
Les étoiles brillent toujours,
Et les yeux sont remplis d'ombre.

Oh ! qu'ils aient perdu le regard,
Non, non, cela n'est pas possible !
Ils se sont tournés quelque part,
Vers ce qu'on nomme l'Invisible.

Et comme les astres penchants
Nous quittent, mais au ciel demeurent,
Les prunelles ont leur couchant,
Mais il n'est pas vrai qu'elles meurent.

Bleus ou noirs, tous animés, tous beaux,
Ouverts à quelque immense aurore,
De l'autre côté du tombeau
Les yeux qu'on ferme voient encore.

Sully-Prudhomme

A UNE TÊTE DE MORT

Squelette, qu'as-tu fait de l'âme ?
Foyer, qu'as-tu fait de ta flamme ?
Cage muette, qu'as-tu fait
De ton bel oiseau qui chantait ?
Volcan, qu'as-tu fait de ta lave ?
Qu'as-tu fait de ton maître, esclave ?

. . . .

Étais-tu femme et belle, avec de longs cils noirs,
Des fleurs dans les cheveux, souriant aux miroirs...
Grand seigneur, dépassant les têtes de la foule, [bleus ?
Jeune homme et délirant pour des yeux bruns ou
On ne sait... tous les morts se ressemblent entre eux :
La vie a mille aspects : le néant n'a qu'un moule.

. . . .

Ton âme a fui là-haut, vers la cité des cieux
Aux mille portes d'or, aux palais radieux.
Elle est là, contemplant dans une sainte extase
Le soleil dans sa force et Dieu dans sa splendeur.
Toi, tu n'es que ruine et cendre : le Seigneur,
Quand il a pris *l'encens*, laisse tomber le *vase*.

SÉGALAS

RÉSURRECTION

Comme au creux d'un rocher vole l'humble colombe,
Cherchant la goutte d'eau qui tombe avant le jour,
Mon esprit, altéré, dans l'ombre de la tombe
Va boire un peu de foi, d'espérance et d'amour !

. . . .
L'aveugle voit dans l'ombre un monde de clarté.
Quand l'œil du corps s'éteint, l'œil de l'esprit s'allume

. . . .
. . . .

L'homme sent à la fois, pure et chair sombre,
La morsure du ver de terre au fond de l'ombre,
Et le baiser de Dieu.

La chenille qui nous fait horreur, ce ver d'un aspect si dégoûtant, qui se traîne dans la fange, qui se nourrit de corruption et de vase infecte, se tisse un tombeau et semble s'endormir du sommeil de la mort.

Attendons quelques jours, quelques semaines, quelques mois : le tombeau s'entr'ouvre, et, au lieu de l'insecte dégoûtant, un papillon resplendissant s'en échappe ; le nouvel être vit d'air, de parfum, de lumière ; il rivalise de splendeur avec le rayon du soleil qui se joue dans le diamant, le rubis et l'opale.

La première métamorphose dorée que subit la chenille avant de devenir papillon s'appelle : *chrysalide*.

Mais la beauté du papillon est incomparablement supérieure à celle de la chrysalide elle-même.

Ainsi en est-il de l'homme.

Considérons la beauté de la chrysalide, pour ainsi dire, de l'humanité, dans tout l'éclat rayonnant de sa splendeur corporelle, intellectuelle et morale ; elle n'est pas encore achevée ; elle n'a pas subi sa dernière transformation ; elle n'est que l'aurore d'un dernier état : la divinisation.

La divinité s'annonce à travers tout l'être de la chrysalide de l'homme :

Insecte né de boue et qui vit de lumière.

Intelligence

Un homme ! un fils, un roi de la nature entière !
Insecte né de boue et qui vit de lumière,
Qui n'occupe qu'un point, qui n'a que deux instants,
Mais qui de l'Infini par la pensée est maître,
Et, reculant sans fin les bornes de son être,
S'étend dans tout l'espace et vit dans tous les temps !

Il naît, et d'un coup d'œil il s'empare du monde,
Chacun de ses besoins appelle un élément,
Pour lui germe l'épi, pour lui s'épanche l'onde,
Et le feu, fils du jour, descend du firmament !

L'instinct de sa faiblesse est sa toute-puissance,
Pour lui l'insecte même est un objet d'effroi,
Mais le sceptre du globe est à l'intelligence :
L'homme s'unit à l'homme, et la terre à son roi.

Il regarde, et le jour se peint dans sa paupière!
Il pense, et l'univers dans son âme apparaît!
Il parle, et son accent, comme une autre lumière,
Va dans l'âme d'autrui se peindre trait par trait!

Il se donne des sens qu'oublia la nature,
Jette un frein sur la vague au vent capricieux,
Lance la mort au but que son calcule mesure,
Sonde avec un cristal les abîmes des cieux.

Il écrit, et les vents emportent sa pensée,
Qui va dans tous les lieux vivre et s'entretenir!
Et son âme invisible, en traits vivants tracée,
Ecoute le passé qui parle à l'avenir.

Il fonde les cités, familles immortelles,
Et pour les soutenir il élève les lois
Qui, de ces monuments colonnes éternelles,
Du temple social se divisent le poids!

Moralité

Après avoir conquis la nature, il soupire :
Pour un plus noble prix sa vie a combattu;
Et son cœur vide encore, dédaignant son empire,
Pour s'égaler aux dieux exerça la vertu!

Il offre en souriant sa vie en sacrifice,
Il se confie au Dieu que son œil ne voit pas ;
Coupable, a le remords qui venge la justice,
Vertueux, une voix qui l'applaudit tout bas.

CHAPITRE IV

Divinisation

Plus grands que son destin, plus grands que la nature,
Ses besoins satisfaits ne lui suffisent pas ;
Son âme a des destins qu'aucun œil ne mesure,
Et des regards portant plus loin que le trépas !

Il lui faut l'espérance, et l'empire, et la gloire ;
A son nom l'avenir, à sa foi des autels,
Des dieux à supplier, des vérités à croire,
Des cieux et des enfers, et des jours immortels !

Regardez-le mourir... Assis sur le rivage
Que vient battre la vague où sa nef doit partir,
Le pilote qui sait le but de son voyage
D'un cœur plus rassuré n'attend pas le zéphyr !

On dirait que son œil qu'éclaire l'espérance
Voit l'immortalité luire sur l'autre bord,
Au delà du tombeau sa vertu le devance,
Et, certain du réveil, le jour baisse, il s'endort !
Et les astres n'ont plus d'assez pure lumière,
Et l'infini n'a plus d'assez vaste séjour,
Et les siècles divins d'assez longue carrière
Pour l'âme de celui qui n'était que poussière,
  Et qui n'avait qu'un jour !

  Voilà cet instinct qui l'annonce
  Plus haut que l'aurore et la nuit !
  Voilà l'éternelle réponse
  Au doute qui se reproduit !
  Du grand livre de la nature
  Si la lettre, à vos yeux obscure,

Ne le trahit pas en tout lieu,
Ah ! l'homme est le livre suprême :
Dans les fibres de son cœur même
Lisez, mortels : Il est un Dieu !

LAMARTINE

Ici-bas la métamorphose ; là-haut la Résurrection.

Ici-bas l'humanisation ; là-haut la Divinisation.

Ici-bas la mort ; là-haut la Vie.

Ici-bas la vérité cachée ; là-haut la Vérité sans voile.

Ici-bas l'ombre ; là-haut la Réalité.

Ici-bas la guerre ; là-haut la Paix.

Ici-bas la confusion ; là-haut l'Harmonie.

Ici-bas les ténèbres ; là-haut la Lumière.

Ici-bas l'exil ; là-haut la Patrie.

Ici-bas la fatigue ; là-haut le Repos.

Ici-bas le voyage ; là-haut l'Arrivée.

Ici-bas la navigation ; là-haut le Port.

Ici-bas la tristesse ; là-haut la Joie.

Ici-bas les pleurs ; là-haut la Jubilation.

Ici-bas la crainte ; là-haut la Tranquillité.

Ici-bas la désolation ; là-haut la Consolation.

Ici-bas le malheur ; là-haut le Bonheur.

Ici-bas le sommeil ; là-haut le Réveil.

Ici-bas le mérite ; là-haut la Récompense.

Ici-bas la lutte ; là-haut le Triomphe.

Ici-bas la soif brûlante ; là-haut l'Ivresse des pures délices.

Ici-bas le temps ; là-haut l'Eternité.

Ici-bas la foi ; là-haut la Vision.

Ici-bas l'espoir ; là-haut la Possession. [Dieu.

Ici-bas la séparation ; là-haut la Réunion... à

QU'EST-CE QUE LA MORT ?

C'est le berceau de l'espérance ;
C'est la fleur qui s'épanouit ;
C'est le terme de la souffrance ;
C'est le soleil après la nuit ;
C'est le but auquel tout aspire ;
C'est, après les pleurs, le sourire ;
C'est le retour après l'adieu ;
C'est l'affranchissement suprême,
C'est rejoindre ceux qu'on aime ;
C'est l'*Immortalité* !..... c'est DIEU !...

V. Hugo

DIEU

Voilà le grand et le dernier mot du mystère de la vie et de la mort !

Le mot, c'est Dieu. Ce mot luit dans les âmes veuves ;
Il tremble dans la flamme ; onde, il coule en tes fleuves ;
    Homme, il coule en ton sang ;
Les constellations le disent en silence ;
Et le volcan, mortier de l'infini, le lance
    Aux astres en passant.

Ne *doutons pas*. Croyons. Emplissons l'étendue
De notre confiance humble, ailée, éperdue.
      Soyons l'*immense* OUI.
Que notre cécité ne soit pas un obstacle.
A la création donnons ce grand spectacle
      D'un aveugle ébloui.

Car, je vous le redis, *votre oreille étant dure*,
NON est un *précipice*. O vivants ! rien ne dure ;
      La chair est aux corbeaux ;
La vie autour de vous croule comme un vieux cloître
Et l'herbe est formidable, et l'on y voit moins croître
      De fleurs que de tombeaux.

Tout, *dès que nous doutons*, devient triste et farouche.
Quand il veut, spectre gai, le sarcasme à la bouche,
      Et l'ombre dans les yeux,
Rire avec l'Infini, pauvre âme aventurière,
L'homme frissonnant voit les arbres en prière
      Et les monts sérieux.

Le chêne ému fait signe au cèdre qui contemple ;
Le rocher rêveur semble un prêtre dans le temple
      Pleurant un déshonneur ;
L'araignée, immobile au centre de sa toile,
Médite ; et le lion, songeant sous les étoiles,
      Rugit : « Pardon, Seigneur ! »

. . . .

Mais, grandis, rêve, souffre, aime, vis, vieillis, tombe,
L'explication sainte et calme est dans la tombe.

O vivant ! ne blasphème point.
Qu'importe à l'Incréé qui, soulevant ses voiles,
Nous offre le grand ciel, les mondes, les étoiles,
Qu'une ombre lui montre le poing ?

Nous figurons-nous donc qu'à l'heure où tout le prie,
Pendant qu'il crée et vit, pendant qu'il approprie
A chaque astre une humanité,
Nous pouvons de nos cris troubler sa plénitude,
Cracher notre néant jusqu'en sa solitude
Et lui gâter l'éternité ?

Notre nuit veut rayer ce jour qui nous éclaire ;
Nous crispons sur ce Dieu nos doigts pleins de colère.
Rage d'enfant qui coûte cher !
Et nous nous figurons, race imbécile et dure,
Que nous avons un peu de Dieu dans notre ordure,
Entre notre ongle et notre chair !

Nier l'Etre ! à quoi bon ! L'ironie âpre et noire
Peut-elle se pencher sur le gouffre et le boire
Comme elle boit son propre fiel ?
Quand notre orgueil le tait, notre douleur le nomme.
Le sarcasme peut-il, en crevant l'œil à l'homme,
Crever les étoiles au ciel ?

Ah ! quand nous le frappons, c'est pour nous qu'est la plaie
Pensons, croyons. Voit-on l'Océan qui bégaie
Mordre avec rage son bâillon ?
Adorons-Le dans l'astre, et la fleur et la flamme.
O vivants, la pensée est la pourpre de l'âme,
Le blasphème en est le haillon.

La femme nue, ayant les hanches découvertes,
Chair qui tente l'esprit, rit sous les feuilles vertes ;
    N'allons pas rire à son côté.
Ne chantons pas : « Jouir est tout. Le ciel est vide. »
La nuit a peur, vous dis-je ! elle devient livide
    En contemplant l'immensité.

Chaque fois qu'ici-bas l'homme, en proie aux désastres,
Rit, blasphème, et secoue, en regardant les astres,
    Le sarcasme, ce vil lambeau,
Les morts se dressent froids au fond du caveau sombre
Et de leur doigt de spectre écrivent — DIEU — dans
    Sous la pierre de leur tombeau. [l'ombre

    Tout s'éclaire aux lueurs funèbres,
    Dieu, pour le penseur attristé,
    Ouvre toujours dans les ténèbres
    De brusques gouffres de clarté.

    L'ombre et l'abîme ont un mystère
    Que nul mortel ne pénétra,
    C'est Dieu qui leur dit de se taire
    Jusqu'au jour où tout parlera.

. . . .
. . . .

Nous voyons s'éclairer de lueurs formidables
    La vitre de l'Eternité.

                      V. H.

DEUIL

Je viens à vous, Seigneur, Père auquel il faut croire !
    Je vous porte, apaisé,
Les morceaux de ce cœur tout plein de votre gloire
    Que vous avez brisé.

Je viens à vous, Seigneur ! confessant que vous êtes
Bon, clément, indulgent et doux, ô Dieu vivant !
Je conviens que vous seul savez ce que vous faites,
Et que l'homme n'est rien qu'un jonc qui tremble au
                                                               [vent.

Je dis que le tombeau qui sur les morts se ferme
    Ouvre le firmament ;
Et que ce qu'ici-bas nous prenons pour le terme
    Est le commencement.

Je conviens à genoux que vous Seul, Père auguste,
Possédez l'infini, le réel, l'absolu ;
Je conviens qu'il est bon, je conviens qu'il est juste
Que mon cœur ait saigné..., puisque Dieu l'a voulu !

Seigneur, je reconnais que l'homme est en délire,
    S'il ose murmurer.
Je cesse d'accuser, je cesse de maudire !
    Mais... laissez-moi pleurer !

Hélas ! laissez les pleurs couler de ma paupière,
Puisque vous avez fait les hommes pour cela !
Laissez-moi me pencher sur cette froide pierre
Et dire à mon enfant : « Sens-tu que je suis là ? »

Je ne résiste plus à tout ce qui m'arrive
    Par votre volonté.
L'âme de deuil en deuil, l'homme de rive en rive,
    Roule à l'Eternité !

V. Hugo

LA VÉRITÉ ÉTERNELLE

Qu'il est doux pour l'âme qui pense
Et flotte dans l'immensité,
Entre le doute et l'espérance,
La lumière et l'obscurité,
De voir cette *Vérité éternelle*
Luire sans cesse au-dessus d'elle,
Comme une étoile aux feux constants ;
La consoler sous ses nuages
Et lui montrer les doux rivages,
Blanchis de l'écume du temps !

En vain les vagues des années
Roulent dans leur flux et reflux
Les croyances abandonnées,
Et les empires révolus !
En vain l'opinion qui lutte
Dans son triomphe ou dans sa chute
Entraîne un monde à son déclin ;
Elle brille sur sa ruine,
Et l'histoire qu'elle illumine
Ravit son mystère au destin !

Elle est la science du sage,
Elle est la foi de la vertu,

Le soutien du faible, et le gage
Pour qui le juge a combattu !
En elle la vie a son juge,
Et l'infortune son refuge,
Et la douleur se réjouit.
Unique clef du grand mystère,
Otez cette idée à la terre,
Et la raison s'évanouit.

LAMARTINE

MA DESTINÉE

Tout a sa région, sa fonction, son but,
L'écume de la mer n'est pas un vain rebut ;
Le flot sait ce qu'il fait ; le vent sait qui le pousse ;
Comme un temple où toujours veille une clarté douce,
L'étoile obéissante éclaire le ciel bleu ;
Le lis s'épanouit pour la gloire de Dieu ;
Chaque matin, vibrant comme une sainte lyre,
L'oiseau chante ce nom que l'aube nous fait lire !
Quoi ! l'être est plein d'amour, le monde est plein de
Toute chose ici-bas suit gravement sa loi   [foi
Et ne sait obéir, dans sa fierté divine,
L'oiseau qu'à son instinct, l'arbre qu'à sa racine !
Quoi ! l'énorme Océan qui monte vers son bord,
Quoi ! l'hirondelle au sud et l'aimant vers le nord,
La graine ailée allant au loin choisir sa place,
Le nuage entassé sur les îles de glace,
Qui, des cieux tout à coup traversant la hauteur,
Croule, au souffle d'avril, du pôle à l'équateur ;
Le glacier qui descend du haut des cimes blanches,
La sève qui s'épand dans les fibres des branches,

Tous les objets créés vers un but sérieux,
Les rayons dans les airs, les globes dans les cieux,
Les fleuves à travers les rochers et les herbes
Vont sans se détourner de leurs chemins superbes !

L'homme serait seul sans but ?

L'homme seul dévie. — Fait dans l'auguste empire
Pour être le meilleur, il en devient le pire !
Lui qui devait fleurir comme l'arbre choisi,
Il n'est plus qu'un tronc vil au branchage noirci,
Que l'âge déracine et que le vice effeuille,
Dont les rameaux n'ont pas de fruit que Dieu recueille !
. . . .
Que faites-vous, Seigneur ? A quoi sert votre ouvrage ?
A quoi bon l'eau du fleuve et l'éclair de l'orage ?
Les prés, les ruisseaux purs qui lavent le gazon ?
Et, sur les coteaux verts dont s'emplit l'horizon,
Les immenses troupeaux aux fécondes haleines
Que l'aboiement des chiens chasse à travers les plaines ?
Pourquoi le brouillard d'or qui monte des hameaux ?
Pourquoi l'ombre et la paix qui tombent des rameaux ?
Pourquoi le lac d'azur semé de molles îles ?
Pourquoi les bois profonds, les grottes, les asiles ?
A quoi bon, chaque soir, quand luit l'été vermeil,
Comme un charbon ardent déposant le soleil
Au milieu des vapeurs par les vents remuées,
Allumer au couchant un brasier de nuées ?
Pourquoi rougir la vigne et jeter aux vieux murs
Le rayon qui revient gonfler les raisins mûrs ?
A quoi bon incliner sur ses axes immobiles
Ce globe monstrueux avec toutes ses villes,

Et ses monts et ses mers qui flottent alentour ?
A quoi bon, ô Seigneur, l'incliner tour à tour,
Pour que l'ombre l'éteigne ou que le jour le dore
Tantôt vers la nuit sombre et tantôt vers l'aurore ?
A quoi vous sert le flot, le nuage, le bruit
Qu'en secret dans la fleur fait le germe du fruit ?
A quoi bon féconder les éthers et les ondes,
Faire à tous les soleils des ceintures de mondes,
Peupler d'astres errants l'arche énorme des cieux,
Seigneur, et sur nos fronts d'où rayonnent nos yeux
Entasser en tous sens des millions de lieues
Et du vague infini peser les plaines bleues ?
Pourquoi sur les hauteurs et dans les profondeurs
Cet amas effrayant d'ombres et de splendeurs ?
A quoi bon parfumer, chauffer, nourrir et luire,
Tout aimer, et, Dieu bon ! incessamment traduire,
Pour l'œil intérieur comme pour l'œil charnel,
L'éternelle pensée en spectacle éternel ?

A quoi bon ?

Si c'est pour qu'en ce siècle, où la foi tombe en cendre,
L'homme passe sans voir, sans croire, sans compren-
[dre ;
Sans rien chercher dans l'ombre et sans lever les yeux
Vers les conseils divins qui flottent dans les cieux,
Sous la forme sacrée ou sous l'éclatant voile
Tantôt d'une nuée et tantôt d'une étoile !

. . . .
Et tu ne comprends pas que ton destin, à toi,
C'est de penser ! c'est d'être un mage et d'être un roi !

C'est d'être un alchimiste alimentant la flamme
Sous ce sombre alambic que tu nommes ton âme,
Et de faire passer par ce creuset de feu
La nature et le monde, et d'en extraire Dieu !

. . . .

Chaque chose et chacun, âme, être, objet ou nombre,
Suivra son cours, sa loi, son but, sa passion,
Portant sa pierre à l'œuvre indéfinie et sombre,
Qu'avec le genre humain fait la création.

Quelle est ma destinée, à moi ?

. . . .

Moi ? je contemplerai le Dieu Père du monde
Qui livre à notre soif, dans l'ombre ou la clarté,
Le Ciel, cité immense, adorable et profonde,
Où l'on puise le calme et la sérénité.

Victor Hugo

AU BORD DE LA MER

Entre l'onde des vents bercée
Et le ciel, gouffre éblouissant,
Toujours pour l'œil de la pensée
Quelque chose monte et descend.

Et l'idée à mon cœur, sans voile,
A travers la vague ou l'éther,
Du fond des cieux, arrive étoile,
Ou perle, du fond de la mer.

Goutte d'eau pure ou jet de flamme,
Ce verbe intime et non écrit
Vient se condenser dans mon âme
Ou resplendir dans mon esprit.

Moi que Dieu tient sous son empire
J'admire, humble et religieux,
Et par tous les pores j'aspire
Ce spectacle prodigieux.

J'étais seul près des flots, par une nuit d'étoiles.
Pas un nuage aux cieux, sur les mers pas de voiles.
Mes yeux plongeaient plus loin que le monde réel,
Et les bois, et les monts, et toute la nature,
Semblaient interroger dans un confus murmure
   Les flots des mers, les feux du ciel.

Et les étoiles d'or, légions infinies,
A voix haute, à voix basse, avec mille harmonies,
Disaient, en inclinant leurs couronnes de feu,
Et les flots bleus, que rien ne gouverne et n'arrête,
Disaient, en recourbant l'écume de leur crête :
   « C'est le Seigneur, le Seigneur Dieu ! »

Oh ! cette *double mer du temps et de l'espace*
Où le navire humain passe et repasse,
Je voulus la sonder, je voulus en toucher
Le sable, y regarder, y fouiller, y chercher
Pour vous en rapporter quelque richesse étrange,
Et dire si son lit est de roche ou de fange.
Mon esprit plongea donc sous ce flot inconnu,
Au profond de l'abîme il nagea seul et nu,

Toujours de l'ineffable allant à l'invisible...
Soudain il s'en revint avec un cri terrible,
Ebloui, haletant, stupide, épouvanté ;
Car il avait au fond trouvé l'*éternité*.

HYMNE

. . . .
Voulez-vous, ô mortels, que ce Dieu se proclame !
. . . .

Montez sur ces hauteurs d'où les fleuves descendent
Et dont les mers d'azur baignent les pieds dorés,
A l'heure où les rayons sur leurs pentes s'étendent
Comme un filet trempé ruisselant sur les prés ;
Quand tout autour de vous sera splendeur et joie;
Quand les tièdes réseaux des heures de midi,
En vous enveloppant comme un manteau de soie,
Feront épanouir votre sang attiédi ;

Quand la terre, exhalant son âme balsamique,
De son parfum vital enivrera vos sens,
Et que l'insecte même, entonnant son cantique,
Bourdonnera d'amour sur les bourgeons naissants ;

Quand vos regards noyés dans une vague atmosphère,
Ainsi que le dauphin dans son azur natal,
Flotteront incertains entre l'onde et la terre,
Et les cieux de saphir et les mers de cristal ;

Ecoutez dans vos sens, écoutez dans votre âme,
Et dans le pur rayon qui d'en haut vous a lui !

Et dites si le Nom que cet hymne proclame
N'est pas aussi vivant, aussi divin que Lui ?
Dieu du jour! Dieu des nuits! Dieu de toutes les heures!
Laisse-moi m'envoler sur les feux du soleil!

. . . .

Cependant ils sont beaux à l'œil de l'espérance,
Ces champs du firmament ombragés par la nuit!
Ces chœurs étincelants que ton doigt seul conduit,
Ces océans d'azur où leur foule s'élance,
Ces fanaux allumés de distance en distance,
Cet astre qui paraît, cet astre qui s'enfuit,
Je les comprends, Seigneur! tout chante, tout m'instruit.
   Ces flots d'or, d'azur, de lumière,
Ces mondes nébuleux que l'œil ne compte pas,
    O mon Dieu, c'est la poussière
    Qui s'élève sous tes pas !

    O nuits, déroulez en silence
    Les pages du livre des cieux.
    Astres, gravitez en cadence
    Dans vos sentiers harmonieux !
    Durant ces heures solennelles,
    Aquilons, repliez vos ailes !
    Terre, assoupissez vos échos !
    Etends tes vagues sur les plages,
    O mer! et berce les images
    Du Dieu qui t'a donné tes flots !
Que tes temples, Seigneur, sont étroits pour mon âme!
   Tombez, murs impuissants, tombez!
Laissez-moi voir ce *Ciel* que vous me dérobez!
Architecte divin, tes dômes sont de flamme!

Voilà le temple où tu résides !

. . . .

>Aux pieds de son Roi
>L'aquilon secoue
>Ses ailes d'effroi;
>La foudre te loue
>Et combat pour toi;
>L'éclair, la tempête,
>Couronnent ta tête
>D'un triple rayon.
>L'aurore t'admire,
>Le jour te respire,
>La nuit te soupire,
>Et la terre expire
>D'amour à ton Nom!
>Chaque être s'écrie:
>C'est Lui, c'est le jour!
>C'est Lui, c'est la vie!
>C'est Lui, c'est l'amour!

LAMARTINE

MON DIEU !

. . . .

Montez donc, flottez donc, roulez, volez, vents, flamme,
Oiseaux, vagues, rayons, vapeurs, parfums et voix!
Terre, exhale ton souffle! homme, élève ton âme!
Montez, flottez, roulez, accomplissez vos lois.

Montez, volez à Dieu! plus haut, plus haut encore!
Dans les feux du soleil sa splendeur vous a lui;
Reportez dans les cieux l'hommage de l'aurore.
Montez, il est là-haut! descendez, tout est lui!

Que l'univers immense uni par la prière
Te salue à la fois d'hymnes reconnaissants,
Ton temple est la nature entière,
Tous ses parfums sont ton encens.

Et moi, pour te louer, Dieu des soleils, qui suis-je?
  Atome dans l'immensité,
  Minute dans l'éternité.

. . . .

Je ne suis rien, Seigneur, mais ta soif me dévore.
L'homme est néant, mon Dieu, mais ce néant t'adore,
  Il s'élève par son amour.
Tu ne peux mépriser l'insecte qui t'honore;
Tu ne peux repousser cette voix qui t'implore,
  Et qui, vers ton divin séjour,
  Quand l'ombre s'évapore,
  S'élève avec l'aurore,
  Le soir gémit encore,
  Renaît avec le jour.
Oui, dans ces champs d'azur que ta splendeur inonde
  Où ton tonnerre gronde,
  Où tu veilles sur moi,
Ces accents, ces soupirs, animés par la foi,
Vont chercher, d'astre en astre, un Dieu qui me réponde,
Et d'échos en échos, comme des voix sur l'onde,
  Roulant de monde en monde,
  Retentir jusqu'à Toi!

. . . .

J'étais né pour briller où vous brillez vous-même
Pour respirer là-haut ce que vous respirez,

Pour m'enivrer du jour dont vous vous enivrez,
Pourvoir et réfléchir cette beauté suprême
Dont les yeux ici-bas sont en vain altérés.
Mon âme a l'œil de l'aigle, et mes fortes pensées,
Au but de leur désir volant comme des traits,
Chaque fois que mon sein respire, plus pressées
  Que les colombes des forêts,
Montent, montent toujours par d'autres remplacées
  Et ne redescendent jamais.

Mon âme est un torrent qui descend des montagnes
Et qui roule sans fin ses vagues sans repos
A travers les vallons, les plaines, les campagnes,
  Où leur pente entraîne ses flots.
Il fuit quand le jour meurt, il fuit quand naît l'aurore;
La nuit revient, il fuit; le jour, il fuit encore;
Rien ne peut tarir ni suspendre son cours
Jusqu'à ce qu'en la mer où ses ondes sont nées,
Il rende en murmurant ses vagues déchaînées
Et se repose enfin en Elle, et pour toujours !

Quand le souffle divin qui flotte sur le monde
S'arrête sur mon âme ouverte au moindre vent
Et la fait tout à coup frissonner comme une onde
Où le cygne s'abat dans un cercle mouvant;

Quand mon regard se plonge au rayonnant abîme
Où luisent ces trésors du riche firmament,
Ces perles de la nuit que son souffle ranime,
Des sentiers du Seigneur innombrable ornement;

Quand d'un ciel de printemps l'aurore qui ruisselle
Se brise et rejaillit en gerbes de chaleur,

Que chaque atome d'air roule sur étincelle,
Et que tout sous mes pas devient lumière ou fleur ;

Quand tout chante ou gazouille, ou roucoule ou bour- [donne,
Que d'immortalité tout semble se nourrir,
Et que l'homme ébloui de cet air qui rayonne
Croit qu'un jour si vivant ne pourra plus mourir ;

Que je roule en mon sein mille pensées sublimes
Et que mon faible esprit, ne pouvant les porter,
S'arrête en frissonnant sur les derniers abîmes,
Et, faute d'un appui, va s'y précipiter ;

Quand, dans le ciel d'amour où mon âme est ravie,
Je presse sur mon cœur un fantôme adoré,
Et que je cherche en vain des paroles de vie
Pour l'embraser du feu dont je suis dévoré ;

Quand je sens qu'un soupir de mon âme oppressée
Pourrait créer un monde en son brûlant essor,
Que ma vie userait le temps ; que ma pensée,
En remplissant le ciel, déborderait encor :

Jéhovah ! Jéhovah ! ton Nom seul me soulage !
Il est le seul écho qui réponde à mon cœur !
Ou plutôt ces élans, ces transports sans langage
Sont eux-mêmes un écho de ta propre grandeur !

Tu ne dors pas souvent dans mon sein, Nom sublime !
Tu ne dors pas souvent sur mes lèvres de feu !
Mais chaque impression t'y trouve et t'y ranime,
Et le cri de mon âme est toujours Toi, mon Dieu !

. . . .
Heureux l'œil éclairci de ton jour sans nuage
Qui, partant ici-bas, te contemple et te lit !

Ah ! pour celui-là seul la nature est sans ombre ;
En vain le temps se voile et recule les cieux,
Le ciel n'a point d'abîme et le temps point de nombre
    Qui le cache à ses yeux.

Pour qui ne le voit pas, tout est nuit et mystères ;
Cet alphabet de feu, dans le ciel répandu,
Est semblable pour eux à ces vains caractères
Dont le sens, s'ils en ont, dans le temps s'est perdu !

Le savant sous ses mains les retourne et les brise
Et dit : Ce n'est qu'un jeu d'un art capricieux !
Et cent fois, en tombant, ces lettres qu'il méprise
D'elles-mêmes ont écrit le Nom mystérieux !

Mais cette langue en vain par les temps égarée
    Se lit hier comme aujourd'hui ;
Car elle n'a qu'un nom sous sa lettre sacrée,
    Lui seul ! Lui partout ! toujours Lui !

LAMARTINE

Dieu seul est grand ! c'est le psaume du brin d'herbe ;
Dieu seul est vrai ! c'est là l'hymne du flot superbe ;
Dieu seul est bon ! c'est là le murmure des vents.
Ah ! ne vous faites pas d'illusions, vivants !
Et d'où sortez-vous donc, pour croire que vous êtes
Meilleurs que Dieu qui met les astres sur vos têtes,
Et qui vous éblouit, à l'heure du réveil,
    De ce prodigieux sourire : le soleil !

V. HUGO

LA PRIÈRE DU SOIR

Le roi brillant du jour, se couchant dans sa gloire,
Descend avec lenteur de son char de victoire ;
Le nuage éclatant qui le cache à nos yeux
Conserve en sillons d'or sa trace dans les cieux,
Et d'un reflet de pourpre inonde l'étendue.
Comme une lampe d'or dans l'azur suspendue,
La lune se balance aux bords de l'horizon ;
Les rayons affaiblis dorment sur le gazon ;
Et le voile des nuits sur les monts se déplie :
C'est l'heure où la nature, un moment recueillie,
Entre la nuit qui tombe et le jour qui s'enfuit,
S'élève au Créateur du jour et de la nuit,
Et semble offrir à Dieu, dans son brillant langage,
De la création le magnifique hommage.
Voilà le sacrifice immense, universel !
L'univers est le temple et la terre est l'autel ;
Les cieux en sont le dôme, et ces astres sans nombre,
Ces feux demi-voilés, pâle ornement de l'ombre,
Dans la voûte d'azur avec ordre semés,
Sont les sacrés flambeaux pour ce temple allumés ;
Et ces nuages purs qu'un jour mourant colore,
Et qu'un souffle léger, du couchant à l'aurore,
Dans les plaines de l'air repliant mollement,
Roule en flocons de pourpre aux bords du firmament,
Sont les flots de l'encens qui monte et s'évapore
Jusqu'au trône de Dieu que la nature adore.   [certs
Mais ce temple est sans voix ! Où sont les saints con-
D'où s'élèvera l'hymne au Roi de l'univers ?
Tout se tait, mon cœur seul parle dans ce silence.
La voix de l'univers, c'est mon intelligence.

Sur les rayons du soir, sur les ailes du vent,
Elle s'élève à Dieu comme un parfum vivant;
Et, donnant un langage à toute créature,
Prête pour l'adorer mon âme à la nature.
Seul, invoquant ici son regard paternel,
Je remplis le désert du Nom de l'Eternel;
Et Celui qui, du sein de sa gloire infinie,
Des sphères qu'il ordonne écoute l'harmonie,
Ecoute aussi la voix de mon humble raison
Qui contemple sa gloire et murmure son Nom.
— Salut! principe et fin de toi-même et du monde,
Toi qui rends d'un regard l'immensité féconde,
Ame de l'univers, Dieu, Père, Créateur,
Sous tous ces noms divers je crois en toi, Seigneur!
Et sans avoir besoin d'entendre ta parole
Je lis au fond des cieux mon glorieux symbole.
L'étendue à mes yeux révèle ta grandeur ;
La terre, ta bonté; les astres, ta splendeur;
Tu t'es produit toi-même et ton brillant ouvrage!
L'univers tout entier réfléchit ton image,
Et mon âme à son tour réfléchit l'univers.
Ma pensée, embrassant tes attributs divers,
Partout autour de soi te découvre et t'adore,
Se contemple soi-même et t'y découvre encore.
Ainsi, l'astre du jour éclate dans les cieux,
Se réfléchit dans l'onde et se peint à mes yeux.
C'est peu de croire en Toi, Beauté, Beauté suprême ;
Je Te cherche partout, j'aspire en Toi, je T'aime !
Mon âme est un rayon de lumière et d'amour
Qui, du foyer divin détaché pour un jour,
De désirs dévorants loin de Toi consumée,
Brûle de remonter à sa Source enflammée.

Je respire, je sens, je pense, j'aime en Toi!
Ce monde qui te cache est transparent pour moi;
C'est Toi que je découvre au fond de la nature,
C'est Toi que je bénis dans toute créature.
Pour m'approcher de Toi, j'ai fui dans ces déserts.
Là, quand l'aube, agitant son voile dans les airs,
Entr'ouvre l'horizon qu'un jour naissant colore
Et sème sur les monts les perles de l'aurore,
Pour moi c'est ton regard qui du divin séjour
S'entr'ouvre sur le monde et lui répand le jour.
Quand l'astre, à son midi suspendant sa carrière,
M'inonde de chaleur, de vie et de lumière,
Dans ses puissants rayons qui raniment nos sens,
Seigneur, c'est ta vertu, ton souffle que je sens!
Et quand la nuit, guidant son cortège d'étoiles,
Sur le monde endormi jette ses sombres voiles,
Seul, au sein du désert et de l'obscurité,
Méditant de la nuit la douce majesté,
Enveloppé de calme, et d'ombre, et de silence,
Mon âme de plus près adore ta présence;
D'un jour intérieur je me sens éclairer,
Et j'entends une voix qui me dit d'*Espérer*.
Oui, j'espère, Seigneur, en ta magnificence!
Partout à pleines mains prodiguant l'existence,
Tu n'auras pas borné le nombre de mes jours
A ces jours d'ici-bas si troublés et si courts.
Je te vois en tous lieux conserver et produire;
Celui qui peut créer dédaigne de détruire.
Témoin de ta Puissance et sûr de ta Bonté,
J'attends les jours sans fin de l'immortalité.
La mort m'entoure en vain de ses ombres funèbres,
Ma raison voit le jour à travers ses ténèbres:

NOTRE BIEN PARFAIT EST : DIEU VU...

C'est le dernier degré qui m'approche de Toi,
C'est le voile qui tombe entre ta face et moi.
Hâte pour moi, Seigneur, ce moment que j'implore,
Ou si, dans tes secrets, tu le retiens encore,
Entends du haut du ciel le cri de mes besoins !
L'atome et l'univers sont l'objet de tes soins.
Des dons de ta Beauté soutiens mon indigence,
Nourris mon corps de pain, mon âme d'espérance.
Réchauffe d'un regard de tes yeux tout-puissants
Mon esprit éclipsé par l'ombre de mes sens ;
Et, comme le soleil aspire la rosée,
Dans ton sein à jamais absorbe ma pensée !

LAMARTINE

Mais, ces courts moments d'extase
Dont parfois nous débordons
Sont un peu de miel du vase,
Ecume qui s'extravase
De l'océan de tes dons !

Elles y nagent, j'espère,
Dans les secrets de tes cieux,
Ces chères âmes, ô Père,
Dont nous gardons sur la terre
Le regret délicieux !

Le même Dieu qui déploie
Pour nous un coin du rideau,
Nous enveloppe et nous noie,
Vous dans une mer de joie,
Moi dans une goutte d'eau.

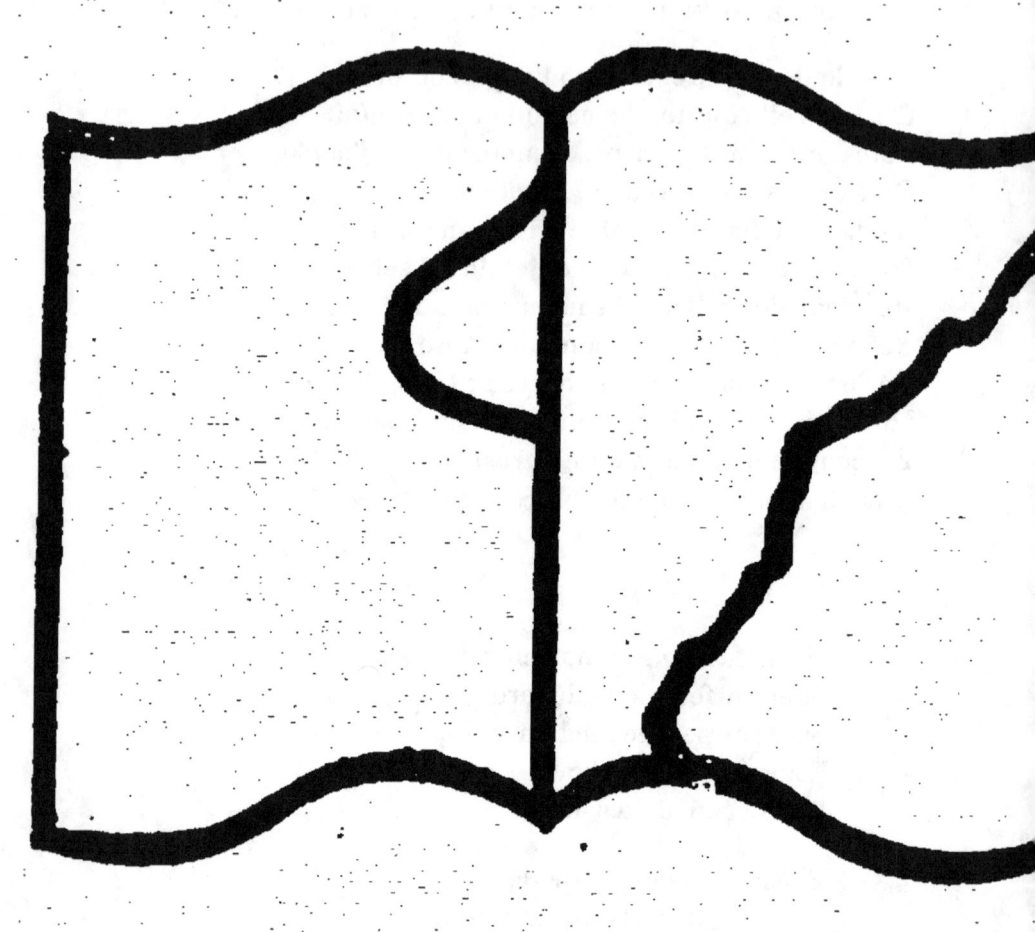

Texte détérioré — reliure défectueuse
NF Z 43-120-11

Pourtant mon âme est si pleine
O Dieu ! d'adoration,
Que mon cœur la tient à peine
Et qu'il sent manquer l'haleine
A sa respiration !

Par ce seul rayon de flamme,
Tu m'attires tant vers Toi
Que si la mort de mon âme
Venait délier la trame,
Rien ne changerait en moi ;

Sinon qu'un cri de louange,
Plus haut et plus solennel,
En voix du concert de l'ange
Changerait ma voix de fange
Et deviendrait éternel.

Oh! gloire à Toi qui ruisselles
De tes soleils à la fleur !
Si grand dans une parcelle !
Si brûlant dans l'étincelle !
Si plein dans un pauvre cœur !

V. H.

LA-HAUT

J'irai boire l'eau vierge aux sources des grands fleu- [ves,
Mes pieds se poseront sur l'azur du glacier,
Je veux baigner mon corps aux flots des brises neuves,
L'éther le trempera comme l'onde l'acier.

Montons sur une cime avec effort gravie.
Dans la neige éternelle il faut laver nos mains.
L'air fait mouvoir là-haut des principes de vie;
Allons le respirer pur des souffles humains.

Je veux monter si haut sur les Alpes sublimes
Que rien ne vienne à moi des miasmes d'en bas:
Un nuage à mes pieds couvrira les abîmes;
Si le monde rugit, je ne l'entendrai pas !

Votre regard s'arrête au flanc noir de la nue.
Moi, j'en verrai d'en haut le côté lumineux,
J'embrasserai de l'âme une sphère inconnue,
Je toucherai des mains ce qui fuit à vos yeux.

Montons ! le vent se meurt au pied du roc immense,
Le doute ne saurait flotter sur ce haut lieu.
Montons ! enveloppé de calme et de silence,
Sur ces larges trépieds j'entendrai parler Dieu.

L'air aspiré là-haut vivra dans ma poitrine,
Dans l'ombre de la plaine un rayon me suivra.
Ceux qui m'ont vu gravir pesamment la colline
Ne reconnaîtront plus l'homme qui descendra.

Ainsi je me parlais. — Plein d'un espoir insigne,
J'ai suivi sans tarder ce guide intérieur;
Du faîte de leur tour les Alpes m'ont fait signe,
Et sur leurs blancs degrés j'ai versé ma sueur.

Plus haut que le sapin, plus *que le mélèze*,
Sur la neige sans tache au sol *i marché*;

Dans l'éther créateur je me baigne à mon aise :
Le monde où j'aspirais, mes deux pieds l'ont touché.

Et voilà qu'entouré des cimes argentées,
Cueillant le noir myrtil, buvant un flot sacré,
Goûtant sous les sapins les ombres souhaitées,
Libre dans mes déserts, voilà que j'ai pleuré !

Le soleil dore en vain les Alpes jusqu'au faîte ;
Si je plonge en mon cœur, toujours de l'ombre au fond !
J'ai rencontré le sphinx en cherchant le prophète :
L'avide immensité m'absorbe et me confond.

Mais, sans doute, mon âme était mal préparée ;
Les souvenirs d'en bas voilaient mon œil obscur ;
Pour l'huile de lumière et la manne sacrée,
Le vase n'était pas d'un métal assez pur.

Peut-être l'eau terrestre a flétri ma poitrine ;
J'ai bu ces vins trompeurs dont tant d'hommes sont
Je frapperais en vain à la roche divine,   [morts ;
Je ne puis plus porter le breuvage des forts !

Mais ne blasphémons pas la nature éternelle,
Son lait pur coulera pour nous au jour marqué ;
Pour vivre de sa vie et tout comprendre en elle,
Je sens bien, ô mon cœur, ce qui vous a manqué.

Elle livre par mille, aux aimants, aux poètes,
Les trésors qu'elle cache au sombre analyseur ;
Elle convie aux se   s de ses mystiques fêtes
L'homme ardent   ein qui pense avec le cœur,

Secoue, ô mon esprit, toutes tes peurs sans causes,
Soutiens vers l'Infini ton essor filial,
Aspire aux vieux sommets, vois les sources des choses,
Vois poindre sur les monts le Soleil idéal.

Poursuis dans les déserts la grande Ame du monde,
Fouille dans cette mer où chacun peut plonger;
Chante, invoque, bénis, pour qu'elle te réponde:
C'est à force d'amour qu'il faut l'interroger.

Oui, l'homme, malgré tout, s'il aspire et s'il aime,
Au fond de l'univers voit un Dieu qui sourit.
O nature! le mal n'est pas ton mot suprême.
L'ouragan fauche moins que le sol ne fleurit.

Oui, dans l'éclat divin dont ta face est empreinte,
C'est mieux que la grandeur que l'homme adore en toi;
Quoique ton front chenu répande au loin la crainte,
Le nœud qui nous unit n'est pas un nœud d'effroi.

Sous tes sourcils froncés percent des yeux de mère;
Toujours près de l'absinthe une ruche de miel,
Toujours cent épis d'or pour une ivraie amère,
Et partout l'espérance, et partout l'arc-en-ciel.

Partout: des eaux, de l'air, des arbres, de la mousse,
De la neige, des fleurs, des ténèbres, du jour,
Des antres et des nids, sortait une voix douce
Qui remplissait l'espace, et qui disait: Amour!

. . . .

Le faucheur, tout l'été, dans ces plaines fécondes
Tranchera moins d'épis et de brins de gazon

Que mes ailes, d'un coup, n'ont soulevé de mondes
Dans ces champs de l'azur qui n'ont plus d'horizon.

Comme un rayon, si tôt qu'a passé le nuage,
Jaillit, court en tous sens à travers le ciel bleu,
Du poids qui l'accablait mon âme se dégage
Et grandit sans trouver d'autres bornes que Dieu.

Je monte à l'infini sans vous atteindre encore,
Sans toucher le milieu de votre Immensité !
Enveloppé de vous, Seigneur, je vous ignore :
A peine ai-je entrevu l'éternelle Beauté !

Plus près ! que l'Infini m'attire et me pénètre !
Enlacez-moi d'un nœud plus étroit et plus doux !
Plus près encore, Seigneur ! attirez tout mon être,
Puisqu'il demeure entier quand je me perds en vous.

Voilà que j'ai franchi tout l'azur, tout l'espace...
J'ai mis les vastes cieux entre la terre et moi,
Et je ne suis qu'au bord, Seigneur, à la surface...
Mais j'ai l'éternité pour me plonger en toi.

Rien ne m'enchaîne plus à cette terre obscure,
Rien ne peut plus cacher à mes yeux le vrai jour,
Rien ne t'ôtera plus, mon Dieu, ta créature :
L'abîme est entre nous comblé par ton amour.

. . . .

Toi, désormais, silence, ô parole impuissante ! [sente.
Reste au fond de mon cœur, quoiqu'il rêve ou qu'il
Tu ne peux, ici-bas, entr'ouvrir l'Infini
Et raconter le Ciel tant que j'en suis banni.

O cœur fait à gémir, voix que le deuil oppresse,
Vous manqueriez d'accents pour peindre l'allégresse !
Oublie, au moins, mon âme, au nom du paradis,
La langue des terreurs et des doutes maudits.
Écoute de l'espoir la voix ferme et paisible,
Et dis, en t'arrêtant au bord de l'Invisible.
Ce mot, le mot de tout, de partout, de toujours,
Ce mot du grand mystère : Amour, amour, amour !

Laprade

AMOUR

Tandis que, la tête inclinée,
Nous nous perdons en tristes vœux,
Le souffle de la destinée
Frissonne à travers nos cheveux.

Nous entendons, race asservie,
Ce souffle, passant dans la nuit,
Du livre obscur de notre vie
Tourner les pages avec bruit !

Que faire ? — A ce vent de la tombe,
Joignez les mains, baissez les yeux,
Et tâchez qu'une lueur tombe
Sur le livre mystérieux ;

D'où viendra la lueur, ô Père ?
Dieu dit : « De vous, en vérité. »
Allumez, pour qu'il vous éclaire,
Votre cœur, par quelque côté ;

Quand le cœur brûle, on peut sans crainte
Lire ce qu'écrit le Seigneur.
Vertu, sur charité empreinte,
Est le même mot que *Bonheur*.

Il faut aimer ; l'ombre en vain couvre
L'œil de notre esprit, quel qu'il soit.
Croyez, et la paupière s'ouvre !
Aimez, et la prunelle voit !

Aimer, c'est avoir dans les mains
Un fil pour toutes les épreuves,
Un flambeau pour tous les chemins,
Une coupe pour tous les fleuves !

Aimer, c'est comprendre les cieux.
C'est mettre, qu'on dorme ou qu'on veille,
Une lumière dans ses yeux,
Une musique en son oreille !

La vitre laisse voir le jour,
Malgré nos larmes et nos doutes,
O mon ange ! A travers l'amour,
Les vérités paraissent toutes.

ESPÉRANCE !

Espère, enfant, demain ! et puis demain encore !
Et puis toujours demain ! Croyons dans l'avenir.
Espère, et chaque fois que se lève l'aurore
Soyons là pour prier, comme Dieu pour bénir.

Courage donc ! esprits, pensées,
Cerveaux d'anxiété rongés,
Cœurs malades, âmes blessées,
Vous qui priez, vous qui songez !

Docteurs errants sans but ni trêve,
Qui croyez, étendant la main,
Voir les formes de votre rêve
Dans les ténèbres du chemin !

Philosophes dont l'esprit souffre,
Et qui, pleins d'un effroi divin,
Vous cramponnez au bord du gouffre,
Pendus aux ronces du ravin !

Naufragés de tous les systèmes,
Qui de ce flot triste et vainqueur
Sortez tremblants, et de vous-mêmes
N'avez sauvé que votre cœur !

Sages qui voyez l'aube éclore
Tous les matins parmi les fleurs,
Et qui revenez de l'aurore
Trempés de célestes lueurs !

Lutteurs qui, pour laver vos membres,
Avant le jour êtes debout !
Rêveurs qui rêvez dans vos chambres,
L'œil perdu dans l'ombre de tout !

Vous, hommes de persévérance,
Qui voulez toujours le bonheur,

Et tenez encore l'espérance,
Ce pan du manteau du Seigneur !

Chercheurs qu'une lampe accompagne,
Pasteurs armés de l'aiguillon,
Courage à tous sur la montagne
Courage à tous dans le vallon !

Pourvu que chacun de vous suive
Un sentier ou bien un sillon ;
Que, flot sombre, il ait Dieu pour rive
Et, nuage, pour aquilon ;

Pourvu qu'il ait sa foi qu'il garde,
Et qu'en sa joie et sa douleur
Parfois doucement il regarde
Un enfant, un astre, une fleur ;

Pourvu qu'il sente, esclave ou libre,
Tenant à tous par un côté,
Vibrer en lui par quelque fibre
L'universelle humanité ;

Courage ! — Dans l'ombre et l'écume
Le but apparaîtra bientôt !
Le genre humain dans une brume
C'est l'énigme et non le mot !

Assez de nuit et de tempête
A passé sur vos fronts penchés ;
Levez les yeux ! levez la tête !
La lumière est là-haut : marchez !

      V. Hugo : *Là-Haut*

. . . .
Pour moi, quand je verrais dans les célestes plaines,
Les astres s'écartant de leurs routes certaines,
Dans les champs de l'éther l'un par l'autre heurtés,
Parcourir au hasard les cieux épouvantés;
Quand j'entendrais gémir et se briser la terre;
Quand je verrais son globe errant et solitaire,
Flottant loin des soleils, pleurant l'homme détruit,
Se perdre dans les champs de l'éternelle nuit;
Et quand, dernier témoin de ces scènes funèbres,
Entouré du chaos, de la mort, des ténèbres,
Seul je serais debout : seul, malgré mon effroi,
Être infaillible et bon, j'espérerais en Toi!
Et, certain du retour de l'éternelle Aurore,
Sur les mondes détruits, je T'attendrais encore!

. . . .
Pour moi, soit que ton nom ressuscite ou succombe,
O Dieu de mon berceau, sois le Dieu de ma tombe,
Plus la nuit est obscure, et plus mes faibles yeux
S'attachent au flambeau qui pâlit dans les cieux,
Et quand l'autel sacré que la foule abandonne
S'écroulerait sur moi, temple que je chéris,
Temple où j'ai tout reçu, temple où j'ai tout appris,
J'embrasserais encore ta dernière colonne,
Dussé-je être écrasé sous tes sacrés débris!

LAMARTINE

CHAPITRE V

Le but de la vie présente est de mériter la vie éternelle

Puisque Dieu « vu » aimé, possédé éternellement dans une autre vie, est la fin dernière de l'homme, mériter cette autre vie éternellement bienheureuse est donc le *but* de la *vie présente.*

Il est évident que le but de notre vie est d'atteindre notre fin dernière, c'est-à-dire notre bonheur parfait.

Aimer Dieu, nous le savons, est la *loi* ou le *but* de toutes les créatures.

Aimer Dieu *librement,* est le propre des seules créatures *intelligentes,* comme l'homme.

Dieu n'a pas jugé digne, ni de Lui, ni de nous-mêmes, de nous donner, *immédiatement* après nous avoir créés, cette vie éternellement bienheureuse à laquelle il nous a destinés.

Il a voulu nous la faire **mériter**, c'est-à-dire *gagner, acquérir* « nous-mêmes » par notre *propre liberté.*

Il a voulu qu'elle fût pour nous une « *récompense,* » c'est-à-dire une chose *due* à nous-mêmes, à nos œuvres, à notre *libre amour* de Lui-même par-dessus toutes choses.

Le mérite est donc un *droit à la récompense.* Toutefois nous ne sommes pas les *mercenaires* de Dieu, nous sommes ses *enfants*; grâce à Lui, notre *amour* s'élève jusqu'à *l'amitié.*

Le mérite étant un droit à la récompense, plus nous aurons *aimé* Dieu *en cette vie,* plus nous aurons le droit de le *Voir dans l'autre.*

De même que le capital d'un négociant s'accroit de toutes les parties de ses gains dont il renonce à jouir pour le moment, ainsi, notre capital spirituel, composé de toutes nos saintes actions, s'accroît sans cesse en cette vie.

De même aussi que l'or et l'argent qu'on possède dans les coffres, ne procurent aucune jouissance présente et tirent tout leur prix des biens contre lesquels ils peuvent être échangés ; ainsi, nos saintes actions ou bonnes œuvres paraissent inutiles en ce monde : leur valeur ne sera comprise que dans l'éternité.

Elles sont, dit St Bernard, *des semences d'éternité.*

Mériter, c'est attendre, a dit un philosophe. Nous sommes ici-bas à *la journée du bon*

Dieu : nous ne serons récompensés qu'à la fin du jour.

« *A chacun selon ses œuvres*, selon son travail » : telle sera la mesure de notre récompense éternelle.

La prospérité des biens de la terre *a été définie* : *le travail, l'action.*

La propriété *des biens du Ciel* doit être définie également : le travail, le combat, le mérite :

La vie est un combat dont la palme est au Cieux.

Dieu nous a créés sans nous, mais il n'a pas voulu se donner à nous sans nous. Il a voulu être aimé de nous *librement*, disions-nous, c'est-à-dire par *notre propre choix*, et ainsi *être mérité*, car où il n'y a pas de *liberté*, comme chez les animaux, il n'y a lieu ni à la *louange*, ni au *blâme*, et par conséquent ni au *mérite*, ni au *démérite*.

Il nous a créés pour nous associer à son propre bonheur, pour faire de nous des *dieux* possédant son propre royaume.

Mais ici-bas nous ne sommes que des dieux *en germe, en fleur.*

A nous de croître, de mûrir en Dieu, avec Dieu, par Dieu.

A nous de nous cultiver divinement : notre implantation dans le *Paradis* ou Jardin céleste, notre divinisation au Ciel, sera le fruit de notre divinisation, de notre culture divine en ce monde.

Notre liberté, étant le pouvoir de *mériter* ou de *démériter*, il dépend de nous d'atteindre notre *fin dernière* ou de ne pas l'atteindre.

Notre sort est entre nos mains.

« Il se joue un jeu à l'extrémité de la vie, où il arrivera face ou pile. Entre nous et le ciel et l'enfer, il n'y a que la vie entre deux, qui est la chose du monde la plus fragile. » (Pascal)

A droite ou *à gauche !* Au dernier jour, il n'y aura *pas de Centre.*

* *
*

Mais pourquoi Dieu a-t-il voulu nous faire **mériter** *le bonheur éternel de l'autre vie ?*

— Rien ne nous montre davantage l'excès de la bonté de Dieu pour nous, que la raison pour laquelle il a voulu nous faire mériter le ciel.

Réfléchissons un peu :

Bossuet nous a fait remarquer qu'en disant que Dieu nous a créés à *son image,* Moïse nous fait mieux connaître l'homme que tous les discours et tous les livres des savants et des philosophes.

Dieu est Esprit ; notre âme est esprit.

Dieu est un en nature et triple en personnes ; notre âme est une en nature et multiple dans ses facultés.

Dieu est éternel ; l'homme est immortel.

Dieu est libre ; l'homme est libre.

Dieu est infini ; l'homme aspire à l'infini, etc.

Nous avons déjà cité ailleurs les principaux traits de notre ressemblance avec Dieu.

Arrivons à celui qui se rapporte à notre sujet.

Dieu, **Créateur**, a tout son *Etre par lui-même*.

Quel est donc en nous le trait de ressemblance correspondant à cette sublime perfection de Dieu ? Il existe, ce trait de ressemblance ; car nous ne serions pas de parfaites, de complètes *images de Dieu,* si nous n'avions pas une similitude correspondante à sa sublime perfection de *Créateur* et d'*Etre par lui-même*.

Or, c'est précisément ce trait de ressemblance, le plus beau de tous, que Dieu nous fait acquérir en soumettant à l'épreuve notre libre volonté, en nous faisant *mériter* le Ciel.

En agissant ainsi avec nous, Il nous communique, dans la mesure du possible, la plus incommunicable de ses perfections, sa qualité d'*Etre et d'avoir par Lui-même tout ce qu'Il est et tout ce qu'Il a.*

En servant et en aimant Dieu par-dessus toutes choses, avec notre entière liberté, nous devenons véritablement des *êtres par nous-mêmes*, autant que cela peut convenir à une créature, étant donné que tout ce que nous sommes et tout ce que nous avons, nous vient de Dieu.

En nous donnant de *mériter* le ciel, le Créateur nous communique l'insigne honneur de devenir nous-mêmes les ouvriers, les artisans, les « créateurs » de notre destinée éternelle, à la fois *pères* et *fils* de nos œuvres.

Quoique Dieu ne couronne que ses propres dons en nous couronnant, par suite de l'épreuve de notre vie, nous acquérons « la gloire » de pouvoir dire chacun pendant toute l'éternité :

« *C'est moi qui ai gagné ma couronne.* »

Voilà ce que nous ne pourrions pas dire, si Dieu nous avait immédiatement donné le Ciel sans aucune épreuve ;

A vaincre sans péril on triomphe sans gloire !

Dieu n'a pas jugé digne de Lui ni de nous-mêmes, de ne pas nous faire mériter le ciel, parce que l'épreuve ou le combat de la vie est glorieux pour lui et pour nous, en même temps.

Il est glorieux pour Lui d'être « *aimé par dessus toutes choses* », comme Il doit l'être.

LE BUT DE LA VIE : MERITER L'ETERNITE

Il est glorieux pour nous, étant donné l'entraînement de nos passions, de sacrifier les mille attraits du monde, de sacrifier tous nos mauvais penchants au « devoir », d'être prêt à tout souffrir, même la mort, plutôt que de préférer la créature au Créateur, le monde à Dieu.

**

Nous avons montré dans le chapitre précédent que Dieu vu, aimé et possédé éternellement dans une autre vie, était la fin dernière où le bonheur parfait de l'homme.

Répétons encore ici que la vision divine est un don absolument gratuit de la bonté de Dieu; elle n'est pas due à notre nature; le *juste* la mérite par la libéralité divine.

Comme complément de cet ouvrage, il nous reste à considérer que la **Justice** *divine exige absolument* **l'existence d'une autre vie** *où les « observateurs de la loi seront récompensés » et les « violateurs punis ».*

§ I

L'HOMME ASPIRE A LA JUSTICE PARFAITE.

L'idée de « *Justice* » ne se conçoit pas sans idée de « *commandement* » et de « *défense* ».

L'idée de « *commandement* » et de « *défense* » ne se conçoit pas sans l'idée de « *mérite* » et de « *démérite* ».

L'idée de « *mérite* » et de « *démérite* » ne se conçoit pas sans l'idée de « *récompense* » et de « *châtiment* ».

De la liberté de faire le bien au devoir de le faire, du devoir à la responsabilité, de la responsabilité au mérite ou au démérite, du mérite ou démérite à la récompense ou au châtiment, l'enchaînement ne peut être rompu.

La *justice* exige que *chaque être libre soit traité selon ce que méritent ses actions*.

Elle exige que le bien ne reste pas *sans récompense* et le mal *sans châtiment*. A combien plus forte raison, exige-t-elle :

Que les actions moralement bonnes n'aient pas pour conséquence définitive le **malheur** *de ceux qui les accomplissent, et que les actions moralement mauvaises n'aient pas pour conséquence définitive le* **bonheur** *de ceux qui les commettent :*

Telle est l'exigence rigoureuse de la *Justice*.

Si elle n'était pas cela, elle ne serait pas ; Dieu ne serait pas Dieu.

Une justice ou loi qu'on peut violer indéfiniment et impunément n'existe pas.

LE BUT DE LA VIE : MÉRITER L'ÉTERNITÉ

La Justice ou la Loi ne peut ne pas être *sanctionnée*, c'est-à-dire rendue *sainte* en aboutissant jusqu'à la pleine et entière satisfaction de toutes ses conséquences.

Notre *conscience* qui est comme un *rayon* de la Justice suprême qui en est le *soleil*, nous la montre sans la *moindre tache*.

Sans cesse, elle nous montre qu'il est juste que l'homme de bien soit récompensé et le méchant puni; qu'il doit y avoir entre la vertu et la récompense, entre le vice et le châtiment, une proportion exacte, assurée, permanente; qu'il faut rétablir cette proportion si elle est troublée; que l'intrigue doit être dévoilée, l'envie confondue, la calomnie réduite au silence, le vice dépouillé des honneurs qu'il usurpe, la vertu comblée des biens qu'elle mérite, et tout l'univers jugé sur cette loi universelle.

Elle veut à tout prix et éternellement une justice favorable aux bons, défavorable aux méchants; une justice qui voie tout, qui entende tout, qui punisse et récompense tout; une justice qui ne fléchisse ni aux temps, ni aux circonstances, ni aux personnes; telle aujourd'hui qu'elle était hier, et telle demain qu'elle est aujourd'hui : une justice sans haine ni faveur, sans aveuglement, sans passion, sans regret, une justice qui juge sans exception, sans réserve et sans retour.

Voilà ce que réclame notre conscience.

N'y aurait-il qu'une *seule injustice* au monde, elle en réclamerait sempiternellement la réparation.

Même dans l'homme d'iniquités, si scélérat qu'on puisse le concevoir, la *conscience* pousse encore à sa manière ce cri d'appel à la Justice éternelle, à la réparation ou expiation de sa faute.

Les victimes peuvent être enfouies ou réduites au silence, quand même leurs bourreaux peuvent avoir à n'en rien redouter ici-bas, quelque chose au fond de leur être les avertit que le compte avec la justice n'en demeure pas moins à régler.

Cet avertisseur dont les païens avaient fait une *divinité*, a été justement appelé *remords*, à cause de la *morsure* qu'il produit dans l'âme.

Le remords est une souffrance d'un caractère particulier.

Dans le remords, on ne souffre ni à cause de telle ou telle impression faite sur nos sens, ni dans notre instinct blessé ou menacé, ni par l'inquiétude de nos espérances et les angoisses de nos craintes; non, on souffre sans aucun motif qui vienne du dehors, et on souffre pourtant de la façon la plus cruelle.

On souffre, pour cette seule raison qu'on a la conscience d'avoir commis une mauvaise action que l'on se savait obligé de ne pas faire, que l'on pouvait ne pas faire, et qui laisse après elle un châtiment reconnu mérité.

Le fait est certain : toutes les langues contiennent le *mot*, et il n'y a personne qui, à divers degrés, n'ait éprouvé la *chose : cette morsure cuisante que fait au cœur toute faute, grande ou petite, tant qu'elle n'est pas expiée.*

Ce ressouvenir douloureux nous suit au milieu des plaisirs et de la prospérité.

Les applaudissements de la foule ne sont pas capables de faire taire ce témoin inexorable.

« Chaque homme a au milieu de son cœur un tribunal où il commence par se juger soi-même, en attendant que le juge souverain confirme la sentence, a dit Chateaubriand.

» Si le vice n'était qu'une conséquence de notre organisation, d'où viendrait cette frayeur qui trouble les jours d'une prospérité coupable ?

» Pourquoi le remords est-il si terrible qu'on préfère se soumettre à la pauvreté et à toutes les rigueurs de la vertu, plutôt que d'acquérir des biens illégitimes ?

» Pourquoi y a-t-il une voix dans le sang, une parole dans la pierre?

» Le tigre déchire sa proie et dort; et ainsi en est-il de tous les animaux vivant les uns des autres.

» Pourquoi n'en est-il pas ainsi de l'homme? Il devient homicide et il veille. Il cherche les lieux déserts et cependant la solitude l'effraie; il se traîne autour des tombeaux et cependant il a peur des tombeaux. Son regard est mobile et inquiet; il n'ose regarder les murs de la salle du festin, dans la crainte d'y lire des caractères funestes.

» Ses sens semblent devenir meilleurs pour le tourmenter.

» Je m'interroge, je me fais cette question:

» Si tu pouvais, par un seul désir, tuer un homme à la Chine et hériter de sa fortune en Europe, avec la conviction surnaturelle qu'on n'en *saurait rien*, consentirais-tu à former ce désir?

» J'ai beau m'exagérer mon indigence; j'ai beau vouloir atténuer ce meurtre en supposant que, par mon souhait, le Chinois meurt sans douleur, qu'il n'a point d'héritier; que même après sa mort, ses biens seront perdus pour l'Etat; j'ai beau me figurer cet étranger comme accablé de maladies et de chagrins; j'ai beau me dire que la mort est un bien pour lui, qu'il l'appelle lui-même; qu'il n'a plus qu'un instant à vivre; malgré mes vains subterfuges, j'entends au fond de mon cœur une voix qui crie si fortement contre la seule pensée d'une telle supposition que je ne puis douter un instant de la réalité de ma conscience. »

On ne peut la nier sans renier sa *raison*.

L'homme a donc conviction de la haute Justice qui plane sur sa tête; dès l'heure de son crime, alors même qu'il n'a personne autre à craindre, il tremble et se fait peur à lui-même.

Dans son inquiétude, s'il ne se jette pas dans les bras du repentir, il éprouve le besoin de devenir plus mauvais, et de s'enfoncer davantage dans le mal, ainsi que dans un cachot au fond duquel le souvenir de Dieu le laissera peut-être tranquille.

Rien n'y fait! la parole de Dieu l'a d'ailleurs déclaré:

« S'il descend jusqu'au fond de l'enfer, ma main l'en arrachera; s'il monte jusqu'au ciel, je l'en délogerai; si, pour se dérober à mon regard, il s'enfonce dans l'abîme des mers, j'enverrai le serpent l'y mordre. »

L'impie s'en va emporté par la rage du crime et la frénésie du remords, appelant la nuit épaisse pour l'envelopper dans sa sombre fumée.

Caïn, le meurtrier de son frère, avec du sang qui tache ses mains, s'en va maudit, rongé au flanc comme par un vautour, essayant d'étourdir dans la fièvre d'un travail forcené la fièvre de ses remords.

Qui aura le courage d'appeler *illusion* une puissance aussi étrangement divine ?

Si le remords n'était qu'un sentiment humain, dit un écrivain, il y a longtemps que les apôtres de la morale sans Dieu en auraient guéri l'humanité coupable, intéressée à en finir avec le plus déchirant de ses bourreaux.

Mais, en dépit des incrédules, malgré le sans honte acquis par quelques monstres dans l'habitude du crime, personne n'a pu encore étrangler la conscience, ni écraser les *remords*.

Comme des serpents refoulés au fond des consciences, ils s'agitent, s'éveillent subitement quand on les croyait endormis; soudain, ils sifflent et mordent à l'instant même où ils semblaient étouffés pour jamais. Personne n'aura raison de leur race, car ils vivent surnaturellement, ils vivent de Dieu.

Les remords sont ses témoins ; ils parlent pour Celui qui se tait ; ils menacent pour Celui qui attend ; ils s'agitent et luttent pour Celui qui regarde d'en haut et voudrait ne pas avoir à punir.

Que la miséricorde de Dieu soit bénie, d'avoir placé dans le cœur des coupables, tandis qu'il est encore temps, d'aussi brûlants justiciers, d'aussi implacables avertisseurs! Grâce à eux, à côté des justes qui croient à l'amour, les méchants ne pourront jamais cesser de croire à la justice.

La conscience proclame au plus profond de nous-mêmes, si haut, si fort et avec tant de persistance, la loi inexorable de la Justice, qu'elle se confond avec l'idée de Dieu lui-même, la plus ancrée dans l'homme.

On peut lui appliquer ce que le P. Lacordaire a dit de *Dieu* :

« Il est au monde ; sa face est dressée devant lui ; il a des yeux, des mains, une bouche.

» On peut bien lui dire : « Non » ;

» On peut bien lui dire : « Va-t-en ! »

» Mais en lui disant : « Non », on répond à sa parole ;

» En lui disant : « Va-t-en », on répond à sa présence.

» On ne prend la peine de nier qu'une chose qui vit ; on ne repousse que ce qui ouvre notre porte à pleins battants ou à demi-battants, et qui trouble notre repos par un visage importun. On ne chasse que ce qui est entré. Et si l'on nie Dieu, c'est qu'Il vit dans le monde ; si on le repousse, c'est qu'Il est présent ; si on le chasse, c'est qu'Il est entré. L'idée de Dieu n'a ni commencement ni fin ; quand on la chasse par *l'orient,* elle revient par *l'occident,* ou plutôt elle ne cesse d'habiter à la fois tous les points du temps et de l'espace, aussi puissante par la négation que par l'affirmation, vivant de ses ennemis comme de ses adorateurs. »

Ma conscience, en moi, c'est Dieu que j'ai pour hôte,
Je puis par un faux cercle avec un faux compas
Le mettre hors du ciel ; mais hors de moi, non pas !
Il est mon gouvernail dans l'écume où je vogue.
Si j'écoute mon cœur, j'entends un dialogue.
Nous sommes deux au fond de mon esprit, Lui, Moi ;
Il est mon seul espoir et mon unique effroi.
Si, par hasard, je rêve une faute que j'aime,
Un profond grondement s'élève dans moi-même,
Je dis : qui donc est là ? L'on me parle : pourquoi ?
Et mon âme en tremblant me dit : c'est Dieu, tais-toi!

V. Hugo

Telle est la *Conscience.*

Il ne faut point la chercher hors de soi : chacun trouve sa lumière en soi-même ; elle est la même pour tous. Elle éclaire également toute chose comme le soleil les objets ; elle se montre à la fois à tous les hommes, dans tous les coins de l'univers. Elle met au dedans de nous ce qui est dans la distance la plus éloignée, elle nous fait juger de ce qui est au delà des mers, dans les extrémités de la terre. Elle n'est point nous-mêmes; elle n'est point à nous; elle est infiniment au-dessus de nous, cependant elle nous est si familière et si intime que nous la trouvons toujours aussi près de nous que nous-mêmes.

Jamais elle ne nous trompe ; nous ne nous trompons nous-mêmes que faute de la consulter assez attentivement ou en décidant avec impatience, quand elle ne décide pas.

La *Conscience* a été justement appelée :

Le Témoin véridique,
L'Ami fidèle et incorruptible,
Le Maître intérieur qui dit toujours et partout les mêmes vérités,
La Raison parfaite et immuable qui nous corrige malgré nous,
L'Oracle qui ne se tait jamais, ni le jour, ni la nuit,
L'Instituteur invisible qui nous instruit et nous juge avec rigueur et perfection,
Le Soleil qui ne se couche jamais et ne souffre aucuns nuages que ceux formés par nos passions,
La Lumière qui éclaire tout homme venant en ce monde,

Le Rayon émané de la face de Dieu et tombé dans notre âme,

La Voix de Dieu enfin, qui résonne ou vibre continuellement en nous.

LA CONSCIENCE

Lorsque, avec ses enfants vêtus de peaux de bêtes,
Echevelé, livide au milieu des tempêtes,
Caïn se fut enfui de devant Jéhovah,
Comme le soir tombait, l'homme sombre arriva
Au bas d'une montagne, en une grande plaine.
Sa femme fatiguée et ses fils hors d'haleine
Lui dirent : « Couchons-nous sur la terre et dormons ».
Caïn, ne dormant pas, songeait au pied des monts.
Ayant levé la tête, au fond des cieux funèbres,
Il vit un *œil* tout grand ouvert dans les ténèbres
Et qui le regardait dans l'ombre fixement.
— « Je suis trop près ! » dit-il avec un tremblement.
Il éveilla ses fils dormant, sa femme lasse,
Et se remit à fuir, sinistre, dans l'espace.
Il marcha trente jours, il marcha trente nuits.
Il allait, muet, pâle et frémissant aux bruits,
Furtif, sans regarder derrière lui, sans trêve,
Sans repos, sans sommeil ; il atteignit la grève
Des mers dans le pays qui fut depuis Assur.
— « Arrêtons-nous, dit-il, car cet asile est sûr.
Restons-y. Nous avons du monde atteint les bornes. »
Et, comme il s'asseyait, il vit dans les cieux mornes

L'œil à la même place, au fond de l'horizon.
Alors il tressaillit, en proie au noir frisson.
— « Cachez-moi ! » cria-t-il ; et, le doigt sur la bouche,
Tous ses fils regardaient trembler l'aïeul farouche.
Caïn dit à Jabel, père de ceux qui vont
Sous des tentes de poil dans le désert profond :
« Etends de ce côté la toile de la tente. »
Et l'on développa la muraille flottante ;
Et quand on l'eut fixée avec des poids de plomb :
— « Vous ne voyez plus rien ? » dit Tsilla, l'enfant
La fille de ses fils, douce comme l'aurore.   [blond,
Et Caïn répondit : « Je vois cet *œil* encore ! »
Jubal, père de ceux qui passent dans les bourgs
Soufflant dans des clairons et frappant des tambours,
Cria : « Je saurai bien construire une barrière. »
Il fit un mur de bronze et mit Caïn derrière.
Et Caïn dit : « Cet *œil* me regarde toujours ! »
Hénoch dit : « Il faut faire une enceinte de tours
Si terrible que rien ne puisse approcher d'elle.
Bâtissons une ville avec sa citadelle,
Bâtissons une ville et nous la fermerons. »
Alors Tubalcaïn, père des forgerons,
Construisit une ville énorme et surhumaine ;
Pendant qu'il travaillait, ses frères, dans la plaine,
Chassaient les fils d'Enos et les enfants de Seth ;
Et l'on crevait les yeux à quiconque passait ;
Et le soir on lançait des flèches aux étoiles.
Le granit remplaça la tente aux murs de toiles,
On lia chaque bloc avec des nœuds de fer,
Et la ville semblait une ville d'enfer ;
L'ombre des tours faisait la nuit dans les campagnes;
Ils donnèrent aux murs l'épaisseur des montagnes ;

> Quand ils eurent fini de clore et de murer,
> Sur la porte on grava : « Défense à Dieu d'entrer ! »
> On mit l'aïeul au centre en une tour de pierre ;
> Et lui, restait lugubre et hagard. — « O mon père !
> L'*œil* a-t-il disparu ? » dit en tremblant Tsilla.
> Et Caïn répondit : « Non, il est toujours là ! »
> Alors il dit : « Je veux habiter sous la terre,
> Comme dans son sépulcre un homme solitaire.
> Rien ne me verra plus, je ne verrai plus rien. »
> On fit donc une fosse, et Caïn dit : « C'est bien ! »
> Puis il descendit seul sous cette voûte sombre ;
> Quand il se fut assis sur sa chaise, dans l'ombre,
> Et qu'on eût sur son front fermé le souterrain,
> L'*œil* était dans la tombe et *regardait Caïn* !
>
> Victor Hugo

Justice ! justice exacte, proportionnelle, universelle, absolue : voilà ce que réclame la conscience toujours et partout !

Or, cette justice parfaite n'est pas de ce monde, ici-bas la justice n'atteint pas sa *fin*, c'est-à-dire son achèvement ; elle n'est qu'imparfaite, incomplète, partielle.

L'expérience, le premier maître de la vie, nous contraint forcément à reconnaître cette vérité ; mais ce qu'il s'agit de constater surtout, c'est *l'immensité* de cette imperfection de la justice et *l'absolue impossibilité* de sa perfection en ce monde.

§ II

LA JUSTICE PARFAITE N'EST PAS EN CE MONDE

Qu'y a-t-il de plus facile à contrôler que ce fait évident à tous les yeux ?

L'histoire de la *vertu opprimée* et du *vice triomphant* n'est-elle pas journalière ?

Mais de plus n'arrive-t-il pas souvent que non seulement le *méchant prospère*, mais même que sa prospérité est un *produit du vice* ou du crime au détriment de l'homme de bien ?

N'arrive-t-il pas aussi souvent que non seulement *l'homme de bien* est *malheureux*, mais que son malheur est occasionné par sa *vertu elle-même*, qui lui attire la haine et la persécution du méchant ?

Qui ne connaît l'histoire de ces deux hommes ?

N'a-t-on pas vu, en effet, dans tous les temps, et ne voit-on pas encore tous les jours, dans toutes les contrées du monde, des hommes vertueux et inoffensifs ayant horreur de l'injustice et de l'intrigue, de la flatterie, sacrifiant à l'amour du *Devoir* ou de la *Loi divine* leur fortune, leur repos, leur vie ; n'a-t-on pas vu ces hommes être humiliés, malheureux, vaincus et souvent méprisés, bafoués, insultés, en butte aux violences, aux perfidies, aux indignes traitements d'hommes pervers qui demeurent impunis?

Par contre, n'a-t-on pas vu aussi certains hommes arrivant aux honneurs, à la fortune, à la célébrité, par la ruse coupable, par le mépris audacieux de la conscience et de la Loi divine?

N'a-t-on pas vu l'Etat lui-même complice de ces criantes injustices, faisant l'honneur de solennelles funérailles et d'une pompe insolente à l'homme dont la vie entière ne fut qu'un long défi à la justice et aux justes?

Or, ce sont là autant d'iniquités qui appellent rigoureusement une réparation conformément aux principes de l'éternelle et imprescriptible *Justice*.

En parcourant les histoires des peuples, on est frappé du nombre des *injustices* ou forfaits qui en souillent les pages.

Que de victimes innocentes sacrifiées dans tous temps à de cruels préjugés, à d'injustes soupçons, à l'intérêt, à l'ambition, à des passions criminelles!

Toujours et partout on trouve des opprimés et des oppresseurs, sous toutes les formes du gouvernement, sous l'empire d'un seul chef et chez les peuples réputés libres; c'était même chez ces derniers principalement que sévissait dans toute sa rigueur l'une des plus dures oppressions: *l'esclavage.*

Ne pouvant considérer la multiplicité des faits que nous offre l'histoire, bornons-nous à un petit nombre d'exemples, où le triomphe du crime ou de l'iniquité se montre avec plus d'évidence.

Il n'en est pas de plus apparent que celui des *martyrs* de la *religion chrétienne.*

On ne peut nier que les martyrs ne fussent des hommes de bonne foi.

Ils accomplissaient ce qui est un devoir pour tous les hommes, celui d'aimer Dieu par-dessus toutes choses et par conséquent au-dessus de leur propre vie.

Ils obéissaient au cri de leur conscience.

On ne peut nier qu'ils ne fussent, en général, probes, charitables, voués à la pratique de la vertu et toujours honnêtes et fidèles ; en un mot, aussi éloignés que possible de mériter la mort.

Et cependant plus de *douze millions* de chrétiens de toute condition et de tout âge, de jeunes personnes faibles et timides, de jeunes gens pleins de vie et d'avenir, des hommes d'un âge mûr, distingués par leur rang et leur mérite, ont subi la mort par le seul fait de leur foi religieuse!

Et quelle mort!

Ongles de fer, aiguillons, torches, lames de fer rougies, chaises ardentes, grils de fer, fournaises, chaudières d'huile bouillante, de cire, de soufre et de plomb fondus, glaives, broches, scies, roues, etc...

Voilà quel était le sort réservé à des hommes qui, de l'aveu de leurs bourreaux, n'étaient coupables que d'obéir à leur *foi*.

Et ceux qui les traitaient ainsi, jouissaient de tous les honneurs et de tous les biens de ce monde !

On a vu pendant ces dernières années, en Arménie, des horreurs du même genre se renouveler sur des victimes également innocentes; les détails en sont épouvantables de cruauté : voilà certes de l'injustice bien évidente et un véritable désordre dans le gouvernement de ce monde qui demande une *réparation*.

Des premiers siècles, ère des martyrs, transportons-nous à une autre époque digne d'être spécialement signalée dans l'histoire du crime, c'est-à-dire celle des mauvais jours de la Révolution française, lorsque le spectre de la Terreur se dressait sur toutes les têtes et glaçait d'effroi la France entière.

La guillotine, les mitraillades, les fusillades,

les noyades plus expéditives encore, les déportations, les emprisonnements avec la certitude d'une condamnation dictée d'avance, les calomnies, les insultes prodiguées aux victimes par le tribunal révolutionnaire et par une ignoble populace; pour tout dire en un mot: des *boucheries d'hommes* organisées par des monstres dont les noms résument tous les excès du délire et de la cruauté tyranique, tels que les Fouquier-Tainville, les Carrier, les Joseph Lebon, les Jourdan Coupe-Têtes, etc., : voilà, en quelques traits, la lugubre image de cette époque de sang.

Si on recherche les causes qui ont amené une si terrible catastrophe, on pourra bien reconnaître que la société corrompue qui s'écroulait alors avait mérité une correction sévère ; comme il n'y a point d'autre existence pour les sociétés que celle de ce monde, c'est en ce monde qu'elles reçoivent leur récompense ou leur châtiment.

Mais si on considère les individus chacun à part dans leur réalité personnelle, la question change totalement.

La société est une association dont chacun des membres est responsable de tous les autres à plusieurs égards sans doute, mais chacun des individus a une conscience propre, une responsabilité et une destinée personnelle indépendante de celle des autres hommes.

Donc: les innocents étant compris avec les coupables dans les calamités générales qui affligent un peuple, la justice se trouve violée.

Quelle compensation y a-t-il pour l'innocence sacrifiée et quelle expiation pour les scandaleux triomphes du vice?

Il n'est personne aujourd'hui, à quelque parti qu'il appartienne, qui ne soit forcé de convenir, en parcourant la liste des victimes de cette épouvantable époque, que la plupart de ceux qui furent sacrifiés alors n'étaient coupables que d'avoir été riches et porteurs d'un nom illustre, ou d'être revêtus d'un caractère sacré, ou simplement de faire ombrage aux hommes du jour.

Il est superflu de faire remarquer qu'à cette époque, les hommes les plus pervers pouvaient tout oser contre ceux qu'il plaisait de nommer *suspects*.

L'histoire générale des peuples nous offrirait des milliers d'exemples d'injustice, tous plus révoltants les uns que les autres, par le raffinement de la cruauté dont les victimes furent l'objet.

Que d'exemples analogues aux deux suivants!

LE BUT DE LA VIE : MÉRITER L'ÉTERNITÉ 303

Le premier est choisi dans le récit des massacres récents d'Arménie :

Un soir, les musulmans entrent à l'imprévu dans une ville du pays arménien. Dès le lendemain, le sang coulait dans les rues. Les femmes s'enfermaient dans les églises, et les hommes formaient des barricades pour les protéger. Le combat fut acharné, la tuerie effroyable. Pour être épargné, il fallait, sous le drapeau de l'Arménie, sous les yeux des chrétiens et des chrétiennes qui attendaient leur tour du massacre, marcher sur le *Crucifix* et embrasser le *Coran* ou *religion musulmane*.

Il n'y avait que les lâches à préférer la vie, et ils étaient rares.

Pendant *quatre jours*, le fils d'une pauvre veuve se distingua entre tous les martyrs; il se battit comme un lion; le cinquième jour, il fut surpris, garrotté et enchaîné.

La mère et sa sœur furent *éventrées* sous ses yeux. Enfin, lui aussi, sommé de choisir entre le supplice et la religion, entre la mort et l'apostasie de son Dieu, de toutes ses forces il s'écrie :

« Je suis Chrétien! Vive l'Arménie! »

On lui arrache les ongles ; il s'écrie :

« Je suis Chrétien! Vive l'Arménie! »

Avec un instrument de chirurgie on lui déchire la peau du visage au-dessus du front et on la lui rabat sur le menton ; il s'écrie :

« Je suis Chrétien ! Vive l'Arménie ! »

On lui brise bras et jambes ; il s'écrie :

« Je suis Chrétien ! Vive l'Arménie ! »

On lui plonge un poignard dans la gorge ; alors, avec un dernier flot de sang, il lance pour la dernière fois, au visage du bourreau musulman, son cri :

« Je suis Chrétien ! Vive l'Arménie ! »

Réunissons maintenant nos forces, pour contempler le martyre d'André Bolola, l'apôtre de la Pologne.

— « Prêtre latin, tu n'as reçu qu'une petite tonsure, nous t'en ferons une plus grande. »

Les cosaques décrivant un cercle sur sa tête, lui enlèvent le cuir chevelu et l'arrachent avec violence.

— « Nous allons te montrer comment tu fais dans l'Eglise romaine ; avec tes mains, tu retournes les feuillets du livre de l'autel, nous retournerons aussi ta peau. »

Et ces mains qui ne se sont jamais levées que pour bénir, ils les dépouillent, ils en détachent les muscles, ils en coupent les articulations,

— « Il est prêtre, ajoutent-ils, il faut lui donner une chasuble. »

Et l'ayant jeté sur une table, ils lui enlèvent par morceau la peau du dos tout entière; ensuite, ils sèment sur cette large blessure des brins de paille hachée, et, par dérision, on lui dit : « Papiste, tu n'as jamais officié avec un si bel ornement. »

Ils lui coupent le nez, les lèvres; il n'a plus visage d'homme; mais leur fureur n'est pas satisfaite.

— « C'est un monstre! crient ses bourreaux, mais les griffes lui manquent : nous allons lui mettre des griffes. »

Et, taillant des éclats de bois de pin, ils les lui enfoncent sous les ongles des mains et des pieds.

Comme le martyr avait encore assez de force pour invoquer la miséricorde de Dieu et prier pour la conversion de ces pauvres schismatiques, ceux-ci se précipitent une dernière fois sur leur victime; ils lui font au cou, derrière la tête, une blessure large et profonde, et par cette ouverture ils saisissent la *langue* de l'apôtre, et l'ayant montrée au peuple, ils la jettent au loin avec mépris.

Le chef des cosaques termine son supplice par un coup de sabre.

Mais qu'est-il besoin de chercher des exemples d'injustices si criantes et si écœurantes pour nous montrer la nécessité d'une réparation future ?

Pour en comprendre la nécessité, ne suffit-il pas de jeter les yeux autour de nous, sur la société où nous vivons ?

Que d'injustices de toute nature demeurent à jamais non réparées dans ce monde ! Ici, c'est un faux ami qui trahit la confiance d'un ami sincère ; là, c'est un malfaiteur qui assassine un homme de bien et qui échappe à la justice humaine; plus loin, c'est un fripon qui ravit à un homme honnête et laborieux le fruit des épargnes d'une vie entière.

Que d'iniquités secrètes à tous les degrés de l'ordre social, dans l'intérieur des familles et des sociétés !

Que de grandes escroqueries financières !

Que de ruines à jamais opérées par l'injustice !

Que de monstruosités protégées !

Que d'actions dictées par la haine et l'envie, que de calomnies, que d'abus de la force ! Que de perfidies !

Que d'ingratitudes envers les bienfaiteurs !

Or, voici la mort qui vient couvrir la vérité, la bonté, la vertu, la justice opprimées, étouffées, foulées aux pieds, méprisées, et laisse impunis : le mensonge, le désordre, le vice, l'injustice, le mal.

Allons donc au cimetière, là où se trouvent tant d'injustices et d'oppresseurs endormis, et comparons les tombeaux, dit un écrivain.

Celui qui fut pendant son existence un pirate, un bandit, dort d'un profond sommeil, à côté de la victime morte de misère, sans que son cri vers la justice semble avoir été entendu. Il n'y a pas plus de honte pour les insolents oppresseurs, et pas moins d'ignominie pour les innocents dont la vie fut broyée. L'horreur et le silence les couvrent du même manteau. Là, sont étendus des êtres qui ont été brisés, volés, insultés; ils ont cru en Dieu, ils l'ont appelé avec des cris qui eussent fendu les pierres, si les pierres avaient pu les entendre. La mort est venue d'un pas plus rapide que la justice et le droit rendu : ces vertueux sont morts de leurs vertus. La terre remplit maintenant leur bouche et étouffe leur voix.

A côté d'eux, dans le même champ funèbre, on a apporté des scélérats exaspérants et maudits. Ils étaient, eux, robustes, pleins de santé, riches et heureux ; leurs entrailles étaient saturées de graisse et leurs os suaient la moelle. Leurs cendres reposent dans la même paix. La mort les a reçus avec une égale froideur. Bien plus, le marbre est plus riche et les fleurs sont plus fraîches sur leur tombe.

Tel est le sort des bons et des méchants; les apôtres et les martyrs sont ensevelis dans la même poussière que tous les persécuteurs, les Néron, les Domitien, les Julien, etc.

Et le doux Louis XVI y pourrit dans les mêmes ignominies que les Marat, les Danton, etc.

Où donc est la justice?

§ III

LA JUSTICE PARFAITE EST ABSOLUMENT IMPOSSIBLE EN CE MONDE

A tout ce que nous venons de dire, on pourrait essayer de répliquer qu'ordinairement l'injustice est réparée en ce monde, parce que généralement on récolte le mal du mal, et le bien du bien. Il ne serait donc pas prouvé qu'il faille une autre vie pour rétablir l'ordre violé dans celle-ci.

— Disons d'abord qu'il ne suffirait pas que l'injustice fût réparée *ordinairement*, mais qu'il faudrait qu'elle le fût *toujours*, c'est-à-dire il faudrait que toujours on récoltât ici-bas le *mal* du *mal* et le *bien* du *bien*.

En effet, chaque homme, pris à part, a ses mérites personnels indépendants de ceux des autres, et la violation de la justice doit au même titre se réparer pour *tous les hommes sans exception*: la réparation de l'injustice en autrui ne la répare pas en nous, et le châtiment ordinaire des coupables n'atteint pas ceux qui restent impunis.

Cela dit, examinons de quelle manière les choses se passent dans ce monde: il nous est facile de nous convaincre que la réparation y est très loin d'égaler la mesure du mal.

Il entre sans doute dans le plan général de la Providence, de ne pas toujours laisser impuni le crime dans la vie présente. L'histoire de tous les siècles nous offre des exemples de ces chutes éclatantes, et le même fait s'observe aussi dans la vie ordinaire du commun des hommes. On connaît le proverbe: *bien mal acquis ne profite guère*.

Cependant, il faut dire que ces réparations sont bien souvent *tardives* et presque toujours *incomplètes*; elles ne rendent ni la *vie* ni même ordinairement les *biens* à ceux qui les ont perdus.

De plus, n'arrive-t-il pas aussi qu'elles manquent parfois totalement?

Par ces châtiments, la Providence donne, il est

vrai, un signe visible de sa présence aux choses de ce monde; *c'est le doigt de Dieu qui se montre.* Comme les hommes sont plus touchés des choses présentes et sensibles que des choses de l'avenir, par ces exemples la Providence leur rappelle qu'elle est elle-même la *Justice*, et elle leur donne ainsi une idée de ce qu'elle réserve aux coupables; mais il ne peut venir à la pensée de personne que des réparations de ce genre soient une justice *complète* rendue aux hommes, dès cette vie.

Qu'importe, par exemple, aux nombreuses victimes qu'a faites de tout temps la tyrannie chez tous les peuples, que les tyrans de l'humanité aient souvent payé leurs crimes, dès ce monde?

Qu'importe aux martyrs et à d'autres victimes, que Néron ait perdu bientôt l'empire avec la vie, que Dioclétien ait traîné une vieillesse digne de pitié, que Galère ait péri d'une mort affreuse?

Avant cette fin fatale, ces hommes n'avaient-ils pas joui des richesses et des grandeurs? Qu'est-ce qu'un châtiment de cette sorte, comparé au mal qu'ils ont fait, au supplice d'un si grand nombre d'innocents?

S'il n'y a point d'autre vie, le sort des victimes ne demeure-t-il pas toujours pire que celui des bourreaux? On raisonnerait semblablement sur des milliers d'autres faits.

D'ailleurs, il convient de faire observer que la constitution ou condition morale de la société humaine dans ce monde, ne permettrait pas qu'une telle réparation y eût lieu régulièrement, c'est-à-dire qu'il fût donné absolument à chacun selon ses œuvres dans cette vie, et c'est précisément une raison de plus de croire qu'il en faut une autre.

Ecoutons, là-dessus, un écrivain célèbre :

« Supposez que chaque action vertueuse soit payée, pour ainsi dire, par quelque avantage *temporel*, l'action, n'ayant plus rien de *surnaturel*, ne pourrait plus mériter une *récompense surnaturelle*.

» Supposez d'un autre côté qu'en vertu d'une loi divine, la main d'un voleur dût tomber au moment où il commet le vol, on s'abstiendrait de voler comme on s'abstiendrait de porter la main sous la hache d'un boucher. L'ordre moral (le pouvoir de mériter) disparaîtrait entièrement. Pour accorder cet ordre avec la justice, il fallait que la vertu fût récompensée et le vice puni même en ce monde, mais non « *toujours* » ni « *sur-le-champ* », et que l'individu ne fût *jamais sûr de rien* (mériter : c'est attendre) : c'est en effet ce qui est établi.

» Imaginons *toute autre supposition*, elle nous mènera directement à la destruction de l'ordre moral (du pouvoir de mériter), « ou à la création d'un autre monde ». (J. DE MAISTRE)

Il faut donc admettre sans doute qu'en général, la vertu n'est pas sans récompense ici-bas ni le vice sans châtiment. Mais il y a si peu de proportion avec les mérites, si peu de régularité dans la distribution des récompenses et des peines; il y a tant d'exceptions, tant de cas même où il semble que ce soit la vertu qui est punie et le vice récompensé, qu'on est absolument forcé de reconnaître la nécessité d'une autre vie pour mettre d'accord l'état de la société humaine avec la justice de Dieu.

Pour bien nous rendre compte que la sanction de la morale, c'est-à-dire la distribution des récompenses et des châtiments dus aux actions humaines, n'est pas « dans ce monde », nous allons considérer en détail l'insuffisance, l'imperfection de toutes les sanctions ou applications de la justice « en cette vie ».

Nous aurons beau retourner le monde en tous les sens, nous n'en trouverons que *Quatre* :

La sanction des lois humaines,

La sanction de l'opinion,

LE BUT DE LA VIE : MÉRITER L'ÉTERNITÉ

La sanction de la conscience,

La sanction de certaines conséquences naturelles de nos actions.

Examinons chacune de ces diverses « sanctions. »

Remarquons tout d'abord que la sanction qui provient des « *Lois* » et de « *l'Opinion* » est extrêmement « limitée » et « incomplète », parce qu'elle n'est applicable qu'aux actions qui se produisent « *au dehors* ».

Les actions extérieures contraires à la morale mais dont le secret ne transpire pas; les actions purement intérieures, comme les pensées coupables; les projets criminels qui avortent dans l'exécution : voilà autant de fautes sur lesquelles ni l'opinion ni les lois humaines n'ont prise.

De plus, dans les fautes mêmes qu'elles peuvent atteindre, ce qui est l'essentiel, au point de vue moral, est toujours hors de leur portée.

Voyons plutôt. Ce qui fait le *péché* ou le *mal* comme aussi la *vertu* chez les hommes, c'est la « *disposition de la volonté* » et nullement l'action extérieure.

L'action extérieure, comme telle, est indifférente en soi; elle n'est moralement bonne ou mauvaise que par la volonté libre de l'homme;

c'est par elle qu'une même action extérieure peut être bonne ou mauvaise ou simplement indifférente au point de vue moral, suivant les dispositions intérieures qui en sont le mobile et le but.

Ainsi, une aumône désintéressée faite par amour de Dieu et des hommes est un acte de vertu ; mais nous comprenons que cette même action ne serait qu'un calcul ou un acte d'hypocrisie, si elle se faisait uniquement par intérêt ou pour masquer un but coupable.

« *L'opinion* » et les « *lois* » des hommes n'atteignent pas cette « *source elle-même* » des actions, c'est-à-dire la «*volonté* » ; elles ne peuvent la saisir que dans ses manifestations extérieures, souvent trompeuses ou incertaines, et toujours incomplètes.

Le plus grand nombre de nos actions volontaires demeure toujours ignoré de nos semblables, et la valeur méritoire de celles qui leur sont connues, n'est presque jamais appréciée par eux que d'une manière imparfaite, lorsqu'elle ne l'est pas dans un sens contraire à la vérité.

La puissance de la *loi* est encore plus limitée que celle de *l'opinion*: il y a des milliers d'actions humaines qui sont jugées par la conscience publique, mais qui ne tombent sous aucune loi. Donc, les lois des hommes sont bien loin de suflire à la *réparation* des fautes contraires à la morale.

Ce n'est même pas le *but* qu'elles se proposent directement ; les actions défendues par les lois, sont punies bien plutôt comme nuisibles à la société que comme attentatoires à la loi de la conscience.

Qu'un homme viole les lois de la morale sans porter préjudice ou offense à personne, il n'a rien à craindre des lois humaines.

On doit raisonner semblablement sur les récompenses décernées au « mérite ».

La justice humaine ne fait que *punir*, elle ne *récompense pas* : elle est, a-t-on dit, *manchotte* et *boiteuse*.

Pas n'est nécessaire d'insister davantage sur ce qu'il y a d'*incomplet* dans l'application de la justice par les hommes.

Non seulement la « sanction » de nos actions par « l'opinion » et les « lois humaines » est « incomplète », mais elle est encore défectueuse parce qu'elle n'est pas appliquée selon « les règles de la justice elle-même ».

Sanction de l'opinion.

Lorsqu'on parle de *l'opinion* des hommes comme sanction de notre conduite, il va sans dire qu'il s'agit principalement de cette opinion qui se manifeste par des *paroles* ou des *actes*.

On doit convenir, sans doute, que dans la vie commune, les hommes d'une conduite honnête, lorsqu'ils sont doués de cette heureuse médiocrité qui n'excite pas l'envie, sont ordinairement et facilement estimés. Il est vrai encore que les hommes qui offensent gravement les lois de l'honnêteté morale encourent assez souvent le mépris public. Enfin on doit reconnaître que, dans toutes les conditions, il se rencontre des hommes d'un mérite réel qui ont l'heureuse chance d'être appréciés à peu près tels qu'ils doivent l'être.

Mais que d'exceptions à ce qui devrait être la règle ! Que d'appréciations en sens inverse de la vérité ! Combien l'opinion des hommes est loin d'être juste !

En effet, de combien de manières elle est fautive, elle est *inconstante*, ou *capricieuse*, dans ses appréciations !

Elle acclame la fortune, le plaisir, la vengeance, le succès.

Elle condamne l'infortune, elle condamne le devoir qui ne veut pas transiger avec le plaisir, la modestie qui se cache ; elle appelle *lâcheté* le pardon des injures.

L'opinion publique accueille, répète tout ce qu'il y a de plus invraisemblable ; on la mène avec des mots : les charlatans l'exploitent, les badauds la servent, les honnêtes gens en sont les principales victimes.

Elle déprécie le bien, elle le calomnie sans pudeur, sans mesure, sans fin, elle croit plutôt le mal et elle va dans sa crédulité jusqu'aux dernières limites de l'absurdité.

Un homme d'esprit disait plaisamment : « Si l'on m'accusait d'avoir volé les deux tours de Notre-Dame, je commencerais par m'enfuir au lieu de me justifier, car je serais bien sûr d'être pendu avant d'avoir vidé mes poches. »

Un diplomate très fameux par ses fourberies politiques disait : « Donnez-moi deux lignes d'écriture d'un homme, je me charge de le faire pendre ». Telle est l'opinion : on la conduit où l'on veut.

***

L'opinion est ingrate.

Trop souvent, elle paie les plus grands services par l'indifférence ou même, chose triste à dire, par d'odieux traitements.

Quelle longue chaîne d'exemples de son ingratitude se déroule devant les yeux de l'histoire depuis les temps les plus célèbres de l'antiquité jusqu'à nos jours !

Le sage Socrate fut contraint de boire la ciguë.

Miltiade, après avoir sauvé Athènes de la ruine, fut condamné à une amende par ses concitoyens ingrats, et finit ses jours dans une prison.

Thémistocle fut exilé par ses concitoyens.

Aristide qui était peut-être le seul homme juste que possédait la Grèce, à cette époque, obtint le même sort.

Phocion non moins honnête et souverainement désintéressé, fut obligé à l'âge de quatre-vingts ans de mourir par le poison, comme le dernier des criminels.

Épaminondas, le premier général de la Grèce, obtint, en récompense de ses services signalés, l'emploi d'inspecteur des balayeurs des rues.

Bélisaire, illustre général de l'empereur grec Justinien, dont il était le plus ferme appui, après avoir triomphé des Vandales, des Ostrogoths, des Perses et des Huns, succomba victime de la calomnie. Accusé d'avoir trempé dans une conjuration contre l'empereur, celui-ci lui fit crever les yeux, et confisqua tous ses biens, de telle sorte que ce vieillard fut contraint de mendier son pain.

La chaîne des *ingratitudes* de l'opinion se continue par anneaux très serrés à travers tous les siècles.

Les *peuples modernes* se sont vantés d'avoir mieux connu, pratiqué et rendu la justice, comme si leur histoire était autre chose que la lutte perpétuelle entre le droit et la force, entre l'honnêteté et la fourberie, entre la faiblesse abandonnée après avoir été trahie, et la force continuant à jouir de son usurpation.

Christophe Colomb, qui a découvert l'Amérique, célébré d'abord comme un homme incomparable, et élevé jusqu'aux nues, ne tarda pas à devenir victime de la haine et de la calomnie, et à être traîné dans la boue. Ses ennemis allèrent même jusqu'à le faire jeter dans les chaînes comme le dernier des criminels, en inventant contre lui les plus infâmes mensonges. Sans doute que, dans la suite, son innocence fut pleinement reconnue, et qu'on ne laissa pas de lui accorder quelques faveurs; mais elles furent bientôt suivies de chagrins et de revers sans nombre.

Colbert, à son lit de mort, se reproche d'avoir sauvé son roi qui l'oublie, et *Luxembourg*, qui a tapissé les voûtes de Notre-Dame avec cent drapeaux enlevés à l'ennemi, reconnaît enfin que les rois de la terre ne tiennent aucun compte de tout le sang répandu pour eux.

De même qu'autrefois les prodiges de leur éloquence ne sauvèrent pas de l'exil et de la servitude Cicéron et Démosthènes; ainsi les chefs-d'œuvre de Corneille et de Racine ne les sauvèrent pas de la disgrâce. Corneille fut oublié et méconnu dans sa vieillesse, et un regard de Louis XIV ôta à Racine la faveur et la vie.

Qui pourrait compter toutes les *ingratitudes* du monde?

Il fut donc heureusement inspiré, ce prince qui fit faire un cachet avec cette inscription :

Le monde est un imposteur !

Il n'a rien perdu de sa vérité, le proverbe qui dit :

L'ingratitude est la récompense du monde.

Par contre, l'opinion se montre pleine d'indulgence pour les vices, si l'on possède l'art funeste de les déguiser ou même de les rendre aimables, en flattant les mauvais instincts de la multitude.

L'opinion ne devient-elle pas, par moment, tout à fait *insensée*, et comme frappée de vertige? Combien de fois ne lui arrive-t-il pas de commettre la folie de préférer le crime à l'innocence, Barabbas à Jésus !

Elle ne cesse d'élever des statues aux fieffés coquins?

Ainsi, elle divinise un homme de sang, Marat qui inspirait de l'horreur même à une assemblée régicide, tandis qu'elle qualifie de tyran Louis XVI, roi juste, qui se mettait en mesure d'opérer les réformes qu'elle réclamait.

Remarquons, sur ce propos, que si l'opinion vient à se corriger elle-même, si la vérité finit par prévaloir, souvent ce n'est que *trop tard*, c'est-à-dire après la mort des victimes.

*
* *

L'opinion est bien rarement *universelle*.

Presque toujours elle est divisée par l'esprit de parti, les rivalités et les passions.

On ne peut contenter tout le monde et son père.

Cette parole est proverbiale.

On pourrait pousser plus loin ces détails, mais ce que nous venons de dire suffit pour montrer qu'il s'en faut de beaucoup que l'opinion des hommes se règle toujours sur les principes de la justice. Il suit de là même qu'en bien des cas, loin d'être une *sanction de la loi*, elle produirait un effet tout contraire.

Sanction des Lois.

La sanction par les « lois », c'est-à-dire par les « actes » de l'autorité publique qui en font l'application, à prendre l'ensemble des temps et des lieux, n'est pas plus conforme à la stricte équité que celle qui se fait par l'opinion, et cela pour « deux raisons » principales.

La *première*, c'est qu'il y a des « *lois injustes elles-mêmes* » : tel était le code de l'esclavage chez les peuples de l'antiquité ; tels furent plus tard les sanglants décrets contre les chrétiens ; telles furent plusieurs de nos lois révolutionnaires, entre autres la loi des *suspects* : une simple accusation suffisait pour être condamné ; telles sont encore aujourd'hui plusieurs lois contraires à la morale, qu'on trouve chez ces peuples barbares ou à demi-civilisés qui couvrent la plus grande partie du globe, et même chez les peuples entièrement civilisés...

On a vu aussi régner longtemps des pratiques judiciaires qui ont dû causer la perte d'un grand nombre d'innocents, comme la *question* ou la torture à laquelle on soumettait les accusés pour faire avouer la vérité : invention tout à fait sûre pour perdre un innocent qui a la complexion faible et pour sauver un coupable qui est né robuste.

La *seconde* raison pour laquelle la sanction des « *lois* » humaines n'est pas conforme à la Justice, c'est que, lorsque les lois sont justes, assez souvent elles sont *vaines* ou *lettre-morte*.

A quoi bon le meilleur des instruments si l'on en s'en sert pas ?

A quoi bon les meilleures lois, si on ne les applique pas, ou si, étant appliquées, elles le sont *mal* et en dépit de toute justice ? car les hommes qui les appliquent sont faibles ; les juges se trompent quelquefois en frappant l'innocent, plus souvent en épargnant le coupable même ; surtout si les mœurs publiques sont mauvaises, ils peuvent être vicieux et cupides : il y a des juges qui trahissent la justice ou qui la vendent, comme il y en a qui se trompent.

Le bénéfice des circonstances atténuantes est réclamé, appliqué à tant de forfaits si publics, si affreux, si obstinément renouvelés, que les lois les mieux faites semblent quelquefois s'évanouir, tant l'excès du crime semble forcer l'excès d'indulgence !

Enfin, malgré toute l'intégrité des juges, les erreurs de la justice humaine ne sont que trop fréquentes.

Ces erreurs de la justice humaine sont relativement fréquentes, même quand il s'agit de la peine de mort.

Dans ce dernier cas, ces erreurs sont irréparables ; en bien d'autres cas, elles ne se réparent guère davantage.

L'impunité des lois humaines est bien plus grande encore que nous ne pourrions le croire, si nous en jugions seulement par ce qui se passe en nos contrées ; car assurément, c'est encore parmi nous que les atteintes à la justice sont les plus rares, grâce, il faut le dire, à la civilisation chrétienne. Mais qu'est-ce que la justice à la turque, la justice chinoise, la justice des tyrans à tous les degrés, dans toutes les parties du monde, avec leur cortège inévitable d'exactions, de rapines, de violences, de perfidies de toute nature ?

Il suit des preuves qui précèdent que ce n'est pas dans les « *lois* » humaines, non plus que dans « *l'opinion* » des hommes, qu'il faut chercher une sanction, c'est-à-dire une répartition de récompenses et de châtiments *exacte* et *proportionnée* au *mérite* des œuvres.

Sanction de la Conscience.

La pratique de la vertu produit ordinairement dans l'âme une douce *joie* qui rayonne jusque sur l'extérieur, et c'est là sa première récompense.

Le vice, au contraire, est accompagné d'une peine spéciale : *le remords*, qui en est le premier châtiment.

<blockquote>
Le cruel repentir est le premier bourreau,
Qui, dans un sein coupable, enfonce le couteau.
</blockquote>

Cependant ces « *deux témoignages* » de la conscience ne peuvent pas être considérés comme donnant lieu à une sanction *juste* et *complète*, parce que les *joies* et les *remords* de notre âme ne sont pas exactement proportionnés au mérite ou au démérite des actions ; ils font eux-mêmes défaut, assez souvent, comme nous allons l'expliquer.

1° *Le témoignage « d'une bonne conscience » n'est pas une récompense suffisante de la vertu.*

Tout d'abord, la « joie » et la « bonne conscience » ne sont pas deux choses toujours inséparables.

Il est des cœurs vertueux qui vivent dans les alarmes ; timides jusqu'à l'excès, ils craignent là où il n'y a rien à craindre. Leur scrupule ou délicatesse de conscience fait leur tourment ; l'imagination les effraie de ses fantômes ; elle leur peint de légers défauts sous les couleurs des vices les plus noirs ; elle convertit en mal ce qui est bien. Or, au milieu de ces orages d'une âme agitée, la paix ou la joie de la bonne conscience peut-elle être bien douce ? La sérénité de la tranquillité de l'âme que doit toujours produire la vertu, n'est-elle pas grandement altérée par les chagrins et les douleurs qui font de certaines existences comme un long martyre ?

D'ailleurs, lors même que les heureux effets d'une bonne conscience se produiraient régulièrement dans toutes les âmes vertueuses, cette récompense ne serait cependant pas encore *mesurée au mérite des œuvres*.

Expliquons-nous.

Voici un homme né avec d'heureux penchants ; par tempérament, il est doux, modéré, maître de lui-même : la vertu, par nature, lui est facile.

En voici un autre agité par des passions violentes ; il est aussi patient malgré l'impétuosité de ses désirs, modeste au milieu de tout le bruit d'une éclatante renommée.

L'un et l'autre, étant vertueux, ont également en partage la paix de l'âme ; mais le second a bien plus d'obstacles à vaincre, plus de victoires à remporter sur lui-même ; sa vertu est bien plus difficile et par conséquent plus méritoire, digne d'une plus grande récompense.

Or, la récompense serait *la même*, si elle ne consistait que dans la *paix du cœur*.

Mais voici un fait d'un très grand poids :

Un homme de bien meurt victime de son devoir ; il sacrifie sa vie plutôt que sa conscience ; il verse son sang pour sa religion et sa patrie ; il est martyr de sa foi. D'une part, il n'a donc rien à attendre de la paix de sa conscience : elle ne descendra pas avec lui dans le tombeau ; d'autre part, que peut l'opinion pour ceux qui ne sont plus ? Souvent, leur mémoire est encore plus déchirée que leur vie. Aujourd'hui on les loue, demain on les bafoue.

Que de statues qu'une génération élève et qu'une autre renverse ! Que de jugements rendus et réformés sans être plus équitables et qui sont encore à réviser par l'histoire !

Mais supposons que l'on s'accorde sur le mérite d'un grand sacrifice, que tout le monde le loue : quel fruit en revient-il ici-bas à ce héros, à ce martyr ? Les larmes de tout un peuple paient-elles le sang répandu par lui ? Les vaines décorations d'un tombeau sont-elles le prix du sang ? S'il n'y a pas d'autre vie que celle-ci, où donc sera la récompense de *l'héroïsme*, du *martyre* ?

2º *Le « remords de la conscience » n'est pas*

un châtiment suffisant des actions mauvaises.

Il faut avouer que le coupable trouve son premier châtiment dans sa conscience qui l'accuse et qui le condamne ; mais si le remords est son unique peine, le plus coupable sera bien souvent moins puni que le moins coupable, parce qu'ils aura, mieux que celui-ci, étouffer sa conscience sous le poids de ses crimes entassés. La première faute, il est vrai, est celle qui est suivi du remords le plus cuisant, mais il n'arrive que trop, qu'on se familiarise avec le vice ; le remords s'affaiblit relativement à mesure qu'on lutte pour le surmonter, et bientôt, plus on devient coupable, plus on s'enfonce dans l'indifférence et le mépris de tout ce qui est honnête : plus de larmes dans les yeux, plus de fibres dans le cœur, plus de pensées de retour et de repentir !

Néron, cet empereur monstre, oubliant qu'il est l'assassin de sa mère, de son frère, de ses maîtres, l'auteur de l'incendie de Rome, le persécuteur et le bourreau du genre humain, ne songera plus, quand il sera contraint de mettre fin à ses jours, qu'à son talent pour la musique et le théâtre. Il mourra en s'écriant :

Quel musicien va mourir ! Qualis artifex pereo!

Ne sommes-nous pas souvent épouvantés, à la vue du cynisme révoltant que les grands coupables osent afficher devant les tribunaux ? Croit-on vraiment que les hommes de cette trempe auraient trouvé leur châtiment dans les remords de conscience ?

Ne sait-on pas d'ailleurs, abstraction faite des effets de l'habitude, que les coupables se déguisent bien souvent à eux-mêmes l'injustice et l'indignité de leurs actions, et qu'ils en affaiblissent d'autant le remords ? Par combien de raisons, en effet, ils excusent leurs crimes : une prétendue nécessité, un faut point d'honneur, un fatal entraînement, l'occasion, la colère, etc.!

Il faut ajouter que la mesure de la sensibilité aux remords n'est pas en raison directe de la mesure de la culpabilité dans l'homme.

Il arrive souvent que le ver rongeur de la conscience se fait vivement sentir à certaines âmes pour des fautes relativement légères, tandis qu'il se fait à peine sentir à d'autres pour des fautes graves. C'est ainsi qu'on a vu des Saints pleurer amèrement toute leur vie quelques fautes échappées à la faiblesse du premier âge, tandis que la multitude *avale l'iniquité comme l'eau*, suivant l'expression de la Sainte Écriture.

Enfin, il y a des crimes qui échappent totalement au remords comme à tout autre châtiment terrestre : tel est le suicide, tels sont tous les actes criminels suivis immédiatement de la mort du coupable.

L'homme se doit à Dieu qui lui a donné la vie, et qui, Seul, a le droit de la reprendre ; à sa famille, avec laquelle il a contracté des engagements ; à la société qui l'a nourri dans son sein, qui a veillé à la conservation de ses jours. Or, voici un homme qui, au mépris de toutes les obligations divines et humaines, s'arrache la vie. S'il n'a pas perdu l'usage de la raison, il commet un dernier crime qui met peut-être le sceau à une vie toute criminelle.

Où en sera le châtiment, s'il n'en existe d'autre que le *remords*, s'il n'y a pas une *autre vie* pour tout équilibrer ?

Le remords n'est donc pas une *sanction suffisante* du péché.

Sanction naturelle des Actions.

Les conséquences naturelles de nos actions n'en sont pas une sanction suffisante.

On appelle *sanction naturelle* : la récompense ou la punition que l'on trouve dans les conséquences ordinaires de sa conduite.

Une conduite vertueuse procure, en général, un avantage inestimable qui peut se résumer en deux mots : *une âme saine dans un corps sain* : *mens sana in corpore sano.*

Au contraire, une conduite intempérante et débauchée amène à sa suite la fatigue et le dégoût, énerve l'homme en l'hébétant ; elle le conduit ordinairement à des infirmités précoces et souvent à une mort prématurée.

Telles sont, règle générale, les conséquences de la conduite; mais combien d'exceptions souffre cette règle !

En premier lieu, les exceptions des heureuses conséquences qu'on a lieu d'attendre de la vertu ne sont-elles pas nombreuses ?

Combien d'honnêtes jeunes gens frappés dans la fleur de leur âge, desséchés avant le soir plus vite que l'herbe des champs ! Où est la récompense de cette innocence conservée ? Combien d'hommes vertueux, opiniâtres au travail, épuisent leur santé dans une peine excessive pour aboutir à un résultat presque nul, tandis que d'autres, bien doués, sèment, cultivent et récoltent une abondante moisson sans trop se fatiguer ! Où est la récompense de ce travail héroïque, mais malheureux ?

Enfin remarquons que cette heureuse disposition de l'âme et du corps qui est le fruit de la vertu ne met pas à l'abri de l'injustice des hommes, ni de bien d'autres maux qui pèsent sur l'humanité : par exemple il arrive qu'un homme vertueux hérite de la peine de fautes qu'il n'a pas commises et que le vrai coupable n'a point expiées.

En second lieu, les exceptions des conséquences naturelles de l'inconduite ne sont pas rares.

D'abord les fautes n'ont pas toutes pour suite, des châtiments qui atteignent notre nature : le vol, par exemple, l'homicide, etc., ne sont point punis de cette manière. Ensuite, même dans le genre de vices qui amènent les conséquences dont nous parlons, la réparation est loin de se faire selon la stricte justice.

Remarquons que la crainte des conséquences de la conduite est longtemps à peu près nulle pour le grand nombre : on ne s'inquiète guère par des prévisions d'avenir, à l'âge de l'irréflexion et de l'inexpérience. Qui ne sait, d'ailleurs, combien l'aveuglement des passions est capable d'illusions ? On se flatte toujours de s'arrêter à temps et d'échapper aux suites les plus funestes de sa conduite.

Quant aux conséquences elles-mêmes, leur réalisation ne se fait pas en proportion de la faute. Un tempérament robuste peut résister longtemps à des excès coupables qui en conduisent d'autres à une destruction rapide. La force, la grâce, et le talent de l'esprit se conservent quelquefois jusque dans les dernières années d'une vieillesse dissolue, malgré le dérèglement des mœurs.

Où est alors le châtiment ?

Ce n'est donc pas dans les *conséquences naturelles* de certaines actions qu'il faut rechercher la sanction certaine et suffisante.

*
* *

Résumons : la sanction de toutes les actions humaines, c'est-à-dire la répartition des récompenses et des châtiments qui leur sont dus, est *insuffisante, incomplète, inefficace et impossible en ce monde.*

On ne la trouve ni dans les *lois*, ni dans l'*opinion*, ni dans la *conscience*, ni dans les *suites naturelles* de l'action.

§ IV

LA JUSTICE PARFAITE EST DANS UN AUTRE MONDE

Le bonheur parfait n'est pas en ce monde ;

Donc, il est dans un autre, avons-nous dit plus haut.

La justice parfaite n'est pas en ce monde:
Donc, semblablement, elle est dans UN AUTRE.

Si « Dieu seul est bon », c'est-à-dire la source de *tout bien*, pareillement « Dieu seul est juste », c'est-à-dire la source de *toute justice* !

Notre conscience, a dit un célèbre orateur, réclame *justice contre* tous les Caïns qui ont tué leur frère ; contre tous les Judas qui ont trahi, vendu leurs maîtres ; contre tous les Tibères et tous les Nérons, ces monstres de l'humanité, qui se sont fait un jeu cruel du sang même de leurs sujets ; contre tous les courtisans ignobles qui ont flatté les basses passions de leurs princes ; contre tous les usurpateurs qui ont savouré en paix les fruits de leur scélérate usurpation ; *justice contre tous les bourreaux, tous les méchants !*

Justice pour tous les Abels égorgés par le poignard de la jalousie ou d'une autre passion ; justice pour tous les Saints de l'Ancien Testament qui ont été poursuivis et immolés ; pour les apôtres et les martyrs du Nouveau Testament qui ont subi la mort par tous les supplices plutôt que de sacrifier leur conscience ; *justice pour tous* les missionnaires de la Vérité que l'erreur et la fourberie persécutent encore dans tant de contrées, et qui paient, de leur sang, leur dévouement, leurs vertus, leur héroïsme, leur charité ; *justice,* en un mot, *pour tous les martyrs, tous les saints !*

Justice contre le triomphe du crime prospère, de toutes les sociétés, de tous les âges, et de toutes les classes, depuis les Achabs et les Jézabels de bourgade qui volent le champ du potier et qui s'engraissent, par l'usure, de la substance du pauvre, jusqu'aux Athalies, aux Hérodes, aux Antiochus qui usurpent les royaumes, dévorent les Etats, et grandissent démesurément leur domaine, et font douter, par le spectacle de cette gloire et de ce bonheur, s'il y a d'autre droit que la force, d'autre loi que le succès accompli !

Justice contre les vices honorés, les forfaits échappés aux poursuites ; justice contre la haine, l'envie, le mensonge, la calomnie, l'orgueil, l'avarice, l'hypocrisie que couronne le succès !

Justice pour la vertu ignorée et malheureuse, n'importe où qu'elle soit, dans les palais comme dans l'humble chaumière du pauvre !

Justice pour les infortunées de la haine, pour les familles ruinées par la mauvaise foi, pour les innocents qui gémissent dans les prisons, pour la vertu conduite à l'échafaud !

Justice pour la vertu attaquée de toutes parts par l'envie, poursuivie par la calomnie, dédaignée par le monde, oubliée, outragée, foulée aux pieds, méconnue jusque dans la tombe où elle est ensevelie par l'ingratitude dans un éternel oubli !

Justice contre tous ces désordres si choquants que les esprits faibles, impatients, en ont pris occasion de blasphémer contre la Providence, de la regarder comme étrangère au gouvernement des choses humaines, de croire ainsi perdus les efforts de l'homme de bien, et de proclamer, avec un Romain, cette impiété :

« Vertu, tu n'es qu'un fantôme ! »

Justice donc et récompense à la modestie, à la pauvreté, à la résignation, au silence !

Ici-bas toute conscience opprimée répète avec violence l'apostrophe vengeresse adressée par les fils de Macchabée à leur bourreau :

« Et toi, abominable scélérat, tu nous enlèves la vie présente ! mais le roi du monde nous ressuscitera dans la vie éternelle et nous nous retrouverons à son tribunal ! »

Un de nos grands poètes a dit justement de Dieu :

L'Eternel est son nom, le monde est son ouvrage.
Il entend les soupirs de l'humble qu'on outrage,

Juge tous les mortels avec d'égales lois
Et du haut de son trône interroge les rois.

En vérité, en vérité, tous les peuples et tous les temps reposent en paix sur le fondement inébranlable de ces éternelles paroles du Sage :

« J'ai vu sous le soleil l'impiété au lieu du jugement, et l'iniquité au lieu de la justice.

» J'ai dit dans mon cœur : Dieu paiera le juste et l'injuste, et alors ce sera le temps du rétablissement de toutes choses. »

Mériter : c'est attendre... je crois et j'attends.

Nous comprenons si fortement tout cela, le sentiment de la justice est enraciné si avant dans nos entrailles humaines qu'il n'est pas de colère comparable à l'impétuosité indomptable de celle que soulève en nous la violation de ses lois sacrées.

C'est avec un frémissement de conscience que nous jetons la malédiction sur tous ceux qui blessent le droit, qui foulent aux pieds ce qui est *juste*. Le sang de la justice outragée pousse un cri de vengeance à nul autre comparable ; s'il y a partout des statues pour les martyrs (même pour les faux martyrs), c'est parce que les plus nombreuses, les plus splendides et les plus glorieuses couronnes seront toujours décernées aux victimes qui se sont sacrifiées à la mort, plutôt que d'accepter ou de paraître accepter *l'injustice*.

Et nous hommes, dont la justice n'est qu'une « *image* », qu'un *reflet* de la Justice infinie de Dieu, nous penserions que Lui ne tiendra pas la promesse qu'Il a faite de récompenser *tout spécialement « ceux qui ont souffert persécution pour la justice »* !

Redisons-le encore : Dieu ne serait pas Dieu, s'Il n'était Juste.

Ne serions-nous pas portés à blasphémer et à haïr cette Toute-Puissance en qui ne se trouverait pas le tribunal suprême de cette justice, sans laquelle l'univers ne serait plus qu'un déluge de crimes ?

Eh quoi ! oserait-on nier la Justice éternelle, l'appel au Juge souverain, à ce juste trahi par le hasard, vaincu par la force, et qui voit son droit périr entre ses mains brisées !

Ces douleurs, ces misères, ces ignominies, ces cœurs glacés par une vie plus froide que la mort, ces courages trahis, ces justes causes abattues, ces faiblesses écrasées, ces apostolats, ces dévouements persécutés, ces perfidies, ces mensonges triomphants, ces innocences corrompues : tout cela forme comme un cri déchirant et sublime de l'humanité qui en appelle au tribunal d'un autre monde, au *Tribunal de Dieu*.

« Quand je n'aurais d'autre preuve de l'immortalité de l'âme que le triomphe du méchant et l'oppression du juste dans ce monde, cela seul m'empêcherait d'en douter. Une contradiction si manifeste, une si choquante dissonance dans l'harmonie universelle me forcerait de la résoudre ; je me dirais : tout ne finit pas pour moi avec la vie, tout rentre dans l'ordre, à la mort. » (J. J. Rousseau)

Ne serait-ce pas faire mourir deux fois ces vaincus de la grande lutte humaine, ces blessés de la vie, en leur fermant le recours certain du Juge incorruptible ?

Oui, tous les raisonnements imaginables ne sont point au-dessus du simple fait de la prière, de la douleur universelle, de la résignation dans l'« *Espérance éternelle* ».

On a dit de la *prière* qui se confond avec l'espoir en Dieu, qu'elle était la « *toute-puissance de Dieu entre les mains de l'homme* ». Pourquoi est-elle si puissante sur Lui, sinon parce qu'elle est un cri d'appel à sa Bonté et à sa Justice infinie, cri sortant d'un être tout faiblesse et douleur ?

« *Il y a des douleurs immenses et imméritées* » : tel est le fait inébranlable qui sera tou-

jours la preuve la plus sensible, la plus évidente de toutes les preuves de la vie future.

C'est celle qui revient sans cesse à la pensée de tous les hommes.

Qui donc a vu le poids que la vie fait peser ici-bas sur toute âme?

Qui donc oserait nier qu'on ne peut se faire une idée exacte de tout ce dont est capable de souffrir « *une seule âme* » ?

Considérons ce juste, cet homme de bien, ici-bas, luttant souvent jusqu'à tomber sous le poids écrasant de la douleur, considérons-le.

Il est seul, il n'a jamais vu Dieu, et cependant il l'appelle, il se lève et continue à rouler le rocher de la vertu pour arriver jusqu'à Lui, le But de son existence douloureuse. Pendant toute sa vie, il a un bandeau sur les yeux, il ne doit se conduire que par la Foi.

Et sa Foi serait *vaine* !

Et il n'y aurait pas une autre vie au bout de sa Foi !

Eh quoi ! une héroïne comme Jeanne d'Arc, après avoir bravé tous les dangers et tous les obstacles pour suivre la voix de Dieu qui l'appelait pour sauver la France, n'aurait eu pour prix de son dévoûment que d'indignes calomnies et le plus cruel supplice : les flammes dévorantes d'un bûcher !

Au contraire, l'horrible Frédégonde dont la vie n'a été qu'un tissu d'atrocités aurait donc *impunément* trempé ses mains dans le sang de ses proches, dans celui des personnes sacrées, etc., que disons-nous : elle en eût même été récompensée, puisqu'elle triompha toujours et jouit d'une existence royale jusqu'à sa mort !

Eh quoi ! une sainte âme aura été le modèle de toutes les vertus ; elle aura été l'œil de l'aveugle, l'appui du boiteux, la consolation des affligés, le soutien de la veuve, la mère de l'orphelin, l'hospitalière du voyageur, elle aura vêtu et nourri l'indigent, elle aura versé sur toutes les blessures un baume salutaire ; elle aura veillé au chevet des malades et recueilli le dernier soupir du vieillard expirant ; elle aura peut-être visité les prisons, les hôpitaux et toutes les vastes maisons de misères humaines ; elle aura eu de l'or pour tous les besoins, des remèdes pour toutes les maladies, des larmes pour toutes les infortunes ; elle aura traversé la vie, en répandant autour d'elle comme un astre bienfaisant la lumière et la chaleur ; en un mot, elle aura été un *ange*, une *sainte* ; et sa mort aura été un deuil emportant les regrets, les pleurs de tous ceux qui l'ont connue.

Or, cette âme si angélique, si sainte, aurait le

même sort que celle qui n'a connu d'autre divinité que le vice le plus ignoble, d'autre temple que le lupanar, d'autre idole qu'elle-même, d'autre loi que ses infâmes passions ! Elle aurait le même sort que celle qui a spéculé sur le crime et entraîné dans la perdition des multitudes ! et il ne resterait d'autre chose à cette sainte qu'une vaine renommée, que la fumée de la gloire !

Non ! mille fois non ! la vérité et le mensonge, la franchise et l'hypocrisie, l'ordre et le désordre, la vertu et le vice, la charité et la haine, le pardon et la vengeance, l'innocence et le crime, le dévouement et l'égoïsme, la générosité et l'avarice, l'obéissance et la révolte, la bénédiction et la malédiction, la justice et l'injustice, le bien et le mal, ne peuvent être engloutis dans un égal anéantissement, non, mille fois non !

La nature se révolte, la conscience proteste, tout l'être humain se soulève d'indignation, à la pensée du fait contraire.

Et ici, inspecteurs et recteurs d'académies, bacheliers, licenciés et docteurs, savants de toutes les nations, auraient beau plaider la *cause de la bête*, ils ne gagneraient pas, parce que la vérité *d'une vie à venir* repose sur le *fondement indestructible de la Justice éternelle*.

La saine raison redira toujours avec le poète :

Là, dorment soixante ans d'une seule pensée,
D'une vie à bien faire uniquement passée,
D'innocence, d'amour, d'espoir, de pureté ;
Tant d'aspirations vers son Dieu répétées,
Tant de foi dans la mort, tant de vertus jetées
    En gage à l'immortalité ;

Tant de nuits sans sommeil pour veiller la souffrance,
Tant de pain retranché pour nourrir l'indigence,
Tant de pleurs toujours prêts à s'unir à des pleurs ;
Tant de soupirs brûlants vers une autre patrie,
Et tant de patience à porter une vie
    Dont la couronne était ailleurs !

Et tout cela pourquoi ? Pour qu'un creux dans le sable
Absorbât pour jamais cet être intarissable !
Pour que ces vils sillons en fussent engraissés !
Pour que l'herbe des monts dont sa tombe est couverte
Grandît là, sous nos pieds, plus épaisse et plus verte !
    Un peu de cendre était assez !

Non, non ; pour éclairer trois pas sur la poussière,
Dieu n'aurait pas créé cette immmense lumière,
Cette âme au long regard, à l'héroïque effort !
Sur cette froide pierre en vain le regard tombe,
O vertu ! ton aspect est plus fort que la tombe
    Et plus évident que la mort !

Toutes les lois ont pour but l'avantage des sujets dont elles sont les lois ; un être ne se trouve bien que s'il vit conformément à sa nature, à sa loi.

Or s'il n'y avait pas une *autre vie* après celle-ci, la loi morale qui oblige l'homme serait au préjudice de ceux auxquels elle commande ; ceci ne peut être admis.

Il serait contradictoire qu'un être fût tenu de poursuivre un but ou une loi contraire à sa nature : cette loi serait une loi de tyrannie, non de justice et d'amour.

La vertu sans le bonheur et le vice sans châtiment sont une contradiction.

§ V

SANS LA JUSTICE DE LA VIE ÉTERNELLE, IL N'Y A PAS DE JUSTICE POSSIBLE DANS LA VIE PRÉSENTE.

En effet, la *justice* repose sur la distinction entre le *bien* et le *mal*.

Or, s'il n'y a pas de Dieu, qui déterminera cette distinction?

Ce qui est bien et ce qui est mal est tel pour tous les hommes et pour tous les pays: où donc trouver cette règle universelle du bien et du mal, s'il n'y a pas de Dieu?

Otez Dieu qui est la *seule mesure* des choses, chacun les mesurera, les *comptera* à sa *propre mesure*, à son *propre poids*, à son *propre calcul*.

La *règle morale*, c'est-à-dire la règle du bien et du mal, disparait avec le Régulateur suprême.

Sans Dieu, la raison n'a plus la Raison type : la justice n'a plus la base de la Justice Source de toute justice ; le vrai, le bien, le beau ne repose plus sur la Vérité, la Bonté, la Beauté. Sans Dieu, la volonté n'a plus de maître qu'elle-même : chacun voit le bien dans son plaisir et le mal dans ce qui le gêne ; chacun entend le droit à sa manière ; chacun agit suivant l'impression, ou le besoin du moment, sans autre préoccupation que celle de son égoïsme, sans autre crainte que celle des jalousies ombrageuses qui le surveillent.

En un mot, la distinction réelle entre le bien et le mal disparaissant, dès lors plus de vertu, plus de justice. Aussi, le blasphémateur qui a osé dire : « Dieu, c'est le mal », a pu dire ensuite : « la propriété, c'est le vol ». La conséquence est naturelle.

Ni Dieu, ni maître! « Ni maître » est la conséquence inévitable de : « ni Dieu ».

S'il n'y a pas de Dieu, s'il n'y a pas d'autre vie que celle-ci, la passion peut s'écrier avec

plus de force encore que le Satan de Milton :
« O mal, sois donc mon bien ! »

Il ne reste plus rien dès lors pour l'arrêter.

Voici pourquoi :

Sans l'attente d'une autre vie, la sanction de la conscience et la conscience elle-même n'existent plus.

Et comment ?

La « *Conscience* » est notre *raison*, en tant qu'elle nous avertit de la bonté ou de la malice de nos actions en nous disant ; *Ceci est bien ; ceci est mal.*

Or, si la conscience a quelque pouvoir sur les hommes ; si elle a la force de se faire obéir jusqu'à leur faire sacrifier à son obéissance leurs instincts naturels et leurs passions, c'est que, dans sa voix, ils reconnaissent l'autorité du suprême Législateur qui est Dieu, témoin et juge de leurs actions.

Cela est évident.

La conscience n'aurait aucune force par elle-même, si elle n'était pas le *porte-voix* de Dieu, son porte-parole.

On a prétendu, il est vrai, que « *l'idée de la distinction essentielle du bien et du mal implique de soi l'obligation de faire l'un et d'éviter l'autre*, indépendamment de l'autorité d'un

Législateur. On s'est fondé sur cette raison qu'il n'est pas possible de concevoir qu'une chose est bien ou mal, sans concevoir en même temps qu'on est tenu par sa nature, sous peine de se mettre en contradiction avec soi-même, de faire l'un et d'éviter l'autre.

Mais remarquons, sans tarder, que la raison à elle seule ne peut pas être une *loi absolument obligatoire*, parce qu'elle manque de l'autorité qui a qualité pour l'imposer.

En effet : Qui dit *loi*, dit rapport du *supérieur* à l'*inférieur*.

Qui dit *loi*, dit *autorité* du *supérieur* sur l'*inférieur*.

Par conséquent, ce n'est pas de l'homme que peut venir pour l'homme une obligation qui l'*oblige* à l'obéissance. On n'est pas son *supérieur* à *soi-même*.

Si l'homme n'est pas dans la dépendance d'un Être au-dessus de l'humanité, sa propre volonté est *souveraine*. Or, quoiqu'il puisse s'imposer à lui-même, il demeure toujours libre de ses actes ; il ne dépendrait toujours que de lui, dans tous les cas, de se dispenser de ce qu'il lui aurait plu de s'imposer ; il n'est donc pas *lié* ou *obligé* sérieusement par *lui-même*.

Il ne peut pas l'être davantage par ses *sembla-*

bles; car, pour ce qui concerne les lois de la morale ou de la conduite, aucun homme n'a de soi autorité sur un autre homme. Tous les hommes étant de même nature, tous, en tant qu'hommes, sont tenus, au même titre, à la *loi de l'homme*; tous sont liés ou obligés; nul ne lie ou oblige les *autres*.

L'homme, ayant « *sa loi* », (il est évident que l'homme est sujet à une loi comme tous les autres êtres), a par conséquent des « *obligations* » à remplir. Cette *loi* et ces *obligations* ne peuvent donc venir que de l'Etre duquel dépend l'humanité, c'est-à-dire de *Dieu* même.

Voilà pourquoi on ne peut pas séparer l'*autorité de la conscience* de *l'autorité de Dieu*. Il n'y a qu'*une seule autorité*, celle de Dieu : « *Omnis potestas a Deo* » (St PAUL)

Il n'y a qu'*un Législateur*, comme il n'y a qu'*un Père*; la Source unique de la vie est aussi la Source unique de l'*autorité*.

La conscience est donc réellement le *porte-voix de Dieu* Lui-même.

D'ailleurs, l'*expérience même* nous montre que les hommes ne conçoivent pas la conscience sans l'autorité de Dieu.

Le sentiment de la présence divine à toutes les actions humaines, qui ne quitte jamais l'homme religieux, existe aussi d'une certaine manière au fond de la pensée, chez ceux-là mêmes qui semblent vivre le plus loin de Dieu ; il y sommeille, pour ainsi dire, et n'attend qu'une occasion pour s'éveiller.

L'homme qui se croit le plus sûr d'être seul, s'il projette une action criminelle, s'épouvante parfois de lui-même comme se sentant sous l'œil d'une puissance invisible qui prévoit tout, pense à tout, remarque tout, se mêle de toutes nos affaires. Les plus méchants sentent que l'aiguillon du remords a une *pointe divine*. Ils proclament eux-mêmes cette présence et cette action de Dieu, lorsqu'on les voit, en certaines circonstances, s'en prendre au Ciel des accidents ou des fléaux de la nature ; on les voit s'oublier dans leur folie jusqu'à faire entendre des malédictions et des menaces contre le Tout-Puissant.

Enfin, il n'est pas d'homme qui, dans un danger extrême, ne lève les yeux et les mains au ciel pour implorer le secours d'En-Haut.

Donc la raison et l'expérience nous montrent à la fois que la conscience, séparée de Dieu, n'aurait plus une force efficace pour *obliger* à la pratique de la vertu ou du devoir.

Encore une remarque sur ce sujet :

L'obligation du devoir est une chose *absolue*,

invariable, elle ne dépend ni des hommes, ni des pays, ni des coutumes, ni des époques. Elle est aujourd'hui ce qu'elle était hier, et elle sera demain ce qu'elle est aujourd'hui.

Or, le devoir étant une chose absolue, invariable, s'il dépend de la conscience seule, c'est-à-dire séparé de l'autorité de Dieu, il devient alors une chose souverainement variable, dépendant uniquement du caractère des individus, des coutumes, des peuples et des pays.

Nous savons quelles extravagances se sont rencontrées chez les païens dans la pratique du devoir d'après la conscience seule.

Le sauvage qui tue ses vieux parents suit ou croit suivre sa conscience.

Le musulman n'est pas troublé par la polygamie, ni par l'esclavage sous sa forme la plus hideuse. Si la conscience des peuples modernes est plus développée, à qui doit-on ce développement sinon à l'éducation chrétienne ?

Si, réellement, il n'y avait rien au-dessus de la conscience individuelle, si elle était son maître souverain et non le porte-voix plus ou moins imparfait d'un Maître supérieur, infaillible, qui ne voit que ce maître, commandant tour à tour le pour et le contre, ne mériterait pas d'être écouté ?

LE BUT DE LA VIE : MÉRITER L'ÉTERNITÉ 351

Etant donné qu'elle dépendrait, dans une si grande mesure, du hasard, des coutumes, des pays, chacun aurait le droit de se créer une conscience personnelle, à sa mode.

Mais ce n'est pas tout. La conscience ne se contente pas de commander le bien et défendre le mal « *au nom de l'autorité de Dieu* » : son témoignage va plus loin.

Elle contient l'idée de «*sanction*», c'est-à-dire l'idée de « *récompense* » ou de « *châtiment* », selon le « *mérite* » ou « *démérite* ».

En même temps qu'elle dit: *tu feras bien*, elle dit aussi: *tu seras récompensé*.

En même temps qu'elle dit ; *évite le mal*, elle ajoute : *si tu le fais, tu seras puni*.

Le remords est sans doute le sentiment produit par l'horreur du mal, mais il est surtout la *crainte des châtiments* que le crime doit entraîner après lui : c'est ce qui nous reste à voir.

Premièrement, on ne comprend pas comment le simple témoignage que nous nous rendrions à nous-mêmes, suffirait pour nous maintenir sur la route épineuse du devoir.

Deuxièmement, on ne comprend pas non plus comment le remords serait efficace pour réprimer le mal, s'il ne renfermait pas la crainte d'une « *peine* », la crainte de Dieu qui punit le mal.

C'est cette crainte qui est le commencement de la sagesse, comme dit l'Ecriture.

Pour bien voir encore ce fait, servons-nous d'une comparaison dont l'idée est empruntée au philosophe anglais Mallock.

Une personne qui projette d'accomplir un crime dans une forêt, voit se dresser devant elle le spectre de son père défunt et entend une voix lugubre qui lui fait des reproches : elle s'arrête, effrayée ; mais, en y regardant de plus près, elle reconnaît que le spectre n'est qu'un effet de lumière et que la voix n'est autre que le sifflement du vent dans les branches. N'est-il pas évident qu'une fois convaincue de la vanité de l'apparition, elle reprendra courage et accomplira son crime !

Tel serait, pour la plupart des hommes, l'effet de la conscience, *dépouillée de l'autorité de Dieu et de la sanction de la vie future.*

Les méchants croyaient entendre parler dans leur cœur un Dieu juste et vengeur; peu à peu ils s'imaginent que personne ne leur parle et que le châtiment est une illusion ; désormais, ils ne tiennent plus compte de cette voix.

Supposons maintenant une personne luttant à outrance avec le mal qu'elle a en horreur.

C'est une mère de famille qui voit ses enfants

LE BUT DE LA VIE : MÉRITER L'ÉTERNITÉ 353

près de mourir de faim sous ses yeux ; mettons à côté d'elle le moyen de les nourrir, soit par le sacrifice de sa vertu, soit par un crime quelconque. Disons alors à cette personne qu'il n'y a ni Dieu, ni récompense, ni châtiment ; que c'est par devoir seul qu'elle doit résister à la tentation. Ajoutons que, quoi qu'elle fasse, qu'elle ait supporté la misère et la faim, ou qu'elle ait acquis non pas la richesse, mais l'aisance ou même la nourriture d'un jour au prix du vice ou de l'infamie, son sort après cette vie sera exactement le même, croyons-nous que sa vertu résiste ? N'est-il pas évident qu'il y a disproportion entre la cause qui pousse au bien et la puissance qui pousse au mal ?

Est-ce pour des *idées chimériques* que l'on sera prêt à renoncer à ses intérêts les plus chers, à sacrifier sa femme, ses enfants, son père, sa mère, ses frères, ses sœurs ?

Un homme qui pourra satisfaire par un acte coupable une passion vive, à l'insu de l'univers entier, résistera-t-il à l'épreuve pour le simple plaisir du devoir accompli ? S'il le fait, c'est qu'il sera un héros de vertu. Mais où sont-ils, les *héros* ?.... L'ensemble des hommes en est-il ?

On est donc forcé d'avouer que sans l'attente

d'une autre vie, la sanction par la conscience n'existerait même pas.

D'ailleurs, nous avons dit qu'aucune des autres sanctions humaines n'était suffisante, ni celle des lois humaines, ni celle de l'opinion, c'est-à-dire de l'honneur ou de la honte attachée à nos actions, ni celle des conséquences naturelles et ordinaires de nos mêmes actions.

Mais, outre que ces dernières sanctions sont incomplètes, il faut ajouter que, sans *l'attente d'une autre vie*, elles n'auraient pas, non plus que la conscience séparée de l'autorité de Dieu, la *force obligatoire* suffisante pour faire pratiquer la vertu.

En effet, sans la sanction d'une autre vie, *au nom de quoi* pourrait-on commander la vertu ?

— Au nom des *lois humaines* ?

Mais alors la force physique devient l'unique gouvernement des hommes ; la crainte seule, c'est-à-dire les gendarmes, les tribunaux, les juges, les geôliers, les bourreaux : tel serait l'unique mobile de toutes les actions humaines.

En effet, s'il ne s'agit que de *l'intérêt particulier* ; s'il n'y a rien à craindre ni à espérer pour une autre vie ; s'il n'y a rien à craindre que la justice humaine ; s'il n'y a pas *d'intérêt éternel* auquel il faille sacrifier son *intérêt temporel*, n'arrivera-t-il pas que, dans certaines circonstances où l'on sera assuré de l'impunité et où *l'intérêt* sera de mal faire, n'arrivera-t-il pas alors qu'on pourra voler, mentir, empoisonner, etc. ? Ne sacrifiera-t-on pas tout à l'intérêt particulier quand on sera sûr de ne pas être pris ?

Verra-t-on dans le code autre chose que *du papier qui s'est laissé écrire* ?

— Est-ce au nom de *l'intérêt public* que l'on commanderait la vertu ?

Mais n'y aurait-il pas de la folie à se dévouer là où le néant sera l'unique récompense du dévouement ?

S'il n'y a pas à cueillir l'auréole de la Charité, la récompense du bon combat au delà du tombeau, l'esprit de sacrifice ne sera-t-il pas pour beaucoup un *non sens*, et ne deviendra-t-il pas de plus en plus rare ?

Est-ce que jamais on se dévouerait à la mort, si on n'y était poussé par une ferme espérance de l'immortalité bienheureuse ?

On conçoit que les Gaulois, nos pères, étant mus par l'espoir d'une vie meilleure, aient cherché la mort avec joie dans les combats, comme l'a remarqué un historien, et soient devenus l'effroi des Romains qui se voyaient obligés d'armer contre eux jusqu'aux esclaves.

On conçoit que Cicéron ait dit : « qu'avec les autres peuples les légions combattaient pour la gloire, tandis qu'avec les Gaulois elles combattaient pour le salut de la patrie. »

« *Religion, Patrie*, sont deux mots inséparables », a écrit un chaud patriote de nos jours.

Pourquoi ?

Parce qu'il n'y a et il n'y a jamais eu de patriotisme dans aucun pays, ni à aucune époque, qui ne fût inspiré, fortifié et consacré par la religion. La raison en est simple. Celui-là seul qui croit à une vie future, peut consentir, dans cet intérêt supérieur, à abandonner froidement ce qui lui rendait douce et heureuse la vie d'ici-bas.

A ceux qui ont trouvé le bonheur autant qu'il est possible ici-bas, la religion dit : « *il y a mieux encore* ». A ceux qui aiment et dont le cœur saignerait lorsqu'il faudrait quitter pour toujours, peut-être, la femme adorée et les petits enfants bénis, la religion crie : « Tu les retrouveras ! ». Mais dans ces seules conditions on peut faire bravement, héroïquement, son devoir sur le champ de bataille, on peut mourir, la mort n'étant pas aux yeux du croyant la fin de tout, la fin suprême.

Au contraire, l'athée pour qui la vie terrestre est tout, pour qui il n'y a rien au delà de la tombe, tout naturellement ne peut avoir la force d'aller à la mort ; quand ce but lugubre apparaît à l'horizon, il s'en détourne prudemment, et il a raison avec lui-même.

Pourquoi le libre-penseur voudrait-il quitter ce qu'il est certain de ne pas retrouver ailleurs ?

Il serait bien sot, bien fou, de risquer cette existence en dehors de laquelle il n'a rien à espérer, absolument rien ! Aussi il ne se bat pas, il ne veut pas mourir. C'est pourquoi, la décadence des nations est en rapport direct avec l'affaissement ou la diminution de la religion.

Une supposition nous fait toucher du doigt ce fait (1).

Qu'un capitaine rassemble ses soldats et leur dise, la veille d'une bataille :

« Mes amis, le boulet qui vous tranchera demain par le milieu du corps ne laissera rien de vous en ce monde. On vous jettera dans une fosse avec les chevaux, où vous pourrirez pêle-mêle parce que vous ne valez pas mieux qu'eux. La fatigue que vous avez éprouvée, les dangers que vous avez courus, les privations que vous avez souffertes ont été bien payés par douze sous que la patrie vous a donnés par jour. Quant à Dieu et à un monde meilleur, n'y comptez pas : c'est

(1) CHATEAUBRIAND

une pure rêverie de vos prêtres ! Tout se réduit à vous faire casser la tête pour ma propre gloire Fantassins obscurs, vous serez oubliés, je recueillerai seul le fruit de votre mort. »

Que ce capitaine mène ses soldats à la charge, après ce beau discours, et le premier coup de canon de l'ennemi dissipera tous ces bataillons philosophiques.

Mais si quelque antique solitaire, aumônier de l'armée qui, depuis trente ans, chante le *Te Deum* sur le champ de bataille, et célèbre le sacrifice de la paix, sur un autel formé de tambours ; si ce Père à barbe blanche, qui, tant de fois, a fait descendre le Dieu fort sur le camp français ; qui, tant de fois, étalant les humbles vertus religieuses au milieu des nobles vertus militaires, a invoqué le Jésus des petits enfants au lit de mort d'un grenadier ; si cet homme pieux dit aux soldats :

« Mes enfants, voilà l'ennemi ! défendez votre religion : ceux qui tombent pour cette cause sacrée seront reçus par leurs pères qui les regardent du haut du Ciel. Pour une vie d'un moment et pleine de troubles, ils jouiront d'une vie éternelle et pleine de délices ; toutes leurs peines seront finies et nous les regarderons comme des Saints. Leurs os reposeront dans une terre bénite, et le Ciel répandra ses grâces sur leur famille. Marchez donc, je vous remets tous vos péchés, marchez à la voix de Dieu qui vous commande : la victoire est entre vos mains, il vous la donnera. »

Nous parierions que l'aumônier aura raison contre le capitaine et qu'en effet les soldats du prêtre remporteront la victoire.

L'intérêt public, l'intérêt de la patrie ne suffit donc pas, sans l'espoir de la vie future, pour inspirer le sacrifice, le risque de la mort.

— Mais ne pourrait-on pas commander la vertu au nom de *l'Immortalité* que l'on se promet sur cette terre ? au nom de *l'honneur?*

Nous l'avons déjà remarqué, n'y a-t-il pas une multitude de vertus importantes qui resteront à jamais ignorées, et qui cesseraient bientôt d'exister si elles n'attendaient leur récompense que de la terre ? Que de héros inconnus dans ces combats dont César et Napoléon ont seuls eu la gloire !

Combien d'actions particulières s'ensevelissent dans une bataille ! De tant de millions d'hommes qui sont morts en France depuis quinze cents ans, y en a-t-il cent qui soient venus à notre connaissance ?

La mémoire non des chefs seulement, mais

des batailles et des victoires est bien ensevelie.

Mais, de plus, ne sait-on pas que, souvent, on recherche « l'immortalité » ou « l'honneur » dans le crime?

Érostrate, pour faire parler de lui, brûla le temple d'Éphèse.

Hermolaüs, ayant demandé à Callisthènes comment il pouvait devenir le plus célèbre des hommes, le philosophe lui répondit : « En tuant Alexandre, le plus célèbre des hommes ».

Tel libertin se fait gloire d'avoir immolé à sa passion un grand nombre de victimes. Tel militaire croit qu'il y va pour lui de l'honneur de prouver, les armes à la main, c'est-à-dire par la *force brutale*, qu'il a eu raison et que son adversaire a eu tort

N'y a-t-il pas aussi des hommes qui ont regardé comme un acte de courage le suicide qui est un acte de lâcheté : il y a du courage à pouvoir supporter le malheur.

L'honneur ne peut donc pas être une base solide de la vertu, puisqu'il varie suivant le jugement des hommes.

Ce qui déshonore l'homme chez certains peuples est un honneur chez d'autres : le Japonais se croit déshonoré s'il ne se suicide pas après avoir reçu une injure.

D'ailleurs, cette morale de l'opinion est injuste.

Elle se montre impitoyable à l'excès à l'égard de certaines fautes qui troublent l'ordre et les sociétés ; elle est, au contraire, d'une tolérance extrême pour d'autres vices.

On se croirait déshonoré, si on recevait à sa table un voleur d'occasion, et on va sans cesse de compagnie avec des personnes de mauvaise vie.

Une jeune fille s'est laissée séduire : elle est impardonnable ; c'en est fait de sa réputation et de son avenir. Par contre, un jeune homme a dépensé en débauches la fortune de ses parents et sa santé : il est un galant, pourvu qu'il sache couvrir de fleurs sa passion errante.

Un homme peut conserver son honneur tout en laissant attendre longtemps leur salaire à des ouvriers pauvres qui en ont besoin pour soutenir la vie de leurs enfants ; il sera déshonoré s'il retarde d'un jour le payement d'une dette de jeu, dette dont le motif paraît si méprisable que la loi refuse de le protéger.

Combien d'autres travers de l'opinion on pourrait citer encore !

— « Est-ce enfin au nom » de *la sympathie* pour le prochain que la vertu peut être ordonnée ?

S'il y a dans l'homme un sentiment naturel de sympathie et de dévouement, n'est-il pas souvent remplacé par celui de l'antipathie et de la vengeance?

Proposons à quelqu'un qui arrache à un autre homme un objet auquel il tient passionnément, de céder cet objet de bon cœur et de se contenter, à la place de cet objet qu'il désirait tant avoir, du sentiment de sympathie, de joie, que doit lui inspirer la pensée que son prochain en jouit, et nous verrons ce qu'il nous répondra.

Allons trouver celui qui trame une vengeance contre son ennemi, et invoquons, pour arrêter son bras, la joie de la clémence qui réside dans son cœur, et nous verrons si nous pourrons facilement l'apaiser ainsi.

Nous arrivons donc toujours à la même conclusion :

Sans la justice éternelle, il n'y a pas de justice possible dans la vie présente : sans la première, la seconde n'est qu'une **justice sans tribunaux**.

L'espérance et la **crainte** de *l'au delà* de la vie terrestre ou du tombeau, sont comme les deux pôles du monde des hommes, de l'ordre moral.

Tout porte et tout roule sur ces *deux pivots*; c'est sur eux que s'établissent et se maintiennent l'ordre, l'obéissance dans la société en général et dans toutes les sociétés particulières : familles, cités, armées.

Le cœur de l'homme a besoin d'être aiguillonné par l'espoir de la récompense et d'être contenu par la crainte du châtiment. Il faut lui montrer le prix de la vertu, si on veut qu'il la pratique, et le châtiment du vice, si on veut qu'il l'évite.

Il est vrai, nous sommes capables d'avoir les sentiments de l'amitié sans avoir besoin de considérer le bonheur qu'elle nous procure, mais l'amitié ne se conçoit pas sans qu'il y ait communication des biens réciproques entre les amis.

Il nous serait impossible d'aimer Dieu en aucune manière, s'il n'était pas notre souverain *Bien*.

Nous sommes capables d'éviter le vice sans avoir besoin de considérer la crainte du châtiment, mais nous ne concevons pas qu'en pratique nous puissions éviter le vice s'il n'était un *mal* pour nous, s'il ne nous portait préjudice.

Oui! l'Espérance de la vie éternelle, la crainte de la perdre : voilà l'unique *moteur*, l'unique ressort du bien moral ; voilà l'unique *levier* de toute véritable grandeur ou vertu, et aussi l'unique *barrière* ou frein efficace de la dégradation ou du vice parmi les hommes.

§ VI

SANS LA CROYANCE A LA VIE ÉTERNELLE IL N'Y A PAS D'HUMANITÉ POSSIBLE

Considérons les conséquences épouvantables de la non-croyance à une autre vie éternelle.

Écoutons là-dessus la déposition d'un homme non suspect, d'un socialiste bien célèbre :

« La terre est toujours une vallée de larmes, dit Pierre Leroux, mais les malheureux n'ont plus le *ciel*; et plus le cœur et l'intelligence humaine se sont agrandis, plus le spectacle de cette humanité *sans paradis* est repoussant et cruel...

« *Inégalité sur la terre, mais égalité dans le ciel* » : voilà ce que l'on disait autrefois.

Aujourd'hui que *l'égalité terrestre* est proclamée et que l'on ne veut pas croire à l'enfer ni au paradis, que voulez-vous que fasse la logique humaine avec une terre où règne partout *l'inégalité?*

Autrefois la société avait au moins la forme et l'apparence d'une famille... J'avais une part dans cette société; car, si j'étais sujet, j'avais au moins le droit d'obéir sans être avili. Mon maître ne me commandait pas sans droit au nom de son égoïsme; son pouvoir sur moi remontait à Dieu qui permettait l'inégalité sur la terre. Nous avions la même morale, la même religion. Au nom de cette morale et de cette religion, servir était mon lot, commander était le sien. Mais servir, c'était obéir à Dieu et payer de dévouement mon protecteur sur la terre.

» Puis, si j'étais *inférieur* dans la société laïque, j'étais *l'égal* dans la société spirituelle qu'on appelle *l'Eglise*.

» Là, ne régnait pas l'inégalité; là, tous les hommes sont frères.

» J'avais ma part dans cette Eglise, ma part à titre d'enfant de Dieu et de cohéritier du Christ; et cette Eglise encore n'était que l'entrée et l'image de *l'Eglise céleste*, qui est le Ciel vers lequel se portaient mes regards et mes espérances. J'avais ma part promise dans le Paradis, et devant le Paradis la terre s'effaçait à mes yeux; je reprenais courage dans mes souffrances en contemplant dans mon âme ce bien promis; je supportais pour mériter, je souffrais pour jouir de l'éternel bonheur.

» Je n'étais pas pauvre, alors, puisque je possédais le paradis en espérance certaine; j'étais riche, au contraire, en biens que je n'avais pas sur la terre, car le Fils de Dieu dit : « *Bienheureux les pauvres!* » Je voyais autour de moi une hiérarchie sociale qui, prosternée aux pieds du Fils de Dieu, m'attestait la vérité de sa parole.

» Dans toutes mes faiblesses, dans toutes mes passions, et jusque dans le crime, la société veillait sur moi; j'étais entouré d'hommes, mes égaux ou mes supérieurs, qui, comme moi, croyaient au Christ, au paradis, à l'enfer; la milice de l'Eglise de la terre était à mon service pour me diriger et m'aider à gagner *l'Eglise du Ciel*. J'avais les prières, j'avais les Sacrements, j'avais le Saint-Sacrifice, j'avais le repentir et le pardon de mon Dieu.

» J'ai perdu tout cela.

» Je n'ai plus de pardon à espérer; il n'y a plus d'Eglise pour moi... »

Quelles sont les conséquences de tout cela? Comment conclut ce malheureux? Ainsi :

« Vous m'avez enlevé le Ciel, donc je veux ma part de la terre; vous avez tout réduit à de l'or et du **fumier**, je veux ma part de cet or et de ce fumier. Vous m'avez ôté le paradis dans le Ciel, je le veux sur la terre. »

Comme cette conclusion est crûment logique!

Accaparons, mangeons, buvons, jouissons, puisque demain nous mourrons; c'est la vie de l'homme qui ne regarde plus le Ciel.

Les *plaisirs de la terre*, à défaut des *plaisirs du Ciel!* car à tout prix l'homme veut jouir. Du bonheur! du bonheur! Il faut au moins l'or et le fumier d'ici-bas, sinon le *joyau* ou la *perle* de la couronne céleste.

N'est-ce pas l'histoire de chaque jour?

Nous allons voir ce fait d'expérience dans une jeune fille élevée par un père libre-penseur, jeune fille descendue sur la pente du vice jusqu'à des profondeurs sans nom.

Elle est debout devant son père qui a voulu résister à un de ses caprices et lui adresser quelques vives paroles; elle est debout, les mains crispées et l'œil rouge de colère :

— « Vous n'avez rien à me reprocher, vous, mon père, dit-elle d'une voix éclatante, rien!

» Dites! je vous prie, comment m'avez-vous élevée? Qu'est-ce que vous m'avez mis dans l'âme, dans l'intelligence et dans le cœur?

» Dans la vie de toute femme, il y a une heure où la tentation arrive, une heure où elle se sent entraînée vers le mal, comme vers un gouffre. Les autres, les femmes élevées dans la Foi ont du moins une force pour les soutenir; moi, je n'ai rien trouvé, rien à me raccrocher! J'ai appelé à mon secours... personne n'est venu! J'ai regardé le ciel... le ciel, vous me l'avez fait vide ! Vous..... Je sais d'avance tout ce que vous allez me dire ! le monde...... il m'a chassée et je connais toutes les injures qu'il jettera sur mon nom !

» Ainsi, je suis tombée si bas, si bas que si je n'avais pour sœur l'adorable enfant qui est là, et qui elle, malgré vous, a su garder sa foi, je n'aurais pas trouvé une seule main tendue vers mon abjection.

» Eh bien ! cette objection est votre ouvrage, mon père, et vous pouvez en être fier...

» *Dieu, l'âme, l'éternité, le Crucifix, la Vierge, des mômeries, des niaiseries, disiez-vous !* Non, non ! ce sont des choses saintes qu'il faut nous laisser; car nous sommes bien dans l'abaissement et la faiblesse sans ces croyances aux vérités éternelles ! »

Farouche, elle fit un pas pour sortir.

— « Ma fille, où vas-tu ? s'écria le père malheureux, frappé en plein orgueil.

— « Où je vais ? Où vont les désespérés qui ne croient à rien, ni au bien, ni à la vertu, ni à la justice ! Je vais où vont les pauvres filles comme moi élevées par des hommes.... comme vous... *dans la boue !* »

Autre exemple.

Un gamin, ramassé dans le ruisseau, fut ainsi interrogé:

LE BUT DE LA VIE : MÉRITER L'ÉTERNITÉ 369

« Quelle différence y a-t-il, mon petit, entre l'homme et la bête?

— C'est que l'homme travaille bien plus.

— Si tu meurs, que deviendras-tu?

— Un squelette!

— Si tu fais mal, que t'arrivera-t-il?

— Le sergot me f...ra au poste.

— Et puis?

— Et puis, j'en sortirai. »

Le complément de cet interrogatoire va nous être donné par une jeune fille discutant froidement le pour et le contre de son mariage, devenu manifestement nécessaire.

« Me marier! disait-elle, mon homme le voudrait, mais, moi, je ne veux pas.

— Pourquoi?

— Et la ballade, donc? Il me faut la liberté!

— Mais si votre ami vous quitte?

— Après lui, un autre... Et, au bout, un boisseau de charbon!

— Mais après?

— Dame, après... j'irai pourrir tranquillement dans le trou... »

Devenir un squelette ; aller pourrir tranquillement dans le trou ; *naître, vivre, mourir dans la boue* : voilà la fin finale de tout qu'on a en perspective quand on ne croit pas à la vie éternelle.

L'enseignement d'une telle destinée ne justifie-t-il pas une telle morale? Ne justifie-t-il pas la conduite la plus dégradée, la plus criminelle?

De l'or pour jouir, de *l'or* et de la *boue* : voilà la passion de l'homme qui ne compte plus sur sa part de Ciel, de l'homme tombé dans l'incroyance.

Mais ce n'est pas encore là tout le résultat de la désespérance des biens célestes.

La passion de l'or et de la boue conduit au sang.

Oui, l'athée est cruel, féroce, de sa nature. Et comment veut-on qu'il en soit autrement? Pourquoi celui qui ne croit pas à la vie éternelle refuserait-il un crime à ses plaisirs? Pourquoi contristerait-il ses passions avides et effrénées?

Qu'est-ce qui pourrait le retenir?

Est-ce la pensée de Dieu? Mais il n'y a plus de Dieu!

Est-ce le sentiment de la justice? Mais il n'y a plus de justice!

Est-ce le respect de la liberté? Mais il n'y a plus de liberté!

« Voilà, se dit-il, que le néant est mon berceau et que bientôt il sera ma tombe. Donc, il me faut au moins savourer la vie présente!

» Donc, il me faut jouir! Jouir : voilà ma loi,

voilà ma destinée : c'est le cri de mon être, c'est le droit de ma nature. Je jouirai donc, à tout prix : malheur à l'obstacle qui s'opposera à mes désirs ! Malheur à la main qui voudra m'empêcher de cueillir les roses dont j'ai résolu de couronner mon front, et les fruits que je veux porter à ma bouche ! »

On peut appliquer à l'homme en général ce que Montesquieu a dit du prince :

« Celui qui aime la religion et qui la craint, est un lion qui cède à la main qui le flatte ou à la voix qui l'apaise.

» Celui qui craint la religion et qui la hait, est comme les bêtes sauvages qui mordent la chaîne qui les empêche de se jeter sur ceux qui passent.

» Celui qui n'a point du tout de religion, est cet animal terrible qui ne sent sa liberté que lorsqu'il déchire et qu'il dévore. »

« Cessez ! cessez ! je ne veux pas être égorgé cette nuit ! » s'écriait Voltaire lui-même, après un dîner où l'on avait vomi force insanités sur la religion.

En vérité, l'impiété est le *catéchisme du crime*.

« Oui, funeste impiété ! c'est toi qui as formé le *calus* dont le cœur de nos égorgeurs était revêtu ! » s'exclama Mercier, dans une séance du

Corps législatif, en l'an IV de la République.

Rien n'effacera de la mémoire des hommes, le spectacle horrible qu'offrait, il y a un siècle, notre pays gouverné momentanément par des athées :

« Jamais, dit Lamennais, depuis l'origine du monde, une telle puissance de destruction n'avait été donnée à l'homme. Dans les révolutions ordinaires, le pouvoir se déplace, mais descend peu. Il n'en fut pas ainsi, quand l'irréligion triompha. La fortune se précipita dans les mains des plus vils membres de la société, et leur orgueil que tout offensait n'épargna rien. Ils ne pardonnèrent ni à la naissance, parce qu'ils étaient sortis de la boue ; ni aux richesses, parce qu'ils les avaient longtemps enviées ; ni aux talents, parce que la nature les leur avait tous refusés ; ni à la science, parce qu'ils se sentaient profondément ignorants ; ni à la vertu, parce qu'ils étaient couverts de crimes ; ni enfin au crime même, lorsqu'il annonça quelque supériorité. »

Impossible de dépeindre cette scène épouvantable de désordres et de forfaits, ce carnage, cette orgie, cette corruption de toutes les passions, ce mélange de brigandages et de fêtes impures, ces vociférations blasphématoires, ces chants lugubres de terreur, ce bruit sourd et continu du marteau démolisseur, de la hache, de la guillotine tranchant en permanence, ces détonations terribles, ces rugissements de joie féroce, ces cités terrorisées, ces rivières rougies du sang des victimes, ces temples et ces villes en cendres.

Les auteurs de cette immense catastrophe furent enfin si épouvantés eux-mêmes des fruits de l'impiété, qu'ils se hâtèrent de proclamer *l'existence de l'Etre Suprême* et *l'immortalité de l'âme*.

Le crime, le *sang*, pour se procurer l'*or* et la *boue* : voilà la conséquence inévitable de la négation de Dieu et d'une autre vie.

Etant donnée la soif du bonheur infini qui nous dévore, la négation des biens à venir engendre nécessairement la fièvre, la rage des biens présents.

C'est ce régime de la jouissance toute terrestre qui a créé la politique barbare de l'antiquité, sacrifiant une multitude d'hommes aux passions d'un seul. C'est ce régime qui a fondé et qui soutient la tyrannie asiatique et la barbarie musulmane, qui fait du pouvoir politique le droit de dévorer les peuples, de la femme une marchandise, de ses enfants un troupeau d'eunuques.

C'est ce régime de l'or et de la boue qui, après avoir versé le sang d'autrui, finit par verser le sien. Le Créateur de la société a voulu que le méchant eût à souffrir du mal qu'il fait aux autres. « On est puni par là où on a péché » est-il écrit.

En effet, la passion des jouissances égoïstes et sensuelles est une fièvre toujours croissante, une torture de l'âme et du corps qui, rendant l'homme aussi insupportable à lui-même qu'à ceux qui l'entourent, le dispose de plus en plus à la manie du suicide ou du meurtre.

La fureur des Romains pour les spectacles de sang ne fit que grandir avec la passion du luxe, de l'or et de la boue.

En lisant l'histoire des plus abominables tyrans depuis Tibère, Néron, jusqu'à Henry VIII, on voit que les excès de leur cruauté ne s'expliquent que par les excès de leurs souffrances morales, et celles-ci ne s'expliquent que par l'excès de leur corruption.

Porter les hommes à se faire de la terre le ciel, c'est donc les pousser à la barbarie, c'est prêcher l'égorgement général.

Un fait récent.

Au lendemain de l'exécution d'un criminel, les petits garçons du quartier de la Roquette que l'œuvre sociale recueille le jeudi et le dimanche, arrivèrent dans un inexprimable état de surexcitation.

Quoi qu'on ait pu faire, ils ont voulu, toute la journée, *jouer au sang* : c'était leur mot.

Ils se faisaient aux mains des coupures, et ensuite se barbouillaient de sang le visage.

L'un d'eux s'était ainsi barbouillé tout le tour du cou et répétait :

— « Je suis le guillotiné ! »

Cette ivresse joyeuse du sang n'a-t-elle pas été, dès l'antiquité païenne, regardée comme le dernier degré de la dépravation humaine ?

De l'*or*, de la *boue,* du *sang* : voilà le royaume de la terre, sans la foi au royaume du Ciel.

* *

Ecoutons maintenant le poète nous exprimer, à sa manière, ce qu'on fait de la vie présente, quand on ne croit plus à la vie éternelle :

Lorsque la foi brillante a déserté les âmes,
Que le pur aliment de toutes chastes flammes,
Le nom puissant de Dieu, des cœurs s'est effacé,
Et que le pied du vice a partout repassé,
La vie à tous les dos est chose fatigante.
C'est une draperie, une robe traînante

Que chacun à son tour revêt avec dégoût,
Et dont le pan bientôt va flotter dans l'égout.
Quand on ne croit à rien, que faire de la vie ?
Que faire de ce bien que la jeunesse envie,
Si l'on ne peut, hélas! l'envoyer vers le Ciel,
Comme un encensoir d'or, fumant devant l'autel ;
La remplir d'harmonie, et, dans un beau délire,
Des âmes avec Dieu se partager l'empire ?
Ou la teindre de sang, comme un fer redouté,
Aux mains de la patrie et de la liberté ?
Quand le cœur est sans foi, que faire de la vie ?
Alors, alors, il faut la barbouiller de lie,
La couvrir de haillons, la charger d'oripeaux,
Comme un ivrogne mort, l'enfouir dans les pots ;
Il faut l'user, à force de luxure,
Jusqu'au jour où la mort, passant par aventure,
Et la trouvant courbée et vaincue à moitié,
Dans le fossé ouvert la poussera du pié.

DÉSESPÉRANCE

Plus de Dieu, rien au Ciel ! Ah ! malheur et misère !
Sous les cieux maintenant qu'est-ce donc que la terre ?
La terre ! ce n'est plus qu'un triste et mauvais lieu ;
Un tripot dégoûtant où l'on a tué Dieu ;
Où, mourant d'une faim qui n'est pas assouvie,
L'homme a jauni sa face et décharné sa vie ;
Où, vidant là son cœur, liberté, ciel, amour,
L'infâme a tout joué, tout perdu sans retour ;
Un ignoble clapier de débauche et de crime,
Que la mort, à mon gré, trop lentement décime ;

Un cloaque bourbeux, un sol ingrat et glissant,
Où, lorsque le pied coule, on tombe dans le sang;
Les débris d'un banquet où, la face rougie,
Roule la brute humaine; — une effroyable orgie!
Ainsi donc, jette bas toute sainte pensée
Comme un épais manteau dont l'épaule est blessée,
Comme un mauvais bâton dont tu n'as plus besoin,
Au premier carrefour, jette-la dans un coin,
Puis, abaisse la tête et rentre dans la foule.
Là, sans but, au hasard, comme une eau qui s'écoule,
Loin, bien loin des sentiers battus par ton aïeul,
Dans ce monde galeux passe et marche tout seul!
Ne presse aucune main, aucun front sur ta route.
Le cœur vide et l'œil sec, si tu peux, fais-la toute.
Et quand viendra le jour où, comme un homme las,
Tout d'un coup malgré toi, s'arrêteront tes pas;
Quand le froid de la mort, dénouant ta cervelle,
Dans le creux de tes os fera geler la moelle,
Alors, pour en finir, si, par hasard, tes yeux
Se relèvent encore sur la voûte des cieux,
Souviens-toi, moribond, que là-haut tout est vide!
Va dans le champ voisin, prends une pierre aride,
Pose-la sous ta tête, et, sans penser à rien,
Tourne-toi sur le flanc, et crève comme un chien!

Aug. Barbier

. . . .

Que vous reste-t-il, à vous, les déicides?
Pour qui travailliez-vous, démolisseurs stupides,
Lorsque vous disséquiez le Christ sur son autel?

Que vouliez-vous semer sur sa céleste tombe,
Quand vous jetiez au vent la sanglante colombe
Qui tombe en tournoyant dans l'abîme éternel ?
Vous vouliez pétrir l'homme à votre fantaisie ;
Vous vouliez faire un monde. Eh bien! vous l'avez fait.
Votre monde est superbe et votre homme est parfait!
Les monts sont nivelés, la plaine est éclaircie ;
Vous avez sagement taillé l'arbre de vie;
Tout est bien balayé sur vos chemins de fer ;
Tout est grand, tout est beau, — mais on meurt dans
Vous y faites vibrer de sublimes paroles; [*votre air*.
Elles flottent au loin dans les vents empestés,
Elles ont ébranlé de terribles idoles,
Mais les oiseaux du ciel en sont épouvantés.

. . . .

Le noble n'est plus fier du sang de ses ancêtres,
Mais il le prostitue au fond d'un mauvais lieu.
On ne mutile plus la pensée et la scène,
On a mis au plein vent l'intelligence humaine,
Mais le peuple voudra des combats de taureaux.
Quand on est pauvre et fier, quand on est riche et
[triste,
On n'a plus ce qu'il faut pour se faire trappiste,
Mais on fait comme Escousse, on allume un réchaud!

Musset

Souffrir sans espoir : tel est le sort réservé tôt ou tard à celui qui a vécu sans religion.

« A présent rendez-moi mon Dieu, j'en ai besoin! » s'écriait, dans le désespoir, une femme illustre tombée dans l'infortune, après avoir accepté les leçons irréligieuses des athées.

SOUFFRIR SANS ESPOIR !

Va, nul mortel ne brise avec la passion,
   Vainement obstinée,
Cette âpre loi que l'un nomme Expiation
   Et l'autre Destinée.

Hélas ! de quelque nom que, broyé sous l'essieu,
   L'orgueil humain la nomme,
Roue immense et fatale, elle tourne sur Dieu,
   Elle roule sur l'homme !

V. Hugo

Ils avaient dit cent fois, dans leur fureur impie :
« La science a vaincu ! le fanatisme est mort ! [prie,
« Plus de Dieu ! Plus de Christ ! Plus de temple où l'on
« Jouissons à plein cœur ! Pourquoi craindre le sort ? »

Et l'orgueil du mondain voulut changer la terre,
Faire un monde nouveau, nager dans le plaisir,
Se passer, insulteur, du Maître du tonnerre.
Dieu répondit trois mots : *Souffrir, haïr, mourir* !

Ces trois mots, sur nos fronts, comme un glaive qui
             [tombe,
Sont descendus sanglants ! Et j'ai vu la douleur
Saisir l'homme au berceau, l'emporter dans la tombe,
Faire de notre vie un long jour de malheur.

Penseurs, voilà le glaive, et la plaie est béante ;
Que fait votre savoir aux angoisses du cœur ?
Où donc sont vos projets ? Le pauvre se lamente,
L'ouvrier s'organise et le *grand siècle* a peur !

Les trois mots font leur œuvre ! On agonise, on crie !
La discorde a pris feu dans la rue, au foyer !
Encore un coup, science, et toi, philanthropie,
On *hait*, on *souffre*, on *meurt* ! Pouvez-vous l'oublier ?

Aux luttes du foyer vous répondez : divorce !
Et la haine en accroît ses redoutables feux.
Vous parlez du néant au malade sans force,
Et, m'enlevant *l'espoir*, vous dites : sois heureux....

Donnez à l'orphelin une sœur, une mère ;
Donnez au vagabond un gîte et du travail ;
Faites chanter le peuple au sein de sa misère ;
Hors de là, tout progrès n'est qu'un vain attirail.

Mais, devant ce défi, je l'ai vu, tu recules !
Orgueilleux mécréant, tu te caches, tu fuis.
Dans ta raison sans foi, vainement tu calcules,
Lâche démolisseur, tu blasphèmes !... et puis ?

Et puis, comme un sanglot j'entends monter le râle
D'un peuple qui languit, haineux, *privé d'espoir* !
Tu veux fermer les yeux ?... Battant la générale,
Le peuple armé demain, demain se fera voir.

Pensez-y bien ! pensez-y bien ! La faim rend féroce !
Enchaînez la douleur, brisez la passion.
Hâtez-vous ! L'heure avance, et le peuple est atroce
Quand il sent du besoin l'impitoyable aiguillon.

LE BUT DE LA VIE : MÉRITER L'ÉTERNITÉ

« Les barbares qui nous menacent, disait naguère à ce sujet un écrivain, ne viennent plus des steppes de l'Est et des forêts du Nord; ils sont établis au milieu de nous, ils parlent notre langue, ils sont de notre race et de notre sang, et s'ils sont retombés dans la barbarie, c'est en perdant la *foi* en *Dieu* et *l'espérance* au *Ciel*. Ce qui les rend redoutables, ces barbares de la civilisation, ce n'est pas leur ignorance, ce sont les passions, les rancunes, les ambitions, les haines que plus rien ne comprime, et qui, dans ces âmes vides, ont rempli la place des croyances évanouies. Telles sont les masses qu'il nous faut évangéliser, car il n'y a pas de salut pour nous, si nous ne les sauvons. La parole qu'il nous faut leur porter, ce n'est pas la parole de la science, car l'instruction aux mains d'un enfant mauvais est un engin de destruction autant qu'un instrument de vie. Ce qu'il faut au peuple nous ne l'ignorons plus, c'est *une parole de foi, d'espérance, d'amour*, la seule qui donne la vie. »

. . . .

Vous pensiez rebâtir sur le catholicisme,
Et les peuples sans Dieu cherchent leurs fondements.

Asseoir l'humanité sur la *désespérance* n'est-ce pas la fonder sur le néant?

Pour ceux qui croient, il peut y avoir d'immenses douleurs : il n'y a jamais l'affreux *trou sans air* du désespoir.

Il y a toujours pour eux un rayon d'espérance au milieu de la tempête la plus orageuse et la plus ténébreuse.

« Heureux, dit Chateaubriand, trois et quatre fois heureux ceux qui croient ! Ils ne peuvent sourire, sans compter qu'ils souriront toujours. Ils ne peuvent pleurer, sans penser qu'ils touchent à la fin de leurs larmes. »

Ne cessons de le répéter, il faut à l'humanité un appui, un fondement ; on ne peut rien fonder sur le *néant*, sur le *vide*.

Le monde roule uniquement sur le pivot de **L'ESPÉRANCE :**

Voilà *l'enseignement* dont l'humanité ne peut absolument pas se passer.

C'est cette vérité que Victor Hugo rappelait magnifiquement à l'assemblée nationale, le 15 janvier 1850, en ces termes :

« *L'enseignement religieux* est, selon moi, *plus nécessaire aujourd'hui qu'il n'a jamais été.*

» Plus l'homme grandit, plus il doit croire ; plus il approche de Dieu, mieux il doit voir Dieu. (*Mouvement*)

» Il y a un malheur dans notre temps, je dirais presque il n'y a qu'un malheur : c'est une certaine tendance à *tout mettre dans cette vie* (*Sensation*)

» En donnant à l'homme pour fin et pour but la vie terrestre, la vie matérielle, on aggrave toutes les misères ; par la négation de ce qui est au bout on ajoute à l'accablement des malheureux le poids insupportable du néant, et de ce qui n'est que la souffrance, c'est-à-dire une loi de Dieu, on fait le désespoir. (*Long mouvement*) De là, de profondes convulsions sociales. (*Oui! Oui!*)

» Certes, je désire améliorer dans cette vie le sort matériel de ceux qui souffrent, mais je n'oublie pas que la première des améliorations, c'est *de leur donner l'espérance*. Combien de misères bornées, limitées, finies après tout, s'amoindrissent quand il s'y mêle une espérance infinie !

» Notre devoir à tous, c'est sans doute de chercher à diminuer la misère, mais c'est aussi de faire lever les têtes *vers le Ciel*, c'est de diriger toutes les âmes, c'est de tourner toutes les attentes vers une vie ultérieure où justice sera faite et où justice sera rendue.

» Disons-le bien haut : *Personne n'aura injustement ni inutilement souffert. La loi du monde moral c'est l'équité. Dieu se trouve à la fin de tout.*

» Ne l'oublions pas et enseignons-le à tous: *il n'y aurait aucune dignité à vivre, et cela n'en vaudrait pas la peine, si nous devions mourir tout entiers.*

» Ce qui allège la souffrance, ce qui sanctifie le travail, ce qui fait l'homme bon, fort, sage, patient, bienveillant, juste, à la fois humble et grand, digne de l'intelligence, digne de la liberté, c'est d'avoir devant soi la perpétuelle vision d'un monde meilleur, rayonnant à travers les ténèbres de cette vie.

» Quant à moi, j'y crois profondément à ce *monde meilleur*, et, je le déclare ici, c'est la suprême certitude de ma raison, comme c'est la suprême joie de mon âme !

» *Je veux donc sincèrement, je dis plus, je veux fermement, ardemment, l'enseignement religieux* (Bravo !) Je le veux ayant pour *but le Ciel* et *non la terre*. (Bravo !) »

Oui, *seule l'espérance* de la vie éternellement bienheureuse peut contrebalancer le poids écrasant de la misère humaine.

Seule, elle est une digne compensation de la souffrance et le seul encouragement efficace pour la supporter.

LE BUT DE LA VIE : MÉRITER L'ÉTERNITÉ

Créature d'un jour qui t'agites une heure,
De quoi viens-tu te plaindre et qui te fait gémir ?
Ton âme t'inquiète et tu crois qu'elle pleure ;
Ton âme est immortelle et tes pleurs vont tarir.

Le regret d'un instant te trouble et te dévore.
Tu dis que le passé te voile l'avenir.
Ne te plains pas d'hier : laisse venir l'aurore.
Ton âme est immortelle et le temps va s'enfuir !

Ton corps est abattu du mal de ta pensée,
Tu sens ton front peser et tes genoux fléchir ;
Tombe, agenouille-toi, créature insensée !
Ton âme est immortelle et la mort va venir.

Tes os dans ton cercueil vont tomber en poussière,
Ta mémoire, ton nom, ta gloire vont périr,
Mais non pas ton amour ; si ton amour t'est chère,
Ton âme est immortelle et va s'en souvenir.

Musset

*
* *

Combien la foi religieuse élève l'humanité et sauvegarde la vertu, c'est ce que l'expérience de tous les temps nous montre manifestement.

Un exemple, d'un matérialiste célèbre qui avait épousé une femme profondément chrétienne :

Une fille était née, et, le jour même de cette naissance, le père avait dit : « Je ne veux pas que cette enfant soit baptisée. »

Douleur de la mère; elle insiste, pleure, supplie, devient éloquente comme le sont les mères quand l'intérêt des enfants sont en jeu.

— « Soit! dit le père, je te laisse ta fille; élève-la à ton gré; mais, le jour où elle aura quinze ans, je lui repasserai toutes mes idées. »

La mère accepte. L'éducation se fait. La jeune fille devient une créature accomplie. Mais la date fatale approche. On devine la terreur de la pauvre mère!

Elle tint pourtant sa promesse. Au jour dit, elle va trouver son mari, et, d'une voix émue, elle lui dit : « Ta fille a aujourd'hui quinze ans ; je vais te l'amener; dis-lui ce que tu voudras. »

— « Je ne lui dirai rien du tout! s'écrie le père. Quoi! tu me rends mon enfant pieuse, aimante, bonne, dévouée, et tu crois que je vais m'exposer à renverser cette œuvre? Et pourquoi? Pour lui donner mes idées? Non, je n'arracherai jamais ma fille à la foi religieuse qui ne lui a fait que du bien. »

Voulons-nous nous rendre compte de l'influence religieuse sur le bien moral de l'humanité, considérons qu'elle est la mesure du niveau de la civilisation des peuples dans tous les siècles.

Tous les mouvements de hausse ou de baisse dans la marche de l'humanité ont été en raison directe de l'élévation ou de l'abaissement dans les cœurs de la croyance à la vie future.

De fait, il n'y a que deux gouvernements possibles dans l'humanité: celui qui est inspiré par cette croyance et celui qui ne l'est pas, le gouvernement divin et le gouvernement purement humain, le gouvernement religieux et le gouvernement purement politique.

Selon la remarque d'un illustre homme d'état, Donoso Cortès, ces deux gouvernements sont de telle nature que, lorsque le thermomètre religieux monte, le thermomètre politique baisse, et que, réciproquement, lorsque le thermomètre religieux baisse, le thermomètre politique, la répression politique, la tyrannie, monte.

L'histoire en main, on peut mesurer le niveau proportionnel de ces deux gouvernements depuis les temps qui ont précédé la venue de Jésus-Christ en ce monde jusqu'à nos jours.

Avant Notre-Seigneur Jésus-Christ, alors que le gouvernement religieux était presque nul, de quoi se composait la société, sinon de tyrans et d'esclaves? Qu'on cite un seul peuple de cette époque où il n'y eut pas des esclaves et de la tyrannie?

La liberté, la liberté véritable, la liberté pour tous n'est venue au monde qu'avec le Sauveur du monde : c'est un fait incontestable et incontesté, un fait reconnu même par les socialistes.

Jésus-Christ fait disparaître complètement la répression politique. Ayant fondé une société avec ses disciples, cette société a été la seule qui ait existé sans gouvernement. Entre Jésus-Christ et ses disciples, il n'y avait d'autre gouvernement que l'amour du Maître pour ses disciples et l'amour des disciples pour le Maître. On voit donc que, quand la répression intérieure était complète, la liberté était totale.

Depuis lors, les gouvernements sont devenus absolus dans la mesure où ils se sont éloignés de ce divin Modèle.

Les gouvernements étant devenus *absolus*, le thermomètre religieux continuant à descendre, il fallut que les gouvernements devinssent plus qu'absolus. On augmenta la force extérieure : on créa les *armées permanentes*. Le pouvoir absolu seul ne pouvant suffire aux gouvernements, un million de bras au service de leur absolutisme devenait nécessaire.

Ce n'est pas tout : le thermomètre politique monta encore, parce que le thermomètre religieux continua de descendre : les gouvernements réclamèrent en plus un *million d'yeux* : la police fut créée.

LE BUT DE LA VIE : MÉRITER L'ÉTERNITÉ

Ce n'est pas tout encore : le thermomètre politique monta toujours, parce que le thermomètre religieux descendait toujours : à un million de bras et à un million d'yeux il fallut ajouter un *million d'oreilles* : la centralisation administrative par laquelle toutes les réclamations, toutes les plaintes devaient aboutir au gouvernement, fut créée.

Voilà les faits ; voilà la marche de l'humanité, la marche de la civilisation : on la suit des yeux exactement, à travers tous les siècles. Il est incontestable que le défaut de foi religieuse nécessite la force brutale et aboutit à la tyrannie, à l'esclavage, à l'anarchie, à la destruction.

**

Pour bien nous rendre compte qu'il n'y a pas d'humanité possible sans la croyance à une autre vie éternelle, supposons un instant qu'il n'y ait aucune croyance à Dieu, encore moins à l'immortalité de l'âme ; que, quand on est mort, tout est bien mort.

Qu'en résulte-t-il ?

Aussitôt tout ordre périt, tout désordre règne, la conscience n'est plus qu'une menteuse importune dont chacun cherche d'abord à se délivrer. La vérité ! le devoir ! la justice ! autant de chaînes dont le plus sage est le plus tôt délivré. Toute ardeur, toute espérance s'attache à la possession des biens temporels et à en jouir; toute intelligence est absorbée par le soin de se les procurer, et toute force est mise en action pour les accaparer: l'ordre intellectuel et moral s'abîme dans l'intérêt matériel et charnel ; celui-ci même périt par ses excès, et, au milieu de l'ordre majestueux de l'univers, règne une sorte d'enfer en ce monde.

Au contraire, ramenons cette « *idée mère* » que notre vie n'est qu'un petit moment « *d'épreuve* », et que l'objet de notre bonheur est au delà ; que tous les biens et tous les maux d'ici-bas ne sont que passagers ; qu'ils sont moins des biens et des maux que des moyens divers d'obtenir ou d'éviter les biens ou les maux réels d'une autre vie.

Et alors, nous voyons la résignation et la patience relever le cœur du pauvre et du faible, la modération et la tempérance élargir celui du riche et du fort. Chacun cherche à exploiter sa situation dans le sens du bien moral le plus méritoire, c'est-à-dire travaille à se développer dans la vraie vie humaine, dans le bon emploi de l'intelligence, de la volonté et du cœur.

Le devoir est la loi. Le mépris des biens d'un monde qu'on va quitter, la soif des biens d'un monde où l'on se rend pour toujours, absorbent toutes les âmes ; et comme à l'inverse des biens temporels, les biens de l'âme ou de la vertu sont inépuisables, l'union des cœurs règne ici-bas ; Dieu le souverain Bien de tous devient le trait d'union de tous ; ainsi règne une sorte de paradis sur terre, avant-goût du Paradis céleste.

Les deux tableaux que nous venons d'esquisser n'ont jamais eu de modèle parfait en ce monde.

L'humanité n'a jamais été ni si affreuse, ni si parfaite, parce que la croyance à une autre vie n'a jamais été universellement rejetée ou suivie, mais tous les mouvements de hausse ou de baisse progressifs ou rétrogrades, ont été en raison directe de l'élévation ou de l'abaissement dans les cœurs de cette croyance : cela est certain.

D'ailleurs observons qu'un genre humain sans religion est doublement impossible.

Premièrement, parce que l'homme est religieux *par nature*. Il s'élève à Dieu et construit des temples comme *l'abeille construit sa ruche*.

Deuxièmement, parce que l'irréligion absolue conduit fatalement la société humaine dans l'abîme.

« On bâtirait plutôt une ville en l'air, qu'un peuple sans religion », a dit un ancien.

« Laissez une paroisse 20 ans sans prêtre, disait le vénérable Vianney, curé d'Ars, et vous verrez si elle ne retombe pas dans l'état sauvage. »

Et l'on soutiendrait que la croyance si constante à « *une autre vie* » qui seule élève et grandit l'humanité, qui seule la préserve de la désorganisation, n'est pas la *Vérité*, la *Réalité* ! On soutiendrait qu'elle est une contre-vérité, un mensonge, une imposture !

Mais alors, chose absurde ! ce mensonge vaudrait mieux que la Vérité ; la créature qui l'aurait inventé se serait elle-même mieux comprise que le Créateur ! le néant se serait donné l'être ! Dérision ! Déraison !

On peut résumer toutes les considérations précédentes par ces paroles d'un contemporain :

« *La civilisation, la société et les mœurs, sont comme un chapelet dont le nœud est la croyance à l'immortalité de l'âme : ôtez le nœud, tout 'en va.* »

*
* *

On juge de l'arbre par ses fruits.

Sans la vie éternelle, l'homme n'est que contradiction : il serait mortel et il n'aspire qu'à l'immortel.

Sans l'immortalité, la terre étant alors la vraie patrie de l'homme, toute aspiration supérieure aux sens, tout généreux sentiment du vrai, du bien, du beau, tout ce qui fait l'homme grand, noble, saint, est illusion et, par suite, absurdité, folie.

Sans l'immortalité, l'homme n'est pas plus, après sa mort, que l'insecte qu'il écrase, que l'herbe qu'il foule aux pieds.

Sans l'immortalité, la vie n'est que doute, illusion, ténèbres, ironie amère, cruelle déception.

Sans l'immortalité, la vie n'est qu'un rêve entre deux néants, une lutte terrible contre la mort, sans aucun espoir de triomphe.

Sans la vie éternelle, tous les instincts du cœur sont déçus, tous les calculs de la raison convaincus d'erreurs : il ne reste pour tout but et tout mobile que les sensations et les passions de la brute, et le monstre qui *vit* vaut mieux que le grand homme qui *n'est plus*.

Sans la vie éternelle, le crime seul est logique, le vice seul légitime. Sans elle, la vertu qui nous coûte la vie présente est le plus grand des crimes, le vice et la lâcheté qui nous la conservent deviennent eux-mêmes la vertu. Qu'on dépouille le riche, qu'on écrase le faible, qu'on se rue comme un tigre sur sa proie, ce n'est plus entre les hommes qu'une question de force ou d'habileté.

Sans la vie éternelle, la mort est un abîme fatal où vont confusément s'engloutir les bons et les méchants, les justes et les coupables, avec toute pensée, toute espérance, toute crainte, tout remords.

Sans la vie éternelle, Dieu est un vain mot; la création, un vain spectacle; le ciel, un pavillon impénétrable qui ne rappelle à l'homme ni son origine, ni sa fin; la nuit au-dessus de nos têtes, l'abîme sous nos pieds. Nous n'avons à choisir qu'entre le désespoir et l'hébètement.

Sans la vie éternelle, *toutes les nations se sont trompées*, tous les enseignements de la religion et de la justice ont menti; aucun principe ne reste debout; aucune loi ne demeure. Le matérialiste ou l'impie a seul raison contre tous les sages de l'univers ; et, dès lors, comme on l'a dit : « Tous nos jours d'hier n'ont éclairé que pour des fous le chemin qui conduit à la poussière du tombeau. »

Et cependant, il est aussi vrai de dire il y a quelqu'un qui a plus d'esprit que tous les savants —, ce quelqu'un *c'est tout le monde*.

Avec la vie éternelle, au contraire, tout ordre est rétabli.

La justice ou la vertu redevient ce qu'elle est en réalité : le moyen et non la fin, la condition de la récompense et non la récompense elle-même. Le remords n'est plus un vain supplice : il est le rappel à l'ordre.

Avec la vie éternelle, la Providence est toujours justifiée ; l'homme même peut entrevoir quelques-uns des desseins de Dieu ; tout répond à un magnifique plan dont les grandes lignes nous sont très visibles.

Si le juste souffre, c'est pour que sa vertu soit éprouvée par le combat et, ainsi, perfectionnée : Dieu veut l'élever, lui faire acquitter d'avance les fautes qu'il peut avoir commises.

Si le méchant est heureux, c'est peut-être pour que ce qu'il y a eu parfois d'honnête dans ses pensées, de bon dans ses actes, ne demeure pas tout à fait sans récompense.

Avec la vie éternelle, que Dieu abaisse ou élève, exalte ou humilie, qu'il éprouve par l'adversité ou interroge par le bonheur; sans plus de crainte et d'inquiétude nous nous inclinons devant ses arrêts : l'avenir nous répond du présent.

Avec la vie éternelle, on salue Dieu bon dans

les malheurs de l'homme juste ; on Le proclame juste dans la prospérité du méchant ; on adore en Lui le législateur puissant et sage qui a donné une loi à observer, mais qui lui a donné la plus puissante des sanctions, l'immortalité.

Avec la vie éternelle, on ne s'effraie plus de l'injustice des hommes ; on se rejette et on se plonge dans la justice de Dieu qui demeure à jamais ; le bien, quelque soit son sort en ce monde, est en réalité le bonheur, parce qu'il est *l'avenir*. S'y attacher, c'est s'attacher à l'éternité bienheureuse.

En un mot, avec la vie éternelle, la *vertu*, la *loi morale* que toute conscience proclame, qu'invoquent toutes les nations, n'ayant pas ici-bas sa récompense, possède la garantie la plus haute et la plus absolue, d'en jouir un jour.

***

Par les fruits, on juge l'arbre.
Considérons les résultats produits dans l'homme qui a repoussé la vie éternelle et dans celui qui l'a admise, *indépendamment de la pureté de leurs mœurs* et prononçons notre jugement.

L'un a erré sans guide et sans but dans le chemin de la vie. Toutes les routes qu'il a suivies ne l'ont mené qu'à l'abîme. S'il a pensé à l'avenir, il n'a pu se le représenter qu'avec désespoir. Toutes les facultés de son âme ne lui auront servi qu'à rendre plus vive l'impression de ses craintes et de ses terreurs. En vain a-t-il interrogé le ciel et la terre, rien ne lui a répondu. Il n'a pas été répondu à aucune des questions qu'il a posées. C'est en vain qu'il a travaillé tous les jours de sa vie. Après le passé qui perd tout, vient l'avenir qui ne produit rien. Il arrive à sa dernière heure, la nuit au-dessus de sa tête, l'abîme sous ses pieds : c'est une lutte terrible de la vie contre la mort, où l'être et la vie sont sûrs de succomber. Il se dit qu'il ne restera rien de lui, rien de ses pensées, rien de ses affections, rien de sa personnalité tout entière. Il tombera dans les gouffres pour s'y engloutir et il va en être de lui comme s'il n'avait jamais existé.

Au contraire, pendant tous les jours de sa vie, celui qui a cru à la vie éternelle, a marché droit et ferme vers ce but que la lumière de la foi et de sa raison lui découvrait devant lui. Il s'est rendu raison de tous ses actes. Il n'a pas travaillé pour rien ; il a travaillé pour quelque chose ; son travail ou son épreuve a produit le mérite ou le droit à la récompense. Confiant et rassuré, il a touché le terme ; il va se reposer au bout de la carrière. Il remet son âme à Celui qui la lui a confiée : sa mission est remplie ; il n'a plus qu'à en rendre compte et à jouir de la récompense proportionnée à ses œuvres.

Entre ces *deux résultats* de la *croyance* et de la *non-croyance*, il faut prononcer, il faut choisir.

L'affirmation peut-elle avoir tort, quand elle est si plausible, si salutaire, si consolante, si conforme à notre raison, à notre nature ?

La négation peut-elle avoir raison, quand elle produit des conséquences si tristes, si décourageantes, si funestes, si contraires à la raison, à toute notre nature ?

L'une est le bon sens, l'explication, la règle et la lumière de la vie ; l'autre est le non-sens ou la contradiction de tous les sentiments de l'humanité, les ténèbres sans le moindre rayon de lumière.

Donc, en vérité, sans la vie éternelle, pas d'humanité possible.

« Il n'y a pas d'hommes où il n'y a pas de caractères ; il n'y a pas de caractères où il n'y a pas de principes, de doctrines, d'affirmations ; il n'y a pas d'affirmations, de doctrines, de principes où il n'y a pas de foi religieuse. Faites ce vous voudrez, vous n'aurez des hommes que par Dieu ». (Cardinal PIE)

Sans Dieu, on ne connaît absolument rien : on ne sait ni *quand*, ni *comment*, ni *pourquoi*, ni *par qui* l'homme et le monde ont été mis au jour.

Avec Dieu, au contraire, on connaît le premier et le dernier mot de *tout* : nous venons de Lui, nous allons à Lui.

Ne cessons donc de le redire : l'espérance de la vie éternelle est le *pivot de toute vie humaine*.

L'immortalité est le dernier mot du devoir et de la douleur, le dernier mot de la vie et de la mort ; elle illumine les deux côtés de la tombe. Elle est l'aiguillon de la vertu, le frein de l'égoïsme, le stimulant de la faiblesse, le soutien des forts, la sauvegarde dans le bonheur, le refuge dans l'infortune, la dernière consolation du mourant, le seul espoir de ceux qui restent.

Elle est, au milieu des incertitudes, des angoisses, des défaillances du présent et de l'avenir, l'étoile ou la boussole qui nous conduira au port, si, à travers l'obscurité et les tempêtes, nous demeurons fidèles à ses indications.

§ VII

L'EXISTENCE DE LA VIE ÉTERNELLE EST ÉVIDEMMENT CROYABLE

Quelle ne serait pas l'angoisse d'un homme qui s'avancerait dans un désert abrupt, la nuit au-devant de lui, la nuit derrière lui, courant le risque d'être précipité dans l'abîme !

Pareillement, quel martyre pour un être avide de savoir, qui soulève les voiles de l'avenir, qui regarde au fond des sépulcres, qui frappe à la porte de toutes les écoles pour en interroger les savants, et qui rentre haletant au fond de son âme, sans lui apporter d'autre réponse qu'un *peut-être*, qu'un *je n'en sais rien !*

Le *doute* ne peut être la condition naturelle de l'homme pour ce qui le regarde lui-même, sa destinée, et tout ce qui s'y rapporte.

N'est-il pas évident que la *question de nous-mêmes* passe avant toutes les autres questions ? Nous pouvons nous passer de toute connaissance, excepté de la science de nous-mêmes. Il faut que nous puissions marcher d'un pas *sûr* et *certain* vers le but de notre vie présente. Nous avons besoin de la *certitude* dans la connaissance de notre destinée et de tout ce qui s'y rapporte.

Qui donc nous instruira de toute la vérité d'une manière *certaine, prompte* et *facile* ?

C'est ce qu'apprendra le discours suivant (1) :

⁎

En ce temps-là, le Genre humain tout entier (celui qui a été, celui qui est, celui qui sera) se réunit dans une grande plaine. Il y convoqua tous les Philosophes présents, passés et à venir. Et le Genre humain parla ainsi aux Philosophes :

« J'ai lu tous vos ouvrages. Oui, tous. Et je dois dire que je m'y suis effroyablement ennuyé. J'en bâille encore. »

Le Genre humain bâillait, en effet, et rien n'était plus terrible à entendre que ce bâillement du Genre humain.

Il reprit en ces termes :

« J'ai donc lu tous vos ouvrages, afin de pouvoir répondre à cette grande question qui me tient en fièvre et en angoisse :

» Qu'est-ce que la *Vérité ?*

» Et après les avoir lus et relus, je me suis trouvé en de lugubres et épouvantables ténèbres. J'en savais bien moins qu'avant.

(1) R. Brucker.

» Je vous ai donc convoqués pour vous poser de nouveau le grand problème qui m'agite et pour vous adresser **trois demandes**.

» Veuillez, si vous le pouvez, m'écouter en silence. »

Les Philosophes écoutèrent, et le Genre humain leur dit :

« Je veux tout d'abord (j'ai bien le droit de vouloir, je suppose !) je veux un livre, un *petit livre*, de dix ou vingt pages, qui contienne TOUTE la *Vérité*, sous une forme tout à fait simple et claire, un petit livre qui puisse se mettre en poche et ne coûte que dix centimes ; un petit livre qui soit également à la portée du penseur, du poète, et aussi de ces multitudes vulgaires qui vivent uniquement de la vie pratique et matérielle. Tel est le livre, telle est la leçon que je veux. »

Les Philosophes se regardèrent avec stupeur et se dirent d'un commun accord : « Est-il bête, ce Genre humain ! Ne s'imagine-t-il pas que nous possédons la Vérité ? Mais si nous l'avions, ce ne serait certes pas à ce prix que nous la vendrions ! »

Et plusieurs d'entre eux commençaient à s'effacer et à disparaître.

Le Genre humain, sans les voir, continua en ces termes :

« Non seulement je veux que vous me donniez la *théorie*, mais je prétends que vous m'offriez *l'exemple*. Non seulement je veux un petit livre populaire qui contienne toute la vérité en dix pages, et qui la vulgarise universellement dans le temps, et universellement dans l'espace; mais je veux qu'il vienne un jour quelqu'un pour m'offrir l'exemple de toutes les vertus enseignées dans ce petit livre. Et je veux que cet exemple puisse être imité par l'homme, par la femme et par l'enfant, par ces trois augustes membres de la trinité humaine.

» Pouvez-vous me donner le *livre* ?

» Pouvez-vous me donner *l'exemple*? »

Les trois quarts des Philosophes avaient déjà disparu. Et le Genre humain qui s'en aperçut commença à être triste en son cœur.

« Ce n'est pas tout, dit-il encore. Non seulement il me faut une leçon; non seulement il me faut un exemple immortel; mais j'ai encore besoin d'une immortelle *société*, qui réponde tout à la fois à ces deux idées : *science* et *charité*, leçon et exemple; une société qui garantisse et perpétue la *leçon* et *l'exemple*, en les rendant éternellement vivants sous mes yeux. »

Quand le Genre humain eut achevé ces mots, il jeta un regard sur les Philosophes.

Epouvantés, tous s'étaient enfuis.

Alors, le Genre humain se mit à fondre en larmes. Un sanglot de Genre humain ! !

Et il se roulait par terre, désespéré de ne pouvoir pénétrer la Vérité et de n'avoir ni la leçon, ni l'exemple, ni la *société*.

Et comme il était ainsi perdu dans sa douleur, il aperçut soudain, en je ne sais quel coin, une espèce d'homme, vêtu d'une espèce de blouse, qui portait sur ses épaules une espèce de poutre, un gros morceau de bois tout sanglant. Cette poutre était traversée d'un autre gros morceau de bois, comme qui dirait une croix.

Et l'Homme avait ses beaux cheveux blonds tout couverts de sang. Le sang lui tombait sous les yeux. Le sang coulait à grosses gouttes sur tout son corps.

Et il regardait le pauvre Genre humain si doucement, si doucement, si doucement !

Puis il s'avança : avec quelle lenteur, avec quelle majesté ! Il marchait portant le bois énorme, et il dit d'une voix si tendre : « Tu veux la vérité ? je te l'apporte.

» Tu veux un petit livre qui contienne en dix pages toute la vérité et qui soit compris de tous ? Tiens, prends ce petit livre ! »

Et, à la première page, le Genre humain lut :

CATÉCHISME (1).

L'Homme continua : « Tu m'as demandé, non seulement une leçon, mais un exemple vivant. Tiens, regarde-MOI. Je suis ton Dieu qui s'est fait homme pour t'offrir un modèle éternel et te conduire à la béatitude.

» Et enfin tu m'as demandé une société : Tiens, prends, voici l'ÉGLISE ! »

Et le Genre humain tomba à genoux et adora JÉSUS-CHRIST.

*
* *

Mais qu'est-ce que Jésus-Christ ?

---

(1) Il y a un petit livre que l'on fait apprendre aux enfants et sur lequel on les interroge à l'église : c'est le *catéchisme* ; là, vous trouverez la solution de toutes les questions, de toutes sans exception.

Demandez au chrétien d'où vient l'espèce humaine, il le sait ; où elle va, il le sait. Demandez à ce pauvre enfant qui de sa vie n'y avait songé, pourquoi il est ici-bas et ce qu'il deviendra après sa mort : il vous fera une réponse sublime, qu'il ne comprendra pas, mais qui n'est pas moins admirable. Demandez-lui comment le monde a été créé et à quelle fin ; pourquoi Dieu y a mis des animaux, des plantes ; comment la terre a été peuplée, si c'est par une seule famille ou par plusieurs ; pourquoi les hommes parlent plusieurs langues, pourquoi ils souffrent, pourquoi ils se battent, et comment cela finira : il le sait.

Origine du monde, origine de l'homme, différence de race, destinée de l'homme en cette vie et en l'autre, rapports de l'homme avec Dieu, devoirs de l'homme envers ses semblables, droits de l'homme sur la création : l'enfant qui sait son catéchisme n'ignore rien, et, quand il sera grand, il n'hésitera pas davantage sur le droit naturel, sur le droit politique, sur le droit des gens ; car tout cela oui, tout cela découle, avec clarté et comme de soi-même, du Catéchisme.

JOUFFROY.

« Il y a un homme, dit Lacordaire, dont l'amour garde la tombe.

» Il y a un homme dont le sépulcre n'est pas seulement glorieux, comme l'a dit un prophète, mais dont le sépulcre est aimé.

» Il y a un homme dont la cendre, après dix-neuf siècles, n'est pas refroidie, qui chaque jour renaît dans la pensée d'une innombrable multitude d'hommes, qui est visité dans son berceau par les bergers et par les rois lui apportant à l'envi, et l'or, et l'encens, et la myrrhe.

» Il y a un homme dont une portion considérable de l'humanité reprend les pas sans se lasser jamais, et qui, tout disparu qu'il est, se voit suivi par cette foule dans tous les lieux de son antique pèlerinage, au bord des lacs, au haut des montagnes, dans les sentiers des vallées, sous l'ombre des oliviers, dans le secret des déserts, au pied de la croix sur laquelle il a expiré après les plus affreuses tortures.

» Il y a un homme mort et enseveli, dont on épie le sommeil et le réveil, dont chaque mot qu'il a dit vibre sans cesse et produit plus que l'amour, produit des vertus fructifiantes dans l'amour.

» Il y a un homme attaché depuis des siècles à un gibet. Et cet homme, des millions d'adorateurs le détachent chaque jour de ce trône de son supplice, se mettent à genoux devant lui, se prosternent au plus bas qu'ils peuvent, sans en rougir, et là, par terre, lui baisent avec une indicible ardeur les pieds ensanglantés.

» Il y a un homme flagellé, tué, crucifié, qu'une inénarrable passion ressuscite de la mort et de l'infamie pour le placer dans la gloire d'un amour qui ne défaille jamais; qui trouve en lui la paix, l'honneur, la joie, et jusqu'à l'extase.

» Il y a un homme poursuivi dans son supplice et dans sa tombe par une inextinguible haine, et qui, demandant des apôtres et des martyrs à toute postérité qui se lève, trouve des apôtres et des martyrs au sein de toutes les générations.

» Il y a un homme enfin, et le seul, qui a *fondé son amour sur la terre*, et cet homme, c'est vous, ô Jésus! Vous qui avez bien voulu me ceindre, me sacrer dans votre amour, vous, dont le nom seul, dans ce moment, ouvre mes entrailles et en arrache cet accent qui me trouble moi-même et que je ne connaissais pas. »

En toute vérité, nul n'a jamais été, n'est et ne sera jamais autant aimé que Jésus.

N'est-il pas le *Ravisseur* des cœurs? Qui donc les a jamais enflammés comme lui? Les âmes jalouses de la sainteté et affamées de sacrifices demandent à s'unir à lui comme la branche est unie à l'arbre ; elles vont plus loin : dans les transports mystérieux de l'amour surnaturel, elles ambitionnent de reproduire l'amour suréminent de St Paul: « Ce n'est plus moi qui vis, c'est Jésus qui vit en moi. Ma vie c'est le Christ, et la mort m'est un gain. »

Ce n'est pas seulement dans les retraites bénies du cloître que l'on rencontre les merveilles de cet amour de Jésus, mais encore dans les foyers les plus modestes ; près des autels de nos campagnes les plus reculées, des âmes obscures aiment souverainement cet Ami souverain des hommes ; partout son Sang, versé pour les sauver, anime des chrétiens inconnus qui reproduisent sa vie crucifiée au sein de l'égoïsme et des misères de cette terre.

Oui, Jésus est le seul qui ait fondé son amour sur la terre.

Le temps, en effet, n'a jamais éteint le feu de son amour qui a embrasé le monde.

Et cependant, le *temps* est le grand ennemi des choses humaines. Rien ne reste debout au choc des siècles.

Qu'est-ce qui a anéanti les grands empires de l'Assyrie et de la Chaldée ? C'est le temps.

Qu'est-ce qui a détruit celui des Grecs, vaincment ressuscité par Alexandre ? C'est le temps.

Qu'est-ce qui a mis en pièces l'empire romain, ce colosse formé avec les débris de tous les empires de la terre ? C'est le temps.

Qu'est-ce qui a fait disparaître ces puissantes républiques du Moyen-Age, dont le souvenir reste encore vivant par les monuments qu'elles ont laissés ? C'est le temps.

Et nous, ne sommes-nous pas emportés par le temps ? Que restera-t-il de nous ? Peut-être l'histoire garde-t-elle le nom d'un homme, mais qui l'aime encore ? qui lui obéit ? qui le craint ou le respecte ? Le temps l'a couvert de son ombre silencieuse : voilà l'homme.

Mais il est un empire contre lequel le temps ne peut rien, c'est *l'empire du Christ.*

Il est un nom qui échappe à la loi universelle de l'oubli, et l'amour le prononce toujours avec la même tendresse : le *Nom* de Jésus-Christ.

Le Christ ! Seul, Il remplit le monde et le temps. Quarante siècles l'ont espéré ; vingt siècles l'adorent et tous les siècles futurs l'adoreront : le passé garantit l'avenir.

Il a régné hier, il règne aujourd'hui, il règnera demain sur les intelligences, sur les passions et sur les cœurs.

Tel est l'empire de **Jésus**, *de* **l'Homme-Dieu**! C'est cet empire souverain et perpétuel que savait apprécier le génie plein de bon sens de Napoléon Ier.

Voici comment son historien nous reproduit ses sentiments :

« Il n'y a point de Dieu dans le ciel, si un homme a pu concevoir et exécuter, avec un plein succès, le dessein gigantesque de se faire adorer de toute la terre, en usurpant le nom de Dieu ! — Jésus est le seul qui l'ait osé ! Il est le seul qui ait dit clairement : *Je suis Dieu !* L'histoire ne mentionne aucun individu qui se soit qualifié lui-même de ce titre de Dieu dans le sens absolu. La fable n'établit nulle part que Jupiter et les autres dieux de l'Olympe se soient eux-mêmes divinisés ; c'eût été de leur part le comble de l'orgueil, une monstruosité et une extravagance absurde. Ce sont les hommes qui les ont déifiés. Alexandre a pu se dire le fils de Jupiter, mais toute la Grèce a souri de cette supercherie ; et de même l'apothéose ou *divinisation* des empereurs romains n'a jamais été une chose sérieuse pour les Romains. Mahomet et Confucius se sont donnés simplement pour des *agents* de la divinité. Ni Luther ni Calvin n'ont pris le nom de Dieu.

» Comment donc un juif, dont l'existence est plus avérée que toutes celles des temps où il a vécu, lui seul, fils d'un charpentier, se donna-t-il tout d'abord pour *Dieu* même, pour l'*Etre* par excellence et le *Créateur* des êtres! Il demande l'adoration des créatures, et, par un prodige qui surpasse tout prodige, Jésus veut : l'*Amour* des hommes, c'est-à-dire ce qui est le plus difficile au monde d'obtenir, ce qu'un sage demande vainement à quelques amis, un père à ses enfants, une épouse à son époux, un frère à son frère, en un mot le *cœur* ; il l'exige absolument et il y réussit tout de suite !..

» *J'en conclus sa divinité.*

» Alexandre, César, Annibal, Louis XIV, avec tout leur génie, y ont échoué ; ils ont conquis le monde et ils n'ont pu parvenir à avoir *un* ami !... Je suis peut-être le seul de nos jours qui aime César, Annibal, Alexandre. Le grand Louis XIV, qui a jeté tant d'éclat sur la France et le monde, n'avait pas un ami dans tout son royaume, même dans sa famille ; à peine mort, il fut laissé seul dans l'isolement de sa chambre à coucher de Versailles, négligé par ses courtisans et peut-être l'objet de leur risée... Ce n'était plus leur maître ! c'était un cadavre, un cercueil, une fosse, et l'horreur d'une proche décomposition.

» Et moi-même j'ai passionné des multitudes qui mouraient pour moi... Ma présence, l'électricité de mon regard, mon accent, une parole même de moi allumait le feu sacré dans les cœurs ; et maintenant que je suis seul et cloué sur ce roc de Ste-Hélène, qui bataille, conquiert des empires pour moi ? Où sont les courtisans de mon infortune ? Qui pense à moi ? Qui se remue pour moi en Europe ? Qui m'est demeuré fidèle? Où sont mes amis ? Oui, deux ou trois que votre fidélité immortalise, vous partagez mon exil!... Assassiné par l'oligarchie anglaise, je meurs avant le temps, et mon cadavre va aussi être rendu à la terre pour y devenir la pâture des vers!... Voilà la destinée très prochaine du grand Napoléon !... Quel abîme profond entre ma misère, mon délaissement, mon abandon et le règne éternel de Jésus-Christ prêché depuis dix-siècles, aimé, adoré, prié, et chaque jour vivant sur les autels et dans tous les lieux du monde ! Est-ce là mourir ? N'est-ce pas plutôt vivre ? Voilà la mort du Christ, voilà celle d'un Dieu ! »

C'est à propos de ces paroles que le P. Lacordaire disait dans une de ses conférences :

« Notre âge s'ouvrit par un homme qui surpassa tous ses contemporains et que nous, venus

LE BUT DE LA VIE : MÉRITER L'ÉTERNITÉ

après, n'avons point égalé. Conquérant, législateur, fondateur d'empires, il eut un nom et une pensée qui sont encore présents partout. Après avoir accompli l'œuvre de Dieu sans y croire, il disparut, cette œuvre achevée ; il se coucha comme un astre dans les eaux de l'Océan Atlantique. Là, sur un rocher, il aimait à ramener devant lui-même sa propre vie, et, de lui, remontant à d'autres auxquels il avait le droit de se comparer, il ne put éviter, sur ce théâtre illustre dont il faisait partie, d'entrevoir une figure plus grande que la sienne. Il la regarda souvent : le malheur ouvre l'âme à des lumières que la prospérité ne discerne pas. La figure revenait toujours ; il fallut la juger. Un des soirs de ce long exil qui expiait les fautes du passé et éclairait la route de l'avenir, le conquérant tombé s'enquit d'un des rares compagnons de sa captivité, s'il pourrait bien lui dire *ce que c'était que Jésus-Christ*. Le soldat s'excusa ; il avait eu trop à faire depuis qu'il était au monde pour s'occuper de cette question.

» — Quoi, reprit douloureusement Napoléon, tu as été baptisé dans l'Eglise catholique, et tu ne peux pas me dire, à moi, sur ce rocher qui nous dévore, ce que c'était que Jésus-Christ ! Eh bien ! c'est moi qui vais te le dire.

» Et alors, ouvrant l'Evangile, non pas de la main, mais du cœur qui en était rempli, il se mit à comparer Jésus-Christ avec lui-même et tous les plus grands hommes de l'histoire ; il releva les différences caractéristiques qui mettent Jésus-Christ à part de toute l'humanité, et, après un torrent d'éloquence qu'aucun Père de l'Eglise n'aurait désavoué, il termina par ce mot :

» Enfin je me connais en hommes, et je te dis que Jésus-Christ n'était pas un homme ! »

Oui, Jésus est DIEU: il est L'HOMME-DIEU.

Il a prouvé sa divinité par ses nombreux miracles, surtout par celui de sa Résurrection ; il l'a prouvée par le règne perpétuel de son amour toujours vivace dans le monde.

Mais si Jésus est Dieu, Il est donc comme Il s'est appelé Lui-même : la *Vérité*, la *Voie*, la *Vie*. Sa parole est infaillible.

JÉSUS-CHRIST : voilà donc la réponse à toutes les questions. Il est la *solution de toutes les difficultés*, a dit un Saint Père.

Solutio omnium difficultatum Christus.

Or, c'est Lui, l'Homme-Dieu qui nous *affirme l'existence de la vie éternelle.*

Il est venu au monde uniquement pour prêcher le *Royaume des Cieux* et procurer aux hommes les *moyens* de l'atteindre.

LE BUT DE LA VIE : MÉRITER L'ÉTERNITÉ

Il est venu en ce monde uniquement pour mériter et rendre à l'humanité cette vie éternelle qu'elle avait perdue par le péché.

C'est uniquement pour continuer son œuvre, c'est-à-dire pour conduire les hommes à cette vie bienheureuse, qu'Il a fondé son *Eglise*.

La vie éternelle : c'est l'objet exclusif des premières paroles qu'Il adresse aux hommes au début de sa vie publique :

« Bienheureux ceux qui ont l'esprit détaché des biens de ce monde, parce que le royaume des cieux leur appartient !

» Bienheureux les doux, parce qu'ils posséderont la véritable terre promise : le Ciel !

» Bienheureux ceux qui pleurent en ce monde, parce qu'ils seront consolés dans un monde meilleur !

» Bienheureux ceux qui ont faim et soif de la justice, parce qu'un jour ils seront rassasiés !

» Bienheureux les miséricordieux parce qu'ils obtiendront miséricorde !

» Bienheureux ceux qui ont le cœur pur, parce qu'ils verront Dieu !

» Bienheureux les pacifiques, parce qu'ils seront appelés Là-Haut les enfants de Dieu !

» Bienheureux ceux qui souffrent persécution

pour la justice, parce que le royaume des Cieux est à eux! Bienheureux vous qui êtes maudits et persécutés, réjouissez-vous et triomphez, parce que votre récompense est grande dans les cieux ! »

Ces huit sentences appelées : *béatitudes*, parce qu'elles proclament chacune le *bonheur* du Ciel, sont le résumé de *toute la doctrine du Sauveur*.

Chacune d'elle revient à dire : Ne tenez aucun compte de la vie présente ; *la vie éternelle*, voilà la vie ! la vraie vie pour laquelle il faut sacrifier toute l'autre, si cela est nécessaire :

Le but de la vie présente est de mériter, par son propre sacrifice, la vie éternellement bienheureuse.

Or, après l'affirmation absolue de Jésus qui est Dieu même, peut-on encore douter de l'existence de cette vie future ?

N'est-elle pas *évidemment croyable?*

Pourrait-elle l'être davantage sans anéantir le mérite de la foi?

« La religion chrétienne a *assez de lumière* pour être vue de tout le monde, *assez d'obscurité* pour laisser subsister le mérite de la foi », a dit justement Pascal.

Il fallait que la *liberté* et le *surnaturel* pussent demeurer à côté de la *certitude*.

« Pour que le combat dont l'immortalité bienheureuse est le prix, fût possible, dit Lamartine, il fallait qu'il y eût assez de ténèbres sur notre âme pour produire le mérite, assez de lueurs pour éclairer la foi. Sans ces ténèbres l'évidence de Dieu aurait foudroyé l'âme de vérité et de vertu, contraint l'équilibre entre le bien et le mal, entre les lumières et les ténèbres; le péché aurait cessé d'être possible et la sainteté d'être méritoire. L'homme n'aurait pas eu sa part d'action dans sa propre destinée. En cessant d'être libre, il aurait cessé d'être homme; il n'aurait plus eu sa personnalité; sa vertu forcée l'aurait dégradé de sa vertu volontaire : voilà *le mot du mystère*. »

Cette observation faite, poursuivons notre sujet.

※ ※

Nous en avons déjà fait la remarque, la *négation* ne saurait avoir raison contre *l'affirmation*.

Quand on ne *croit à rien*, on est bien près de *tout croire*.

En effet, le *chrétien* peut dire à *l'athée* : foi pour foi, j'aime mieux la mienne.

Comparons-les.

« Je crois en Dieu tout-puissant, créateur du ciel et de la terre. » — Vous, vous croyez que quelque chose peut venir de rien ; vous croyez que le monde s'est fait lui-même.

« Je crois en Jésus-Christ, Fils unique de Dieu conçu de l'Esprit-Saint, et né de la Vierge Marie. » — Vous, vous donnez votre foi pleine et entière à un journaliste quelconque qui souvent ne peut obtenir la même considération d'aucun de ceux qui le connaissent.

« Je crois que Jésus-Christ a souffert sous Ponce-Pilate, est mort, et a été enseveli. » — Vous, vous ne croyez pas à ce fait, le mieux établi de toute l'histoire, mais vous croyez tout ce que vous content les chroniques et les fables, depuis les faits et les gestes du vieux Priam jusqu'aux pérégrinations d'Ulysse.

« Je crois que Jésus-Christ est ressuscité d'entre les morts. » — Vous, vous croyez qu'un être a pu s'engendrer lui-même et sortir tout seul du néant, mais vous contestez qu'un Dieu puisse reprendre dans la tombe la vie qu'il a volontairement sacrifiée.

« Je crois à l'Esprit-Saint. » — Vous, vous

LE BUT DE LA VIE : MÉRITER L'ÉTERNITÉ 419

croyez au *Génie*, une grande force en l'air qui vient on ne sait d'où, et nous pousse on ne sait où.

« Je crois à l'Eglise catholique. » — Vous, vous croyez aux franc-maçons, aux solidaires, aux associations de toute nature, secrètes ou publiques.

« Je crois à la communion des saints. » — Vous, vous dites que les hommes ne sont ni les créatures d'un même Dieu, ni les enfants d'un même Père, et cependant vous en concluez qu'ils sont frères, et vous croyez à cette fraternité-là.

« Je crois à la rémission des péchés. » — Vous, vous croyez que le péché n'existe pas, et qu'entre le bien et le mal, entre l'honnête homme et le scélérat, il n'y a pas grande différence.

« Je crois à la vie éternelle. » — Vous, vous croyez à la mort définitive qui vous ensevelira, vous et votre chien, dans le même néant.

Vous, vous trouvez tout cela plus beau, plus clair, plus noble, plus logique, plus commode surtout. Mais, en fin de compte, vous n'êtes pas débarrassé de la foi comme vous vous vantez de l'être. Elle vous enveloppe et vous pénètre sans que vous puissiez en arracher votre âme.

Vous croyez autrement que moi, mais autant et plus que moi.

Mais quelle différence dans notre croyance !

Ma foi repose sur des *faits historiques*. Elle repose sur la *parole* ou *révélation* de Dieu qui est un *fait*.

La création, Jésus-Christ, son nom, sa conception, sa naissance, le nom de sa Mère, son supplice sous un gouvernement romain nommé dans Tacite, sa croix qui a rempli le monde, sa mort, sa sépulture, sa résurrection avec la date, l'institution de son Eglise, la diffusion miraculeuse de son empire chez tous les peuples, les actes des martyrs qui ont versé leur sang pour Jésus, etc., etc., rien n'est plus *faits historiques*. — Votre foi, au contraire, sur quoi repose-t-elle ? Sur les hypothèses de quelques savants tronqués qui ne s'accordent que pour dire des injures.

Ma foi s'accorde avec tous les enseignements unanimes de tous les docteurs de l'Eglise et des plus grands génies de l'humanité. — La vôtre s'abrite derrière les affirmations de quelques écrivains qui ont vendu leur plume et leur encre au mensonge pour vivre plus grassement.

Je ne crois que ce que l'Eglise a enseigné depuis dix-neuf siècles. — Vous, vous croyez ce que vous disent à tout instant un inconnu qui passe, un livre qui vous tombe sous la main, et, ainsi, votre croyance est à la merci du premier venu.

En réalité, nous croyons tous deux, mais nous ne croyons ni les mêmes choses, ni d'après les mêmes témoignages.

Aussi notre foi ne porte pas les mêmes noms. Je suis *croyant*; vous, vous êtes *crédule*.

Personne n'est moins crédule que le croyant.

Croire et *savoir* ne font qu'*un* comme *ne pas croire* et *ne pas savoir* ne font qu'*un* semblablement.

Un génie mourant avait mille fois raison de s'écrier : « Je meurs le *plus incrédule* de tous les hommes et le *plus croyant* de tous les catholiques. »

***

Voulons-nous bien voir encore que la *négation de la foi chrétienne* est la *négation même* du *Vrai*, du *Bien*, du *Beau*.

Supposons un instant que la foi en Jésus-Christ n'ait pas existé.

« Effacez par la pensée, dit M. Legouvé, ce qui subsiste de Lui dans les trois domaines du Beau, du Vrai, du Bien.

» Commencez par les *beaux-arts*.

» Entrez dans tous les musées et décrochez des murailles, à l'exemple de nos édiles, l'image du Christ ! Faites disparaître tous les tableaux où figurent la Vierge et Dieu. Emportez les toiles ou les statues qui représentent des saints, des martyrs, des apôtres. Après la peinture et la sculpture, passez à l'architecture, et jetez bas les cathédrales. Après l'architecture, la musique. Rayez du nombre des compositeurs : Hœndel, Palestrina, Bach, et tant d'autres. Expurgez l'œuvre de Beethoven, de Mozart, de Pergolèze de Rossini, de tout ce qui a été inspiré par la religion chrétienne.

» Entrez ensuite dans la sphère de la *pensée* et de la *poésie*.

» Supprimez Bossuet, Pascal, Fénelon, Massillon ; ôtez *Polyeucte* à Corneille, *Athalie* à Racine,... pourchassez le nom du Christ dans les vers de Lamartine, de Victor Hugo, voire même de Musset. Ce n'est pas tout :

» Faites un pas de plus.

» Détruisez aussi les hôpitaux ; car l'hôpital fondé dans le monde a été fondé par une femme chrétienne. Supprimez les saint Vincent de Paul, les saint François d'Assise.. Effacez, enfin, effacez toutes les traces qu'a laissées sur la terre le sang sorti des blessures de Jésus. Puis, cette besogne accomplie, retournez-vous. Embrassez d'un long coup d'œil les dix-neuf cents ans échelonnés derrière vous, et regardez sans épouvante, si vous le pouvez, le vide que fait à travers les siècles cette *seule Croix* de moins dans le monde. »

L'ENFANT QUI BAT SA MÈRE

Par un emportement ou caprice,
Un enfant révolté battait
De ses deux poings fermés sa mère et sa nourrice.
La mère cependant, souriant, l'allaitait.
« Cher petit ingrat, disait-elle,
Enchaînant d'un baiser son petit poing rebelle,
Quand cette main me bat, sais-tu ce qu'elle fait ?
C'est moi qui te donne mon lait,
C'est moi qui t'ai donné la vie ;
Et si, pauvre amour, tu brisais
Le doux sein maternel, coupe toujours servie,
Par la bonté divine incessamment remplie,
De faim et de tristesse, enfant, tu languirais,
Et bientôt tu dépérirais ! »
Ainsi, disait la bonne mère,
Et, berçant sur son sein le petit révolté,
A force de chansons, d'amour et de bonté,
Elle endormit enfin ses cris et sa colère.

Sainte Eglise de Dieu, mère du genre humain,
Qui portes dans tes bras l'humanité meurtrie,
Qui nourris de ton lait, qui formas de ta main
Hommes et nations, arts, science, génie,
Raison même et philosophie,
Ainsi tes fils ingrats te déchirent le sein,
Ce sein qui leur donna la vie,
Qu'ils frappent aujourd'hui de leur fureur impie,

Et qui, toujours ouvert, les sauvera demain
En leur donnant son lait divin.

ANATOLE DE SÉGUR

A JÉSUS !

Vous qui pleurez, venez à ce Dieu ; car il pleure.
Vous qui souffrez, venez à Lui ; car il guérit.
Vous qui tremblez, venez à Lui ; car il sourit.
Vous qui passez venez à Lui ; car il demeure.

VICTOR HUGO

« Pauvre fils de Dieu qu'on oublie, on ne m'a pas appris à t'aimer ! Mais, grâce au Ciel, là où je te trouve, je n'ai pas encore appris à ne pas trembler... Souviens-toi qu'un infortuné n'a pas osé mourir de sa douleur en te voyant cloué sur une croix. Impie, tu l'as sauvé du mal ; s'il avait cru, tu l'aurais consolé.

» Pardonne à tous ceux qui blasphèment ! Ils ne t'ont jamais vu, sans doute, lorsqu'ils étaient au désespoir ! Les joies humaines sont railleuses ; elles dédaignent sans pitié, ô Christ ! Les heureux de ce monde pensent n'avoir jamais besoin de toi : pardonne ! Quand leur orgueil t'outrage, leurs larmes les baptisent tôt ou tard ; plains-les de se croire à l'abri des tempêtes et d'avoir besoin, pour venir à Toi, des leçons sévères du malheur. Notre sagesse et notre scepticisme sont dans nos mains de grands hochets d'enfants; pardonne-nous de rêver que nous sommes impies, Toi, qui souriais au Calvaire. De toutes nos misères d'une heure, la pire est, pour nos vanités, qu'elles essayent de t'oublier. Mais, tu le vois, ce ne sont que des ombres qu'un regard de Toi fait tomber... C'est aussi la douleur qui nous conduit à Toi, *l'Homme des douleurs*.

» Nous ne venons que couronnés d'épines nous incliner devant ton image ; nous ne touchons à tes pieds sanglants qu'avec des mains ensanglantées, et tu as souffert le martyre pour être aimé des malheureux. » (Musset)

Évoquant les faux savants de tous les âges, le poète dont nous venons de lire la belle prière, confond sagement leur orgueil, en leur rappelant « qu'entre l'homme et Dieu, il n'y a que l'orgueil », que « l'homme n'est grand qu'à genoux » :

Ah ! pauvres insensés, misérables cervelles,
Qui de tant de façons avez tout expliqué ;
Pour aller jusqu'aux cieux, il vous fallait des ailes ;
Vous aviez le désir, *la foi vous a manqué !*
Je vous plains; votre orgueil part d'une âme blessée.
Vous sentiez les tourments dont mon cœur est rempli,
Et vous la connaissiez, cette amère pensée
Qui fait frissonner l'homme en voyant l'Infini.

Eh bien ! prions ensemble, abjurons la misère
De vos calculs d'enfants, de tant de vains travaux.
Maintenant que vos corps sont réduits en poussière,
J'irai m'agenouiller pour vous sur vos tombeaux.
Venez, rhéteurs païens, maîtres de la science,
Chrétiens des temps passés et rêveurs d'aujourd'hui,
Croyez-moi, la prière est un cri d'espérance;
Pour que Dieu nous réponde, adressons-nous à Lui !

Notre Père, qui êtes aux cieux, que votre nom soit sanctifié, que votre Règne arrive, que votre volonté soit faite sur la terre comme au ciel; donnez-nous aujourd'hui notre pain de chaque jour; pardonnez-nous nos offenses, comme nous pardonnons à ceux qui nous ont offensés, et ne nous laissez pas succomber à la tentation; mais délivrez-nous du mal.

Je vous salue, Marie, pleine de grâce; le Seigneur est avec vous : vous êtes bénie entre toutes les femmes, et Jésus, le fruit de vos entrailles, est béni.

Sainte Marie, Mère de Dieu, priez pour nous pauvres pécheurs, maintenant et à l'heure de notre mort.

Je crois en Dieu, le Père tout-puissant, Créateur du Ciel et de la terre; et en Jésus-Christ son Fils unique, Notre-Seigneur, qui a été conçu du Saint-Esprit; est né de la Vierge Marie, a souffert sous Ponce-Pilate, a été crucifié, est mort, a été enseveli, est descendu aux enfers, le troisième jour est ressuscité d'entre les morts; est monté aux cieux, est assis à la droite de Dieu le Père tout-puissant, d'où il viendra juger les vivants et les morts.

Je crois au Saint-Esprit, la sainte Eglise catholique, la communion des Saints, la rémission des péchés, la résurrection de la chair, la VIE ÉTERNELLE.

Cet ouvrage est le développement des thèses suivantes de Saint Thomas :

1° — Omne agens agit propter finem.
2° — Omne agens agit propter bonum.
3° — Deus est causa finalis omnium rerum.
4° — Videre Deum essentialiter, seu in se, est finis ultimus hominis.

TABLE DES MATIÈRES

Avant-propos v

Chap. premier. — Toute chose a un but 1

«   ii. — Le but de toute chose est : le bien ... 65

«   iii. — Le bien de toute chose est : Dieu seul 99

«   iv. — Le bien ou bonheur parfait de l'homme en particulier, c'est Dieu vu, aimé, possédé éternellement dans une autre vie 133

«   v. — Le but de la vie présente est de mériter la vie éternelle..................... 277

ERRATA

Pages	Lignes	Au lieu de	Lisez
4	22	Lui-même	lui-même
53	13	uniquement	directement
97	3	amour de Dieu	amour *implicite* de Dieu
111	16	il a autant coûté	ils ont autant coûté
173	30	lui a été rendue	lui est rendue
244		V. Hugo	Hugon
307	5	dit un écrivain	M. l'abbé Bolo (Haton, éd., Paris)

NOTA. — La page 125, *extrait de Mgr Besson* (Bray et Retaux, éd., Paris.)

NOTES EXPLICATIVES

1° — *Page 120, lignes 3 et 4*. — On doit distinguer deux espèces de liberté ; l'une consiste à *pouvoir ne pas pécher* ; l'autre, à *ne pouvoir pas pécher* ; la première est la nôtre ; la seconde est celle de Dieu et des saints au Ciel. — La liberté peut coexister avec l'impeccabilité.

2° — *Page 128, ligne 12*. — Dieu n'a pu créer le monde par amour, selon notre manière de concevoir.

3° — A propos de la *page 225*, voir : S. Thomas, Iª Iᵃᵉ, Q. 44 ; Suarez : *Disput. Metaph. XXV* ; Lacordaire : *Conf. 47* (Poussielgue, éd., Paris).

4° — *Page 147, lignes 3 et 4*. — C'est dans l'ordre actuel de l'humanité que le bonheur parfait est impossible en ce monde. Dieu aurait pu nous créer pour une fin naturelle qui n'aurait pas compris la vision intuitive de Lui-même.

N.-B. — Il existe un ouvrage ayant pour titre : *Le But de la Vie* par Mgr Bauer (Roger et Chernoviz, éd., Paris). Il contient des conférences sur la mort, la résurrection, etc., prêchées aux Tuileries devant Napoléon III et l'impératrice Eugénie.

www.ingramcontent.com/pod-product-compliance
Lightning Source LLC
Chambersburg PA
CBHW060929230426
43665CB00015B/1884